中国社会科学院创新工程学术出版资助项目

中国社会科学院文库·国际问题研究系列
The Selected Works of CASS · International Studies

亚太区域经济合作
发展方向与中国的选择

Prospects for the Asia-Pacific Regional
Economic Cooperation and China's Role

李向阳 等／著

社会科学文献出版社
SOCIAL SCIENCES ACADEMIC PRESS (CHINA)

《中国社会科学院文库》
出版说明

　　《中国社会科学院文库》（全称为《中国社会科学院重点研究课题成果文库》）是中国社会科学院组织出版的系列学术丛书。组织出版《中国社会科学院文库》，是我院进一步加强课题成果管理和学术成果出版的规范化、制度化建设的重要举措。

　　建院以来，我院广大科研人员坚持以马克思主义为指导，在中国特色社会主义理论和实践的双重探索中做出了重要贡献，在推进马克思主义理论创新、为建设中国特色社会主义提供智力支持和各学科基础建设方面，推出了大量的研究成果，其中每年完成的专著类成果就有三四百种之多。从现在起，我们经过一定的鉴定、结项、评审程序，逐年从中选出一批通过各类别课题研究工作而完成的具有较高学术水平和一定代表性的著作，编入《中国社会科学院文库》集中出版。我们希望这能够从一个侧面展示我院整体科研状况和学术成就，同时为优秀学术成果的面世创造更好的条件。

　　《中国社会科学院文库》分设马克思主义研究、文学语言研究、历史考古研究、哲学宗教研究、经济研究、法学社会学研究、国际问题研究七个系列，选收范围包括专著、研究报告集、学术资料、古籍整理、译著、工具书等。

中国社会科学院科研局

2006 年 11 月

课题组成员

主持人 李向阳

成 员 王玉主　沈铭辉　富景筠　葛 成　郭 宏
王金波

CONTENTS | 目 录

选　择　篇

序　言

进入 21 世纪之后，国际经济体系的一个重大变化就是从多边主义转向区域主义。以世界贸易组织多哈回合谈判受阻为标志，世界主要大国（尤其是日本和美国）都从多边主义的倡导者变为区域主义的推动者，以至于多边主义的主要载体——世界贸易组织也不得不认同这一趋势①。与此相对应，过去 15 年间亚洲的区域经济合作也取得了迅猛发展。而在此前，亚洲多数国家一直是多边贸易自由化的受益者和支持者。

作为区域主义的后来者，按理说亚洲应该复制美欧区域经济一体化的发展模式，但迄今为止的发展历程显示，亚洲的区域经济合作模式既不同于美欧模式，也不同于其他发展中国家的模式，如南美模式、非洲模式等。其发展模式呈现出一系列新的特征：第一，亚洲区域贸易协定（RTAs）的数量与质量不对称。截至 2013 年 1 月，已经批准的自由贸易区协定有 109 个，与 2002 年相比增加了两倍。此外，尚有 148 个自由贸易区协定处于谈判阶段。亚洲的自由贸易区协定总计达到 257 个，超过世界其他地区②。然而，亚洲尚未形成一个统一的、能够覆盖整个地区的自由贸易区协定。第二，亚洲区域经济一体化的程度与机制化安排不对称。从世界其他地区的区域经济一体化发展历程看，一个地区通常是先签署区域贸易协定，然后带来区域内贸易、投资一体化程度的提升。而亚洲是先有结果（经济一体化程度提高），后有手段（签署区域贸易

---

① 从 WTO 2011 年的年度报告标题就可以清楚地看到其立场的变化，"World Trade Report 2011: The WTO and Preferential Trade Agreements: From Co-existence to Coherence," Geneva。

② ADB, *Regional Cooperation and Integration in a Changing World*, ADB, 2013, p. 16.

协定)①。换言之，在大规模签署自由贸易区协定之前，东亚地区的贸易、投资自由化程度就已经很高了。这是一个看似奇怪的现象。造成这种现象的主要原因是东亚国际生产网络的存在。在这种网络中，产业内、产品内跨国分工成为一种普遍现象，区域内的贸易和投资联系提高。受这种贸易投资一体化所驱动，网络内的成员国转而签署区域贸易协定，以规范本已存在的贸易投资一体化活动。第三，在推动区域经济一体化进程中，大国与小国的影响力不对称。其他地区的经验显示，区域一体化进程通常是由本地区的大国所推动的，如欧共体的主要推动者是法国和德国，北美自由贸易区的推动者是美国，南方共同市场的推动者是巴西与阿根廷，等等。而在亚洲，由于大国之间在非经济领域的分歧，区域一体化进程长期以来则是由这一地区的小国集团——东盟所推动的。由此出现了人们常说的"小马拉大车"现象。第四，区域内与区域外大国的影响力不对称。亚洲金融危机之后，日本就曾提出亚洲货币基金的设想，但因美国的反对而流产。进入 21 世纪，中日韩分别与东盟签署了"10 + 1"自由贸易区协定，过渡期结束后本应该从"10 + 1"过渡到"10 + 3"（即东盟与中日韩组建统一的自由贸易区），却因为美国实施"亚太再平衡"战略，TPP 的出现再次搅乱了亚洲区域经济合作的进程。美国的立场成为影响亚洲区域经济合作进程最重要的外部力量。

究其原因，有两点值得关注。一是亚洲发展的多元性。与世界其他地区相比，亚洲国家不仅经济发展水平差异巨大，而且存在多元化的政治体制、宗教信仰和对历史遗产的认知分歧。二是亚洲缺少最终消费市场。绝大多数亚洲经济体在经济起飞过程中都奉行出口导向型战略，依靠对区域外市场的出口拉动经济增长。这一基本格局迄今尚未改变。这一格局的背后是亚洲经济储蓄与投资的不对称。

国际金融危机之后，美国所倡导的 TPP 正在改变亚洲区域经济合作的格局。尽管 TPP 谈判尚未完成，但它所带来的影响已经显现。一方面，亚洲国

---

① Nathalie Aminian, K. C. Fung, Francis Ng 曾经对拉美地区与东亚地区的经济一体化模式进行了比较研究，他们把拉美模式称为协议驱动型一体化，把东亚模式称为市场驱动型一体化。参见 "Integration of Markets vs. Integration by Agreements," *Policy Research Working Paper*, No. 4546, 2008。

家尤其是日本宣布加入 TPP 谈判使其在经济上的影响力大幅提升；另一方面，"10 + 3"倡议被东盟所倡导的区域全面伙伴关系协定（RCEP）所取代。考虑到业已存在的中日韩自由贸易区谈判已持续多年，在亚洲已经形成以 TPP、RCEP 与中日韩自贸区"三驾马车"并存的格局。

2013 年，习近平主席提出的"一带一路"倡议为亚洲区域经济合作注入了新生力量。"一带一路"不同于亚洲现有的任何一种区域经济合作机制，它以古丝绸之路所开创的运输通道为纽带，以互联互通为基础，以多元化的合作机制为特征，以打造命运共同体为目标①，它是一种新型的区域经济合作机制。就其定位和内涵来看，"一带一路"适应了亚洲发展的多元性，也将为亚洲经济创造新的区域内需求。鉴于亚洲原有的"三驾马车"尚未完成谈判，"一带一路"也刚刚步入实施阶段，我们很难对双方的相互关系做出明确的判断，也难以就"一带一路"对亚洲区域经济合作格局的影响做出具体结论。不过，有一点可以肯定，亚洲区域经济合作正在朝着更具有"亚洲特色"的方向发展。

需要特别指出的是，本书并不试图构建一个能够解释亚洲区域经济合作的理论体系；同时，作为 2013 年已经完成结项的成果，有关亚洲区域经济合作的最新进展，特别是有关"一带一路"的研究并未纳入进来。这是我们正在研究中的一个领域。

2015 年 5 月

---

① 李向阳：《论海上丝绸之路的多元化合作机制》，载《世界经济与政治》2014 年第 11 期，第 1 ~ 14 页；李向阳：《建设"一带一路"需要优先处理的关系》，载《国际经济评论》2015 年第 1 期，第 54 ~ 63 页。

趋　势　篇

亚洲区域经济合作的演变与发展方向

从 20 世纪 60 年代开始算起，亚洲区域经济合作已经历三个发展阶段：第一阶段是日本主导型方案，但因无法摆脱冷战时期美国对亚太地区的利益诉求，同时也因为亚洲国家的消极立场，真正意义上的亚洲区域经济合作并未取得成效。第二阶段以 1997 年亚洲金融危机为标志，唤醒了亚洲国家开展区域合作的愿望，金融合作成为亚洲区域经济合作的突破口。第三阶段以中国与东盟率先启动双边自由贸易区谈判为起点，引发区域内大国纷纷效仿，客观上促成了以东盟为核心的"10 + 1"区域经济合作格局。在亚洲区域经济合作的演变过程中，外部环境的变化始终发挥着重要的助推或阻碍作用。因而，与其他地区的区域经济合作进程相比，亚洲区域经济合作呈现出起步晚、发展水平低、缺乏主导国等一系列特征。国际金融危机爆发之后，亚洲区域经济合作本应该在"10 + 1"基础之上再上一个台阶，但由于美国实施"重返亚太"战略，区域内国家的战略选择发生了重大调整，某些国家的战略导向甚至发生了逆转，原有的区域经济合作发展路径遇到了障碍。以 TPP 方案、RCEP 方案与中日韩自贸区方案为主，形成了"三驾马车"并存的局面。亚洲区域经济合作正在面临方向性选择，这与世界其他地区形成了鲜明的对比。

一 从东亚共同体到"10 + 1"模式的演变

1. 日本主导亚洲区域经济合作的尝试没有取得实质性结果

从第二次世界大战结束到 20 世纪 60 年代，日本对外战略有两个突出的特征：一是追随美国奉行多边主义立场；二是以脱亚入欧作为对外战略的目标。因而，对于东亚地区的区域经济合作，日本并没有提出自己明确的主张。到了20世纪60年代，伴随经济的高速增长，日本在国际经济事务中的地位迅速上升，对区域经济合作的需求提高，其围绕亚洲或太平洋地区的合作提出了多个方案。1966～1968年担任佐藤内阁外务大臣的三木武夫提出了日本关于亚洲太平洋外交构想。1979年时任日本首相大平正芳提出了"环太平洋合作圈"构想。以此为基础，1980年，第一届太平洋经济合作会议（PECC）举行，并正式形成了太平洋共同体的构想。1988年日本通产省提出了"亚太自由贸易区"方案，从而为后来的亚太经合组织（APEC）的成立奠定了基础。APEC虽然涵盖了多数东亚经济体，但它对亚洲区域经济合作并无实质性的影响，况且它本身也没有取得明显的成果。这期间，尽管日本国内有倡导亚洲区域经济合作的主张，但在官方层面上日本的主张始终无法摆脱日美同盟的制约。

2. 亚洲金融危机成为亚洲区域经济合作的助推器

进入20世纪90年代后，冷战结束，日本泡沫经济崩溃，"雁行模式"发生变化，东亚在全球经济的地位上升，这些因素推动了"东亚意识"的形成。这一时期不仅在日本，而且在东亚其他国家都有了建立东亚经济共同体的设想，比如时任马来西亚总理马哈蒂尔在1990年就提出了"东亚经济集团"（EAEG）构想。

1997年爆发的亚洲金融危机是全面唤醒东亚意识与东亚区域经济合作的标志性事件。此次危机使亚洲国家意识到开展区域经济与金融合作的必要性。1998年日本提出了建立亚洲货币基金组织（AMF）方案，但因美国和国际货币基金组织（IMF）的反对而罢休。直到2000年在"10＋3"框架下，东亚国家正式达成了"清迈倡议"。这一时期，亚洲区域经济合作的最突出特征是，无论是日本、中国还是东盟国家都开始认可亚洲区域经济合作的主体是亚洲国家这一理念。

3. 东盟承担起亚洲区域经济合作领导者的重任

亚洲金融危机的核心是金融领域，因而危机后亚洲国家把推动金融领域的合作摆在优先地位是很自然的。从2001年开始，以中国与东盟确定10年内建成自由贸易区为标志，亚洲区域经济合作进入了一个新的发展阶段。在随后的几年中，日本、印度、澳新（澳大利亚与新西兰）、韩国分别与东盟就建立自由贸易区达成了协议。至此,以"10+1"合作框架为主的亚洲区域经济合作成为现实,东盟也因此成为该地区区域经济合作的"轮轴国"或"驾驶员"。

4. 亚洲区域经济合作的两大障碍

从亚洲区域经济合作演变的三个阶段来看,美国是最主要的外部影响因素。在某种程度上可以说亚洲区域经济合作从来没有真正摆脱过美国的控制。战后亚洲地区的区域经济合作一直落后于其他地区与美国对这一地区的控制有很大关系。冷战时期,日本、韩国、东盟(即老东盟)都是美国的盟友,任何排除美国的区域合作方案都是注定要失败的。东盟本身的产生与发展就是冷战的产物。换句话说,东盟是得到美国"许可"的产物。由于亚洲金融危机的爆发,美国与国际货币基金组织没有给予亚洲危机国所需的救助,从而导致亚洲国家提出自己主导区域经济合作方向的诉求。即便这样,美国也没有放弃对这一地区的控制,AMF流产就是例证。进入21世纪,反恐成为美国全球战略的首要目标,亚洲区域经济合作客观上获得了自主发展的空间。面对亚洲区域经济合作在"10+1"基础上的升级,美国"重返亚太"是一个很自然的选择。

从内部动力机制来看,亚洲区域经济合作面临的最大障碍是区域内的主导权之争。在冷战结束之前,日本想摆脱美国对亚洲区域经济合作的控制,尤其是在20世纪80年代,日本经济位居世界第二,日美贸易摩擦加剧,日本国内有很多人主张推动不包括美国在内的亚洲共同体。但由于政治上、军事上无法摆脱美国的控制,日本的主张只能是在亚洲与太平洋之间摇摆。反过来,美国也担心在亚洲形成一个以日本为中心的统一市场,最终复制欧洲的模式,在经济领域与美国分庭抗礼。亚洲金融危机之后,亚洲区域经济合作的主导权之争逐渐从美日转为中日。"10+1"可以说就是中日竞争的一个副产品:把亚洲区域经济合作的"轮轴国"或"驾驶员"地位交给第三方——东盟。

伴随亚洲区域经济合作发展进程的这两大障碍依然存在,未来还将会继续发挥影响。

二 亚洲区域经济合作的特征

经过半个世纪的发展,亚洲区域经济合作从无到有,从低级到高级,走出了一条有别于其他地区区域经济合作的道路。

1. 东亚国际生产网络与市场驱动型特征

从区域经济一体化的理论范式看，一个地区通常是先签署区域贸易协定（RTAs），然后带来区域内贸易、投资一体化程度的提升。与其他地区的经济一体化进程相比，亚洲经济一体化的突出特征是，先有结果（经济一体化程度提高），后有手段（签署区域贸易协定）[①]。换言之，在大规模签署自贸区协定之前，东亚地区的贸易、投资自由化程度就已经很高了。这是一个看似奇怪的现象。

造成这种现象的主要原因是东亚国际生产网络的存在。东亚国际生产网络源于早期的"雁行模式"。20世纪80年代之后，随着"亚洲四小"国际竞争力的迅速提升，尤其是中国加入国际分工体系之后，"雁行模式"转变为区域国际生产网络。在这种网络中，产业内、产品内跨国分工成为一种普遍现象，区域内的贸易和投资联系提高。受这种贸易投资一体化的驱动，网络内的成员国转而签署区域贸易协定，以规范本已存在的贸易投资一体化活动。

与其他地区的协议驱动型模式相比，东亚市场驱动型模式有一个突出的优势，即后者有助于提高国内外向型利益集团的交易能力，为此而达成的区域贸易协定也更趋向于促进市场一体化[②]。东亚区域经济合作的发展进程表明，这一结论在微观层面可能是成立的，而在宏观层面有可能相反：过高的市场一体化水平降低了政府签署贸易协定的动力。例如，东北亚（中日韩）地区的市场一体化程度远高于东南亚的水平，但其区域经济合作的水平却远低于后者。多年前，日本与韩国企业就有一种说法：在没有自贸区协定的情况下，对中国市场的依赖都如此高，那么还有什么必要签署自由贸易区协定呢？实际上，一国签署区域贸易协定的决策并不完全建立在经济利益之上，在很多情况下战略目标是更重要的考虑，对大国来说尤其如此。

[①] Nathalie Aminian, K. C. Fung, Francis Ng, 曾经对拉美地区与东亚地区的经济一体化模式进行了比较研究，他们把拉美模式称为协议驱动型一体化，把东亚模式称为市场驱动型一体化。参见 Nathalie Aminian, K. C. Fung, Francis Ng, "Integration of Markets vs. Integration by Agreements," *Policy Research Working Paper*, No. 4546, 2008.

[②] 参见 Nathalie Aminian, K. C. Fung, Francis Ng, "Integration of Markets vs. Integration by Agreements," *Policy Research Working Paper*, No. 4546, 2008。

2. 东亚区域经济合作中的"面条碗效应"（Noodle Bowl Effects）

亚洲金融危机之后，亚洲自由贸易协定的数量急剧增加。就东亚地区而言，这种快速增长出现在 2001 年之后。在自由贸易区数量快速增长的背后，我们可以看到，无论是已经达成的，还是处于谈判中的或提议中的自贸区协定，绝大多数属于双边性质（见图 1、表 1）。

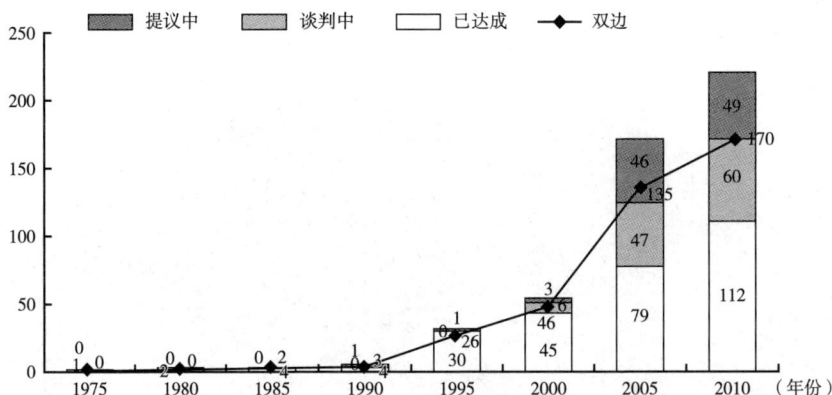

图 1　亚太地区的 FTA（截至 2010 年 1 月）

资料来源：ADB，*Institutions for Regional Integration：Toward an Asian Economic Community*，ADB，2010，p. 60。

表 1　亚太地区自由贸易区的类型分布

单位：种

亚太地区自由贸易协定（2010 年 1 月）	已结束谈判的	谈判进行中的	已提议的	总计	不属于亚太地区的国家	亚太地区的国家	次区域外的国家	次区域内的国家
总　　计	112	60	49	221	133	88	54	34
多边贸易	22	19	10	51	38	13	9	4
双边贸易	90	41	39	170	95	75	45	30

资料来源：ADB，*Institutions for Regional Integration：Toward an Asian Economic Community*，ADB，2010，p. 61。

在理论上，每个自贸区协定都有自己专有的原产地规则，这是防止成员国钻空子（成员国之间取消贸易壁垒）的必要制度安排。但众多的双边自贸区协定并存带来的一个负面效果是"面条碗效应"。所谓"面条碗效应"是指多个双边自贸区都有自己的原产地规则和其他优惠措施，结果相互重叠的原产地规则和优惠措施抵消或降低了自贸区协定所带来的贸易、投资自由化收益（见图2）。

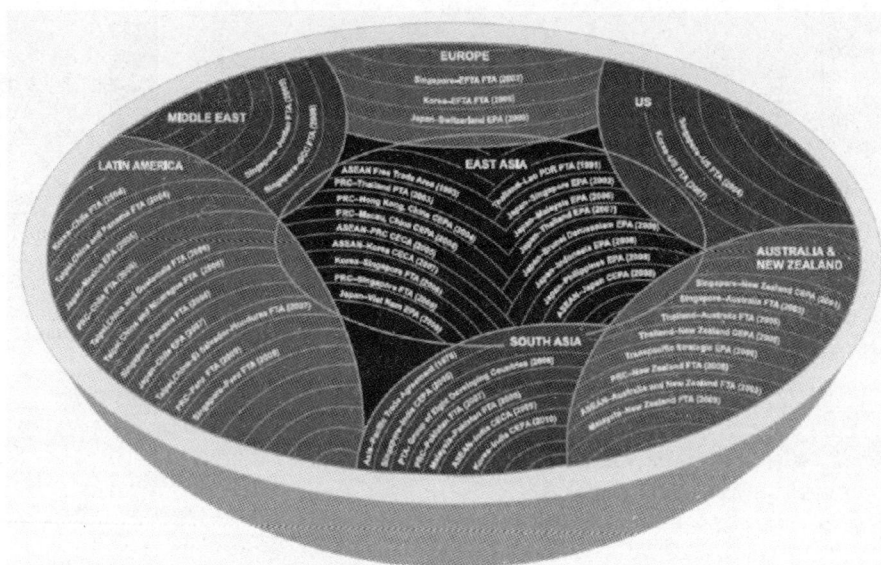

图2 东亚区域经济合作中的"面条碗效应"

注：ASEAN：东盟；CECA：全面经济合作协定；CEPA：全面经济伙伴协定；EFTA：欧洲自由贸易区；FTA：自由贸易区；GCC：海湾合作委员会；PTA：优惠关税协定。所有50个协定包括截至2010年已经生效和签署的FTA。

资料来源：Masahiro Kawai, Ganeshan Wignaraja, *Asia's Free Trade Agreements：How is Business Responding*? Edward Elgar, 2011, p. 12。

"面条碗效应"在宏观层面上表现为，自贸区协定数量的增加并未带来区域内贸易同比上升。图3显示，从20世纪50年代开始，亚太地区的区域内贸易份额上升幅度超过了2.5倍。但如果从21世纪开始算起，尤其是在东亚与东北亚（自贸区协定数量大发展阶段），区域内贸易的比例并没有明显变化，甚至还有下降的趋势。图 4 显示了另一个衡量区域内贸易的指标是区域内贸易密集度（Intraregional Trade Intensities）。

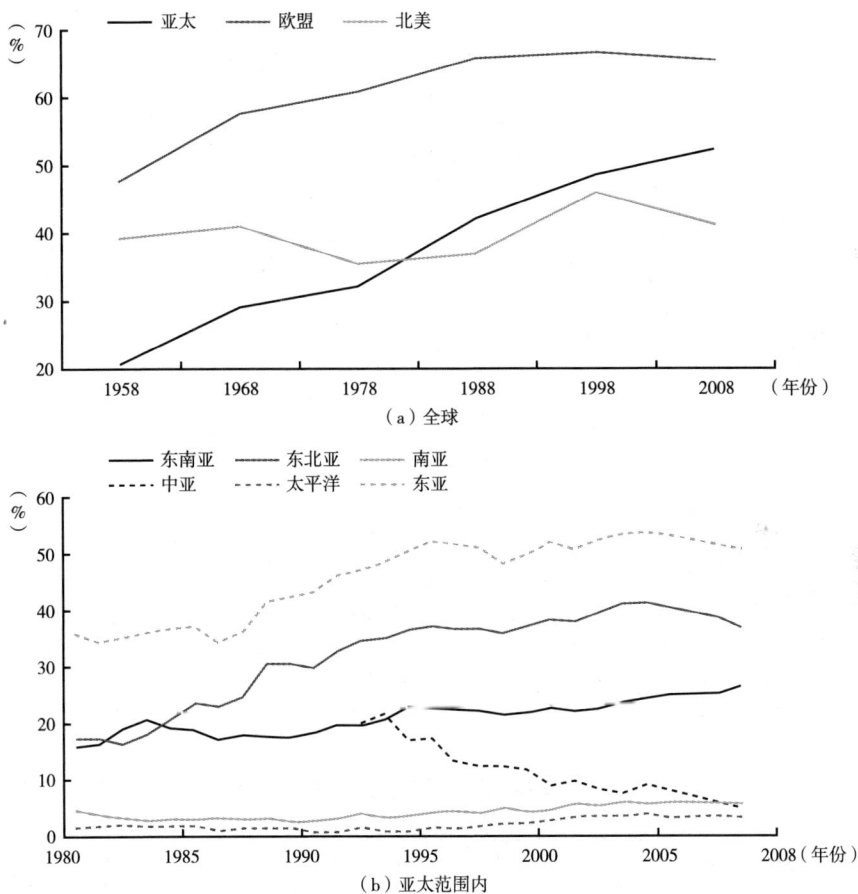

（a）全球

（b）亚太范围内

图 3　区域内贸易份额的演变

资料来源：ADB, *Institutions for Regional Integration：Toward an Asian Economic Community*, ADB, 2010, p. 30。

"面条碗效应"的存在证明亚洲现行的区域经济合作发展模式有很大的局限性，需要在众多双边自贸区协定之上组建更加统一的自由贸易区或统一大市场。否则，亚洲区域经济合作将徒有虚名。

（a）全球

（b）亚洲内部

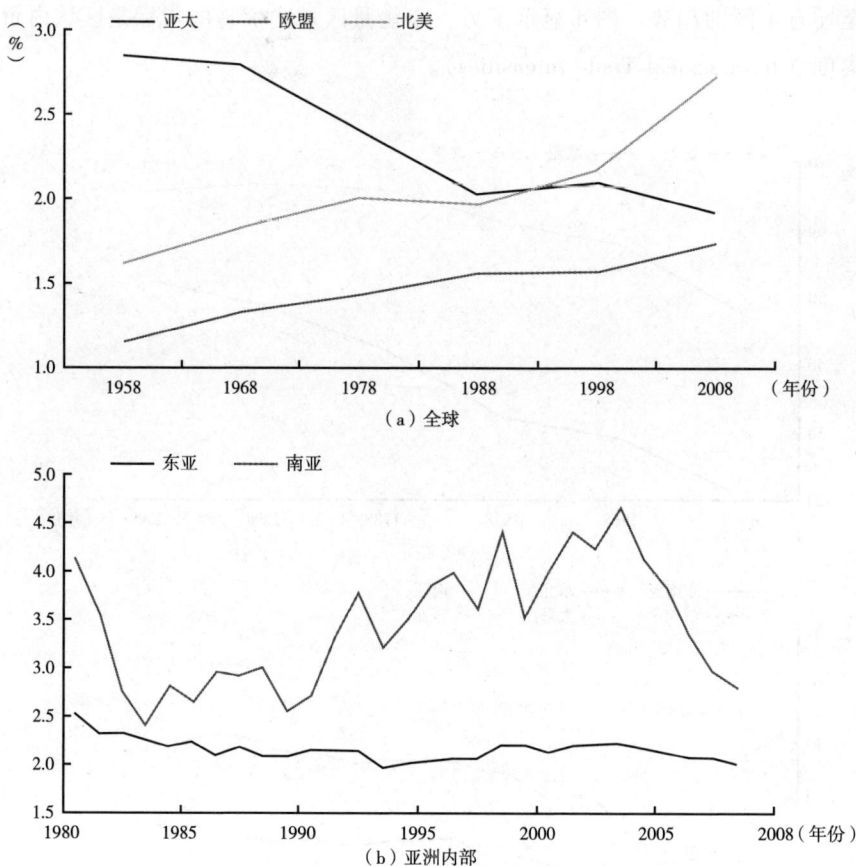

图 4　区域内贸易密集度

资料来源：ADB, *Institutions for Regional Integration：Toward an Asian Economic Community*, ADB, 2010, p. 31。

3. 以东盟为核心的"小马拉大车"机制

区域经济合作通常是由一个地区经济实力最强大的国家来主导的，比如欧洲一体化最初由法国与德国主导推动，南方共同市场由巴西与阿根廷主导推动，北美自由贸易区由美国来主导。而在亚洲，区域经济合作的主导者则被"授予"给该地区经济实力相对最弱的东盟。作为亚洲区域经济合作的"轮轴国"或"驾驶员"，东盟理应成为自贸区谈判的主导者或协调者，但在实践中我们看到贸易谈判均是其他国家对东盟给予让步或提供特殊待遇（如早期收获计划)①。

导致这种格局的原因有两个：其一是区域内大国之间围绕主导权之争达不成共识。尽管亚洲金融危机后各国合作的积极性大为提高，但原先在日美之间的主导权之争开始转化为中日（甚至更多国家）间的主导权之争。而小国在这种竞争中渔翁得利。例如，在早期阶段，韩国曾经试图充当中日合作的桥梁，但最终得利者是东盟。这就是中国与东盟签署自贸区协定后引发多米诺效应的原因所在。其二，东盟客观上也有自身的优势，即它是该地区最为成熟的区域经济一体化组织。作为由10个国家组成的一体化组织，其地缘政治优势是非常明显的。

在成为亚洲区域经济合作的"轮轴国"之后，东盟的首要目标是保住已经取得的优势地位。因而，在"10＋1"框架建立之初，东盟领导人就曾经明确表示，无论是中日韩自贸区方案，还是"10＋3"方案，都不符合东盟的利益，因为这些方案的实现都意味着东盟被边缘化，东盟将丧失"轮轴国"或"驾驶员"的地位。在很长一个时期内，东盟缺乏进一步提升亚洲区域经济合作水平的动力，由此也使"面条碗效应"凸显出来。

4. 亚洲缺少最终消费需求市场

进行横向比较可以发现，亚洲国家的区域内贸易比例比其他地区都要高，如南方共同市场、北美自由贸易区，只略低于欧盟。然而，进一步考察亚洲区域内贸易的结构就会得出不同的结论。亚洲开发银行对东亚14个经济体出口结构进行的研究证明：亚洲区域内贸易的比例在45%左右，但如果细分出口产品的类型（中间品与最终产品），亚洲的出口中只有28.9%的最终产品进入区域内市场（见图5）。换言之，缺少最终消费市场是亚洲经济的一个基本特征。

在这一特征背后有两个因素值得关注，一个因素是包括日本、中国在内的亚洲经济都是出口导向型模式，其高速经济增长主要得益于外需，而不是内需。亚洲金融危机之后，一些东南亚国家曾经酝酿改变出口导向型模式，但因

---

① 王玉主：《东盟40年：区域经济合作的动力机制（1967～2007）》，社会科学文献出版社，2011。

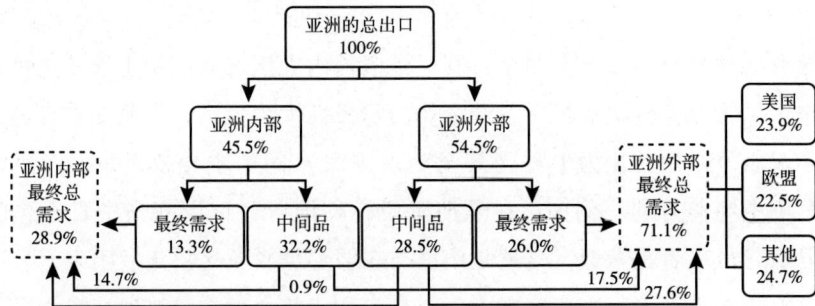

图 5　亚洲缺乏最终消费需求

资料来源：ADB, *Institutions for Regional Integration：Toward an Asian Economic Community*, ADB, 2010, p. 31。

欧美国家实施负债消费政策，客观上阻碍了东亚国家的转型。另一个因素是东亚国际生产网络的存在。产业内和产品内国际分工放大了亚洲区域内贸易的规模。亚洲在成为"世界工厂"的同时，却没有成为世界的消费市场。

缺少最终消费市场是亚洲区域经济合作面临的一大障碍。最终消费需求对区域外市场的高度依赖降低了亚洲国家推动区域经济合作升级的动力，同时也为区域外大国控制亚洲区域经济合作进程奠定了基础。从图 4 可以看出，欧美最终消费需求占亚洲国家出口的比例高于整个区域内的最终需求比例。

5. 超越贸易投资一体化的金融合作

按照区域一体化经济学的逻辑，区域经济合作的起点应该始于贸易自由化，进而升级为投资自由化、生产要素流动自由化，然后才进入金融与货币合作。然而，在亚洲的区域经济合作发展过程中则呈现了相反的顺序：金融货币合作早于贸易投资合作。

造成经济一体化顺序颠倒的原因是多方面的，其一是亚洲区域经济合作属于危机驱动型。亚洲金融危机之后，多数国家深感金融合作的必要性。可以说唤醒亚洲国家区域经济合作理念的是金融领域。1997 年 9 月，日本在 IMF 和亚洲开发银行会议上提出建立"亚洲货币基金"的构想，倡议组建一个由日本、中国、韩国和东盟国家参加的组织，筹资 1000 亿美元，为遭受危机的国家提供援助，但这个计划最终受到美国和 IMF 的强烈反对而被搁置。1998 年 10 月，日本又以宫泽喜一的名义提出"新宫泽构想"，倡议建立总额为 300 亿美元的亚洲基金，其中 150 亿美元用于满足遭受危机国家中长期资金需求，150 亿美元用于满足短期资金需求。这个提议普遍受到亚洲各国的欢迎，美国和 IMF 也表示支持。之后，日本按照"新宫泽构想"向亚洲危机国家提供了总额约 240 亿美元的短期、中长期贷款以及贷款担保。1999 年 10 月，时任马来西亚总理马哈蒂尔在"东亚经济峰会"上提出建立"东亚货币基金"，他主张从东亚开始进行多边协议，然后逐步扩大到其他亚洲国家和地区。在这一时期内，东亚各国在货币合作上已经有了许多设想和尝试，但整个亚洲地区尚未就区域货币合作达成基本共识。

2000 年 5 月，在泰国清迈举行的"东盟 10 国 + 中日韩"（"10 + 3"）财长会议通过并签署了《清迈倡议》（CMI），这标志着亚洲地区的区域货币合作从讨论阶段正式迈向实质推动阶段。《清迈倡议》主要包括两个部分，一是扩大了东盟互换协议（ASA）的成员国数量和资金规模，二是在东盟 10 国与中日韩 3 国范围内建立双边货币互换网络（BSA）。在这之后的几年中，"10 + 3"成员国又对《清迈倡议》的制度框架、运作机制、运作效率及未来发展等方面进行了较为全面的评估。

与区域贸易投资领域的合作相比，亚洲金融货币合作不仅启动得早，而且合作的范围更广，比如，贸易投资领域的"10 + 3"机制尚未形成，而在金融货币领域则实现了。更重要的是，亚洲金融货币合作有明确的制度化安排。

很显然，亚洲的金融货币合作与欧洲的金融货币合作有根本的区别。首先，亚洲版的合作属于危机驱动型，而欧洲版的合作是市场一体化驱动型。在危机消除的情况下，亚洲版的合作就有可能停滞，因为危机并不是一种常态。相比之下，由市场一体化启动的合作具有可持续发展的动力。其次，缺少贸易投资领域的机制化安排，亚洲金融货币合作的机制化发展存在很大的局限性。反过来，一旦贸易投资领域的机制化出现倒退，金融货币合作的前景也不会令人乐观。最后，在贸易投资领域没有机制化的背景下，成员国仅靠金融货币合作不会走上欧洲让渡民族国家主权的道路。像亚洲货币基金、亚元这样的设想之所以流产，固然有外部反对因素的影响，但更重要的是区域内成员还没有做好让渡国家主权的准备。

三　亚洲区域经济合作面临方向性选择

经过近十年的努力，亚洲区域经济合作确定了以东盟为核心，以"10＋1"为基础的合作架构。实践证明，"10＋1"机制有助于提高区域内贸易投资自由化水平，但并不能成为亚洲统一市场或亚太区域经济合作的平台。如何克服亚洲区域经济合作的发展瓶颈、构建亚洲区域经济合作的新平台，一直是区域内大国努力的方向。其中，日本所倡导的"10＋6"方案、中国所倡导的"10＋3"方案以及中日韩自贸区方案都取得了程度不同的进展。所有这些方案都有两个共同的特征：一是中日的立场决定了前进的方向；二是美国均被排除在外。前者实际上涉及的是亚洲区域经济合作的内部动力机制（合作主导权的争夺），后者涉及的则是外部约束机制（美国对亚洲区域经济合作的控制）。

由于美国实施"重返亚太"战略，亚洲区域经济合作正在面临方向性选择。以往美国对亚洲区域经济合作进程的控制往往采取指导式政策，如否决亚洲国家关于建立亚洲货币基金的方案，只接受《清迈倡议》这样的方案。目前，在"重返亚太"战略背景下，美国开始直接提出自己的方案来试图主导亚洲区域经济合作的进程或方向。跨太平洋伙伴关系协定（TPP）就是"重返亚太"战略的一个组成部分。如果说在20世纪亚洲区域经济合作的主导权是在美日之间争夺（一种不对等的争夺，即美国防止日本成为亚洲区域经济合作的主导者），21世纪的前10年则是在中日之间争夺主导权，那么到21世纪的第二个10年中日之间的主导权之争开始转化为中美之间的主导权之争。在这种前提下，作为原有的亚洲大国，日本的立场就显得尤为重要。中日钓鱼岛争端为中美日在亚洲地区的关系增添了新的变数。在一定程度上它既是美国"重返亚太"的产物，反过来又会影响"重返亚太"战略的实施效果。

尽管美国在"重返亚太"战略中所倡导的TPP尚处于谈判进程中，但它带给亚洲区域经济合作的战略效应已经显现。为了应对亚洲区域经济合作格局的变化，东盟改变了满足于"轮轴国"的立场，提出了区域全面经济合作协定（RCEP）方案。加上原有的中日韩自贸区方案，亚洲区域经济合作正在形成TPP方案、RCEP方案、中日韩自贸区方案"三驾马车"并存的格局。未来究竟谁能脱颖而出，主导亚洲区域经济合作的方向，将是大国战略博弈的重点。

1. TPP的发展势不可挡，但无法解决亚洲区域经济合作中的重要难题

作为TPP的倡导者①，美国从一开始就赋予其两个基本特征：一是开放的区域主义，即TPP对APEC的21个成员都是开放的，换言之，只要满足TPP的进入门槛就可以自由选择加入。其最终目标是建立覆盖APEC所有成员的亚太自由贸易区协定。二是适应21世纪的高质量的自贸区协定。所谓"高质量"不仅意味着降低关税，实现贸易投资自由化，而且要求具有统一的知识产权保护规则、环境保护规则、竞争政策、劳工标准等。实际上，美国是把北美自由贸易区的规则移植过来了②。纵观TPP的这两个特征，"高质量的自贸区协定"为许多国家设置了难以跨越的进入门槛，因而"开放的区域主义"只是一个幌子而已。

TPP的谈判已经进入最后阶段。在现行的谈判框架内，中国短期内不会选择加入TPP，但这不会阻碍TPP谈判的进展。在原先九国谈判的基础上，2012年6月加拿大与墨西哥正式加入谈判。日本受国内政局的影响，参加TPP谈判的决定一波三折。考虑未来日本政治右翼化趋势加强，中日关系停滞的可能性加大，日本会最终选择加入TPP。2011年11月，泰国也明确表示要参加TPP谈判。这样的话，东盟将有一半的成员国选择加入TPP。

美国倡导TPP的一个理论目标是最终建立涵盖所有APEC成员的亚太自由贸易区（FTAAP）。理由是，既然目前WTO的多哈谈判无法推动多边贸易自由化体制的实现，那么通过区域主义推动多边贸易自由化体制就成为一种必然选择。按照这种逻辑，TPP以FTAAP为路径就成为多边主义的"跳板"，而不

---

① TPP最早是由新加坡、文莱、新西兰与智利组建的一个自贸区协定，但美国的进入改变了TPP原有的性质，并由美国来主导其整个规则的谈判。

② Jagdish N. Bhagwati, "America's Threat to Trans-Pacific Trade," East Asia Forum, January 10, 2012.

是"绊脚石"①。这看起来是一幅美好的前景，但 TPP 自身的特性决定了在可预见的将来，FTAAP 很难实现。

第一，TPP 本身无法消除亚太区域经济合作内的"面条碗效应"②。目前，TPP 9 个成员国之间有 25 个自贸区协定，这些协定通常是以损害第三方的利益为前提的。以澳大利亚为例，澳美自贸区协定就排除了美国的糖、牛奶③。按理说，TPP 生效之后，成员之间原有的双边自贸区协定都应该消除，以便在区域内所有成员之间实施统一的 TPP 规则。但美国从一开始就反对这样做，原因是，美国迄今已和 17 个国家签署（并生效）了 11 项自贸区协定，这些协定都有自己特定的条款（及例外条款），服务于特定的目的。如果 TPP 不能有效消除成员之间重叠自贸区协定所带来的影响，那么我们就无法期望 TPP 成为未来 FTAAP 的基础。理论上缓解或消除"面条碗效应"的出路有：强化涵盖整个区域的自贸区协定，统一最惠国待遇关税，优惠措施多边化，淡化原产地规则，等等④。然而，没有美国的支持和推动，这些措施是不可能变为现实的。

第二，TPP 接纳未来的新成员将实施差别待遇规则，所谓的开放区域主义特征只是一个符号。双边自贸区协定中的例外条款将为未来的新加入者设置障碍。后来者要获得 TPP 成员资格，要么必须与每个成员进行单独谈判，要么得到成员的一致同意，而这又为某些国家行使否决权创造了条件。解决这一问题的出路在于 TPP 要从规则上对新进入者的条件做出明确、清晰的规定，尽可能减少单个成员的自主权。对此，美国现行的法律制度很难做出让步⑤。依

---

① 区域主义与多边主义的关系究竟是"跳板"还是"绊脚石"，在经济学家中间存在很大的争议。参见 Baldwin, R., "Multilateralising Regionalism: Spaghetti Bowls as Building Blocs on the Path to Global Free Trade," *The World Economy*, 29 (11), 2006, pp. 1451 – 1518。

② Peter A. Petri, Michael G. Plummer, and Fan Zhai, "Trans-Pacific Partnership and Asia-Pacific Integration: A Quantitative Assessment," *East-West Center Working Paper*, *Economic Series*, No. 119, October 24, 2011。沈铭辉：《跨太平洋伙伴关系协议的成本收益分析：中国的视角》，《当代亚太》2012 年第 1 期，第 5 ~ 34 页。

③ Shiro Armstrong, "TPP Needs Less Haste, More Caution," East Asia Forum, April 17, 2011.

④ Shiro Armstrong, "Australia and the Future of the Trans-Pacific Partnership Agreement," *EABER Working Paper Series*, No. 71, 2011.

⑤ Peter Drysdale, "Are There Real Dangers in the Trans Pacific Partnership Idea?" East Asia Forum, 2012.

照美国的法律，国会有权逐个对新成员资格进行审核、批准。

第三，APEC 成员的差异性难以满足美国推动 TPP 的主要动机。在现有的 APEC 成员中，既有最发达的经济体，又有最不发达的经济体；既有大国间的意识形态差异，又有大国间对主导权的争夺。而美国推动 TPP 固然有经济利益方面的考虑，但更重要的是服务于大国之间的博弈目标。且不论 APEC 内部多个小国成员关系的协调困难，仅就这一区域内部的大国（美国、中国、日本、俄罗斯）关系协调就足以阻止 FTAAP 的形成。

回顾历史，美国试图在一个区域内建立由其主导的自贸区并非首次。1986 年欧共体宣布与欧洲自由贸易区（EEFA）在 1992 年建立欧洲统一大市场，作为一种战略反应，美国宣布启动与加拿大的美加自由贸易区协定谈判。1992 年欧盟签署《欧洲统一法》，建立欧洲统一大市场；同年，美加自由贸易区扩展为北美自由贸易区。此后，为了回应欧盟东扩，美国决定启动美洲自由贸易区（FTAA）谈判，以求涵盖除古巴之外的所有西半球国家。布什执政后进一步把美洲自由贸易区的建设确立为美国对外经济关系的头等任务，并得到了国会的支持。时任巴西总统卢拉执政后，以无法接受 FTAA 的劳工标准条款为由拒绝了美国的方案，致使 FTAA 夭折。美国最后选择与中美洲 5 个国家（哥斯达黎加、尼加拉瓜、洪都拉斯、多米尼加）签署了多米尼加—中非洲—美国自由贸易区协定（DR‐CAFTA）。从中我们可以看出，美国推动自贸区的战略目标绝非单一的经济目标；它从来也没有把自贸区当成推动多边贸易自由化的"跳板"。因而，美国迄今为止的区域经济合作战略并不能证明它会以 FTAAP 为"跳板"把推动多边贸易自由化作为 TPP 的最终目标。

2. 中日韩自贸区谈判在艰难环境中启动，前景并不乐观

从提出到现在，中日韩自贸区方案已经超过了 10 年。大量的经济模拟结果均显示：这是一项多赢的选择方案。之所以这么多年没有取得实质性进展，关键在于三方在非经济利益的目标上达不成共识，如历史问题、领土领海争端、地区安全、区域外因素及主导权之争。其中，中日主导权之争可以说是分歧的核心所在。

中日韩自贸区的成败涉及真正意义上的亚洲区域经济合作能否实现。换言之，只有实现中日韩自贸区，过去 10 年建立起的"10＋1"框架才能够进一步升级为区域内统一市场，亚洲区域经济合作中存在的诸多问题才能够找到出路，比如"面条碗效应"、缺少最终消费市场、"小马拉大车"等。

2012年11月，在中日关系极为紧张的背景下，中日韩三方决定2013年年初启动自贸区谈判。这看起来是一个积极的信号，尤其是在TPP战略效应逐步显现的背景下。然而，我们必须清醒地认识到，大国的区域经济合作战略所追求的从来都不仅仅是商业目标，而是包括众多非经济目标的。钓鱼岛争端已经为中日关系打下了一个巨大的楔子。在钓鱼岛归属问题上，中日双方退让的空间都不大；在美国"重返亚太"的背景下，短期内中日解决钓鱼岛归属问题的可能性很小。因而，钓鱼岛争端将趋于长期化。以此为标志，中日关系将进入一个高度不稳定的过渡期，同时也将面临重新定位的问题。

钓鱼岛争端是中日争夺地区主导权的另一种表现形式，其背后是中日两国实力发生改变的反映（比如日本坚信钓鱼岛争端"搁置争议"的时间优势在中国一边），也是美国"重返亚太"引发的一个后果（如日本把获得美国支持看成是与中国争夺钓鱼岛的前提条件）。在钓鱼岛争端所引发的中日关系急剧恶化的条件下，我们很难期望中日韩自贸区能够取得实质性进展。

对日本而言，避免钓鱼岛争端引发的中日关系"政冷经寒"是其热心启动中日韩自贸区谈判的直接原因。"政冷经寒"对中日是双输结局，不过与中国相比，日本更难以承受中日经贸关系停滞的代价。在战略层面，启动中日韩自贸区谈判是日本在中美之间实施骑墙战术的需要，即在美国的安全与中国的市场，以及TPP与中日韩自贸区之间博弈。

比较而言，中韩自贸区谈判更有可能快于中日韩自贸区谈判而率先取得成果。

3. 区域全面经济伙伴关系协定（RCEP）在大国分歧中脱颖而出

在2012年11月结束的金边东亚峰会上，东盟关于亚洲区域经济合作的新建议得到了各方的普遍认同。RCEP的目标是建成涵盖东盟、中国、韩国、日本、印度、澳大利亚、新西兰等16个国家的自由贸易区，且未来将不局限于这些国家。这一方案既不同于此前的"10＋1"与"10＋3"，也不是此前"10＋6"的翻版。对区域内大国而言，加快区域经济合作是一个基本共识，而相互间的分歧又难以快速取得成效。东盟恰恰利用了大国之间的分歧，使RCEP成为区域合作的一个新平台。

当然，东盟提出 RCEP 也有自身利益的考虑①。其一，东盟要致力于通过区域合作成为亚太乃至全球经济中的一极。具体来说，东盟试图通过提高自身的一体化水平和扩大对亚洲区域经济合作的影响力来实现这一目标。早些时候东盟已经提出要在 2015 年建成经济共同体的目标。目前把区域全面经济伙伴协定谈判完成的目标也确定在 2015 年，这显然是和东盟推动区域合作的大目标相一致的。其二，东盟已经完成了与区域内大国之间的双边自贸区协定。把多个双边自贸区协定升级为一个统一的自贸区协定符合东盟的利益。从商业利益来看，"10 + 1"合作框架为东盟带来了巨大的额外收益，其原因是东盟处于"轮轴国"的地位。其三，东盟要应对来自 TPP 的冲击，继续充当亚洲区域经济合作的"驾驶员"。在美国推出 TPP 之后，东盟已经有一半的成员决定参加或准备参加谈判。如此发展下去，东盟不仅有被边缘化的风险，而且可能面临成员之间分化的风险。在可预见的将来，新东盟成员除去越南之外都没有机会参与到 TPP 之内；在老东盟成员中，印度尼西亚已经明确表态不会参与TPP。因而，东盟客观上需要提出新主张来确立它在新时期亚洲区域经济合作中的领导者地位。

对东盟来说，RCEP 能否如期取得成效也许并不是最重要的。重要的是，未来的亚洲区域经济合作将按照东盟的方案，围绕东盟展开。很清楚，RCEP真正的难题是东盟之外 6 国之间的协调。东盟主动协调整个谈判的能力是极为有限的，只有当这些大国之间的谈判出现了问题并无法解决时，东盟才有可能发挥协调者的作用。总之，在大国围绕亚洲区域经济合作格局相互博弈的前提下，RCEP 的提出本身就意味着它的战略效应已经显现。

4. 亚洲区域经济合作面临的不确定性

亚洲区域经济合作目前形成了"三驾马车"（TPP 方案、中日韩自贸区方案、RCEP 方案）并行的格局。未来亚洲区域合作的方向存在高度的不确定性。

第一，中日关系不仅会成为中日韩自贸区面临的最大障碍，而且会进一步波及 RCEP 的谈判进程。就三种方案的可行性来看，中日韩自贸区方案短期内

---

① 李向阳：《打造全球最富活力区域经济体》，《人民日报》2012 年 11 月 23 日。

实现的可能性是最低的。很有可能出现的一种结局是，启动之后的谈判会成为一项没有终点的马拉松式比赛；另一种可能是启动本身就被搁置。倘若中日韩自贸区不能取得突破，在 RCEP 框架内中日如何协调就是一个难题。还有一种不确定性是，在未来的 RCEP 谈判中会不会出现中日争夺规则制定的主导权问题。

第二，一个不包括美国的 RCEP 与一个不包括中国的 TPP 并存有可能成为现实，但两者会不会相互竞争，进而演变为中美之间的竞争，这将影响亚洲区域合作的未来[1]。在同一地区（亚洲）出现两个相互重叠的自由贸易区，且不说这可能会进一步加剧"面条碗效应"，降低自贸区的功能，仅协调相互关系就是一个难题。世界其他地区并没有类似的格局，当然也无法做出准确预测。更不确定的是，中美作为世界最大的两个经济体，分属于同一地区的两个不同的区域经济合作组织，中美的竞争关系将影响亚洲区域经济合作格局的稳定性。

第三，日本有可能成为唯一同时参加三个自贸区协定谈判的国家。这是日本力求实现的目标，而日本国内政治的不确定性由此也可能危及亚洲区域合作的进程。钓鱼岛争端与中日关系的恶化会促使日本加入 TPP 谈判。在 2012 年12 月举行的大选中，民意调查显示越来越多的日本民众赞成加入 TPP。对于RCEP 和中日韩自贸区，日本也显示出积极的立场。不过，日本国内政局的不稳定可能会影响三种方案的谈判进程与最终选择。

---

① Beginda Pakpahan, "Will RCEP Compete with the TPP?" East Asia Forum, November 28, 2012.

战　略　篇

美国的亚太区域合作战略

原本默默无闻的"跨太平洋战略经济伙伴关系"(Trans-Pacific Strategic Economic Partnership),随着 2009 年美国宣布加入"跨太平洋伙伴关系协定"(Trans-Pacific Partnership, TPP)谈判而备受关注。尽管 TPP 充当了美国"重返亚太"战略的政策工具,但是研究表明,多年来美国从未间断在亚太地区的区域经济合作活动,或者说,美国从未离开过亚洲。

一 美国区域合作的历史回顾

20 世纪 90 年代之前,美国政府一直奉行多边贸易政策,成功地推动了关税及贸易总协定(General Agreement on Tariffs and Trade, GATT)的 8 次谈判[①]。由于是多边贸易体制的倡导者,美国在 GATT 体系下主张非歧视性原则,反对其他地区的区域合作,以便最大限度地维护美国的全球利益。

在此之后,美国的贸易政策发生了较大的变化[②],这一变化的主要表现就

---

① G. C. Hufbauer and J. J. Schott, "Strategies for Multilateral Trade Liberalization," in G. Feketekuty, and B. Stokes, *Trade Strategies for a New Era: Ensuring US Leadership in a Global Economy*, New York: Council on Foreign Relations and the Monterey Institute of International Studies, 1998, pp. 125 – 141.

② 诱导大国参与区域经济合作的根本动因是争夺国际经济规则的制定权。第二次世界大战后很长的一段时期内,美国是国际经济规则的主导者,无论是国际货币基金组织、世界银行,还是被美国修改后的关税及贸易总协定,都服从美国的意志。但伴随其相对经济地位的下降,美国的主导者地位开始受到挑战。在国际金融领域,这种挑战始于布雷顿森林体系的瓦解。而在国际贸易领域,挑战始于乌拉圭回合。在此轮多边贸易谈判中,美国首次无法控制谈判的进程,美欧在农产品贸易自由化问题上的分歧使谈判多次延期,由此改变了美国对待区域主义的立场。李向阳:《新区域主义与大国战略》,《国际经济评论》2003 年第 4 期。

是美国改变了其对待区域合作的态度。例如，1988 年美国通过综合贸易竞争法案（Omnibus Trade and Competitiveness Act of 1988），确定了通过双边、多边和区域贸易等多种方式开展国际贸易以推动国内经济增长的战略。尽管从最初的反对区域合作转变为接受区域合作，美国的区域合作战略仍被学者们认为是"被动反应"式的[①]。这种"被动反应"，可以从两个层面上去理解，其一，在多数区域合作中，美国从未主动推动区域合作进程，而是主要受到其他地区的区域合作进程的压力而被动做出反应，即担心遭受贸易转移效应且被边缘化；其二，绝大多数 FTA 倡议均不是美国首先提出的，而是谈判国主动向美国请求展开 FTA 谈判。

1985 年，考虑到与美国建立 FTA 有利于推动国内改革，特别是缩小政府功能和振兴私营部门；确保美国市场准入的稳定性；削减原产于加拿大产品的贸易障碍并推动新兴产业的发展[②]，加拿大政府接受了该国皇家委员会关于建议该国应与美国建立双边 FTA 的报告，并向时任美国总统里根提出了建立美加自贸区的倡议。但是直到 1986 年，欧共体决定建立统一大市场的时候，美国才真正开始考虑这一倡议，并于当年开始与加拿大进行 FTA 谈判，在 1988 年完成美加自贸区谈判。

类似的情况随后发生在墨西哥身上，为了推动国内市场改革，获得广大的美国市场准入，同时利用 FTA 吸引 FDI 的流入，墨西哥希望与美国建立 FTA。尽管墨西哥当时仍是一个普通的发展中国家，对美国而言经济利益十分有限，但是为了应对欧洲统一大市场，美国迅速与其展开 FTA 谈判，并在 1992 年《欧洲联盟条约》签署之时，于 1994 年完成了北美自由贸易协议（North American Free Trad Agreement，NAFTA）的谈判。

---

① Richard Feinberg，"The Political Economy of United States' Free Trade Arrangements," *The World Economy*，Vol. 26，2003，pp. 1019 – 1040；Amy Searight，"The United States and Asian Economic Regionalism：On the Outside Looking in?" in Edited by Mark Borthwick and Tadashi Yamamoto，*A Pacific Nation：Perspectives on the US Role in an East Asia Community*，Washington DC：the Brookings Institution，2010，pp. 43 – 45.

② Richard Feinberg，"The Political Economy of United States' Free Trade Arrangements," *The World Economy*，Vol. 26，2003，p. 1024.

从谈判策略上，美国以加拿大、墨西哥作为平衡日本和欧共体在 GATT 谈判中的武器，通过建立美加自贸区或者 NAFTA，向外界表明如果在多边贸易谈判（乌拉圭回合）中美国的要求没有得到满足，美国将采取其他方式加以替代。更为重要的是，这一时期，欧共体和日本的经济实力有相当提高，欧洲统一大市场的建立意味着欧共体的市场规模首次超过美国，战后美国第一次难以通过自己的单边行动推动和完成 GATT 谈判。只有对欧共体继续保持市场规模优势，美国才有可能拥有对国际经济规则的主导权[1]。因此，通过区域合作扩大美国式贸易规则的共识，有助于巩固美国在多边贸易体系下的主导地位，以便继续维持国际经济规则的主导权。

与墨西哥的初衷类似，遭受债务危机的拉美国家，迫切希望通过出口导向政策解决进口替代政策引发的种种弊端，特别是在与发达经济体建立 FTA 联系后，能够获得 WTO 内所不能完全获得的市场准入[2]；同时还有利于锁定国内改革，释放改善国内投资环境的信号等[3]。基于这些考虑，在北美自贸区谈判还未完成之前，安第斯集团领导人就向时任美国总统老布什提出考虑规划拉美地区后冷战时代经济政策的设想，并最终形成"开创美洲事业倡议"（Enterprise for the Americas Initiative）。老布什在倡议中提出建立"一种将整个美洲——北美洲、中美洲和南美洲联系在一起的自由贸易体系"，即后来的美洲自由贸易区。随后，为了落实该倡议，1994 年 12 月于美国迈阿密召开的第一届美洲国家首脑会议上（除古巴外的美洲国家都参加了该会议），拉美国家领导人又敦促美国通过了《原则宣言》和《行动纲领》，让其承诺立即开始规划建立 FTAA，并明确规定了建立 FTAA 的时间表[4]，即在 2005 年建立一个拥有 8.5 亿人口、年 GDP 总值达 13 万亿美元的世界最大的自由贸易区。

---

① 李向阳：《新区域主义与大国战略》，《国际经济评论》2003 年第 4 期。

② Tussie, D., "Globalization and World Trade: From Multilateralism to Regionalism," *Oxford Development Studies*, Vol. 26, 1998, pp. 32 – 46.

③ 李向阳：《东北亚区域经济合作的非传统收益》，《国际经济评论》2005 年第 9 ~ 10 期。

④ Richard E. Feinberg, *Summitry in the Americas: A Progress Report*, Washington D. C.: Institute for International Economics, 1997, pp. 76 – 78.

面对来自北美自贸区的压力①，欧盟也加快了区域合作的步伐。1994 年 12 月，欧盟首脑会议批准了关于 2001 年以前建成欧盟与南方共同市场（以下简称南共市）4 国自贸区的设想②。1995 年 12 月，欧盟与南共市 4 国签署了《地区间合作框架协议》，提出要在 2005 年以前建立世界第一大洲际自由贸易区。随后，欧盟与智利、墨西哥又签署了双边 FTA。不仅如此，其他国家如日本、韩国等也不断打入拉美市场③，一系列来自区外大国的区域合作倡议给美国与拉美地区经贸关系带来不小的压力，对当初在 FTAA 上并不主动的美国而言，FTAA 开始成为针对上述发生在美洲地区的贸易攻势的有效防卫手段之一。

与此同时，北美地区的一体化和欧共体区域合作的压力同样传递到亚洲地区，澳大利亚和日本推动了亚洲地区的区域经济合作进程，尽管这一"开放的地区主义"区别于美国重视的机制建设（institutions-building），美国贸易谈判代表和商务部未对 APEC 表示过多兴趣，但是基于美国加入 APEC 有助于协调美国在亚洲的经济利益，且有助于协调与亚洲经济体的谈判立场，以便在乌拉圭回合上对欧盟造成更大的谈判压力④，美国仍然成为 APEC 的第一批成员。

也许正是 1998 年 APEC 部门提前自由化（EVSL）谈判破裂，美国在亚洲地区推动贸易自由化的设想遭受巨大的挫折；而 APEC 和美国对 1997～1998 年亚洲金融危机采取了漠视的态度，而且对于日本提出的 AMF 采取打压政策，直接导致东亚地区国家加强区域合作的动力高涨：以中国为代表

---

① 1991～1996 年，美国在拉美贸易中的比重从 38.3% 上升至 44.8%，同期欧盟在拉美贸易中的比重从 22.6% 下降至 15.8%。自 1994 年墨西哥加入北美自贸区，欧盟对墨西哥出口从 1993 年的 72.28 亿美元下降至 1995 年的 58.64 亿美元，欧盟对墨西哥出口占其拉美出口的比重从 24.2% 下降至 13.8%。尽管欧盟对墨出口下降可能与 1994 年年底墨西哥金融危机有关，但是 1995 年美国对墨出口仅下降 2%，同期欧盟对墨出口却下降了 29%。参见贺双荣《欧盟与拉美的关系》，《拉丁美洲研究》2000 年第 4 期。

② 徐世澄：《美洲自由贸易区的提出》，《瞭望》1995 年第 3 期。

③ 李德旺：《美洲自由贸易区的构想与前景》，《外向经济》1998 年第 1 期。

④ 特别是 APEC 1993 年西雅图领导人峰会对乌拉圭回合所表示的支持，被视为美国就乌拉圭回合向欧盟的施压工具。参见 John Ravenhill, *APEC and the Construction of Pacific Rim Regionalism*, Cambridge：Cambridge University Press, 2002, pp. 93–94。

的亚洲主要经济体，从 2002 年开始提出建立中国—东盟自贸区、韩国—东盟自贸区、日本—东盟自贸区等一系列地区内一体化倡议，这在相当程度上对美国推动亚太经济合作造成了压力。因此，美国迅速做出回应，一方面开始回应时任新加坡总理吴作栋的请求，与新加坡谈判签署了美国—新加坡自贸区；同时为回应泰国、马来西亚等国，美国在 2002 年 10 月推出"开创东盟事业倡议"（EAI），以此为基础推动与东盟国家的双边自贸区。另一方面，为了应对东亚合作，特别是继续维持亚太范围内区域经济合作进程，美国亦对来自澳大利亚建立 FTA 的请求做出回应，并在 2004 年签署了自贸区协定。值得一提的是，时任韩国总统李明博上台以后，改变了多年来韩国在 FTA 方面的保守做法，主动与大型经济体缔结 FTA，争取形成"轮轴国"地位，因此积极与美国提出建立自贸区，以便使韩国获得最重要的区外市场。为了应对东亚合作，美国于 2006 年开始与该国进行谈判，并历经多次修改。

长期以来，欧盟与北非和海湾地区有着紧密的经济联系和历史联系：欧盟不仅从 1990 年 10 月就开始与海合会成员进行 FTA 谈判；在 1995 年颁布的《巴塞罗那宣言》更促使包括约旦、摩洛哥、埃及等国在内的国家构建了以双边 FTA 为基础的欧盟—地中海自贸区倡议，从此欧盟与该地区的特惠安排向深层一体化方向发展①。受到来自欧盟的区域合作压力，在 1994 年约旦与以色列签署了关系正常化的华盛顿宣言后，美国接受了以色列国王阿卜杜拉二世积极推动的美国—约旦 FTA 倡议并于 2000 年 10 月迅速签署协定（首次加入劳工环境条款）。美国在该地区的区域合作伴随 2001 年"9·11"事件的发生而全面加速，美国明确将该国的贸易政策置于对外政策大框架内，并于 2003 年 5 月宣布要在 2013 年前完成包括巴林、以色列、约旦、摩洛哥、阿曼、沙特等 17 国在内的美国—中东自贸区（MEFTA），在此基础上，美国迅速与摩

---

① Gonzalo Escribano-Francés, "An International Political Economy View of EU – GCC Partnership," paper presented at the International Conference on Challenges of Economic Development for the GCC Countries, Kuwait City, pp. 29 – 31, January 2005, organized by the Kuwait Institute for Scientific Research (KISR) and sponsored by The World Bank.

洛哥、巴林、阿曼签署了自贸区①协定。

与此同时，FTAA 谈判却在 2001 年第一次文本的讨论中就出现了极大分歧，为了向 FTAA 谈判对手巴西等国施压以推动 FTAA，并回应长期以来中美洲等国家的请求，仅经过一年的谈判，美国于 2003 年迅速与哥斯达黎加、萨尔瓦多、危地马拉、洪都拉斯、尼加拉瓜签署了美国—中美洲自贸区协定。2004 年接受多米尼加加入该协议；另外，巴拿马并未直接加入美国—中美洲自贸区，仍然从 2004 年开始进行双边谈判，并于 2007 年签署美国—巴拿马自贸区。出于几乎同样的考虑，美国加强了与南共市的联系国②的谈判力度，于 2004 年与智利签署了美国—智利自贸区（南美首个全面 FTA）；并从 2004 年开始考虑与哥伦比亚、秘鲁和厄瓜多尔谈判并希望构建美国—安第斯自贸区，虽然这一谈判最终破裂，但是美国分别在 2005 年签署了美国—秘鲁自贸区，2006 年签署了美国—哥伦比亚自贸区。

二 美国的亚太区域合作战略

如果说美国的全球区域合作战略动机，是针对全球范围主要贸易集团的区域合作行为所做出的反应的话，那么美国的亚太区域合作战略动机则主要针对的是亚洲或东亚地区的区域合作进程。

（一）美国从未离开过亚太地区

自第二次世界大战结束，关贸总协定（GATT）体系使得日本及不少东亚经济体能够充分利用其比较优势实现经济高速增长③。因此当一系列可能会威胁非歧视性的多边贸易体系的区域贸易合作行为出现时，例如旨在 1992 年实现欧洲统一大市场的单一欧洲法案于 1985 年得以通过，美国在 1987 年 12 月

---

① 1985 年美国就与以色列签署了双边自贸区协定。
② 南共市先后接纳智利（1996 年 10 月）、秘鲁（2003 年）、厄瓜多尔（2004 年 12 月）和哥伦比亚（2004 年 12 月）等国为其联系国，上述联系国与南共市国家的贸易享受优惠关税。
③ Andrew Elek：《回到堪培拉：成立 APEC》，载梅平主编《中国与太平洋经济合作——PECC 25 年的历程与探索》，世界知识出版社，2006，第 87 页。

与加拿大签署了美加自贸区协定等，亚太地区的不少经济体感受到在本地区内进行区域经济合作迫在眉睫[①]。特别是乌拉圭回合受挫和多边贸易体制前景不明，更加剧了以澳大利亚、日本等为代表的长期受惠于多边贸易体制的外向型经济体要求加强本地区合作的迫切性，他们异乎寻常地积极推动着 APEC 成立前期的准备工作[②]。尽管美国对澳大利亚未提前通知关于筹备 APEC 的事宜感到不满，但由于担心被该地区经济一体化进程排除在外[③]，美国仍然迅速地加入了 APEC 体系，以此达到维系美国在亚洲的存在，规避该地区区域经济合作过程中美国的经济利益受损，同时遏制日本在亚洲地区的影响力的目的[④]。

当然，直到 1990 年 12 月时任马来西亚总理马哈蒂尔提出了东亚经济集团（EAEG）构想，美国才开始认真考虑亚太区域合作战略。马哈蒂尔在其 EAEG 构想中指出，为了应对西方国家的贸易集团，推动乌拉圭回合的贸易谈判，推动东亚经济发展，有必要联合东亚地区的国家，以便能够更好地维护发展中国家特别是东亚小国的利益，这样一个集团的成员应该包括东盟国家和中国、日本、韩国，而不包括澳大利亚、新西兰或者美国等区外国家[⑤]。此举令美国感受到在东亚地区可能被边缘化的危机，其时任国务卿贝克毫不留情地加以反对，即美国反对"沿太平洋中间画一条线"。迫于美国的压力，日本始终未对该倡议公开表示支持，而东盟国家内部也未形成统一意见。随后作为妥协，东盟只能将该倡议改造成"东亚经济核心论坛"（EAEC），并将其并入亚太经合组织（APEC），导致该构想基本名存实亡。但是美国从此以后却迅速加大了对亚太经合组织（APEC）的投入。随后，克林顿政府不仅推动促成了 APEC 领导人峰会机制，并在 1993 年美国西雅图召开的首届 APEC 领导人峰会上，

① Padraic McGuinness, "An Asia Pacific Economic Cooperation Organisation," *Australia and Tomorrow's Pacific*, No. 4, p. 4.

② 参见 Takashi Terada, "The Genesis of APEC：Australia-Japan Political Initiatives," paper provided by Australia-Japan Research Centre, Crawford School, Australian National University in its series Asia Pacific Economic Papers, No. 298, 1999, pp. 1 – 42.

③ James Addison Baker, Thomas M. DeFrank, *The Politics of Diplomacy*：*Revolution*, *War*, *and Peace*, *1989 – 1992*, New York：G. P. Putnam's Sons, 1995, pp. 1 – 687.

④ Richard Feinberg, "The Political Economy of United States' Free Trade Arrangements," *The World Economy*, Vol. 26, 2003, p. 1028.

⑤ http：//globalasia. org/pdf/issue1/Mahathir_ GA11. pdf.

推动 APEC 领导人接受了关于伯格斯滕领导的"名人小组"① 所提交的"通过自由开放的贸易和投资，逐渐发展亚洲太平洋经济共同体"的报告②。随后，"名人小组"在 1994 年 APEC 雅加达会议前又提交了第二份报告——《为在亚洲太平洋地区实现自由开放的贸易而努力——APEC 2020 年展望》，该报告建议从 2000 年开始至 2020 年实现地区内贸易自由化目标，即 1994 年 APEC 峰会确认的《茂物宣言》。

基于美国历来主张的贸易机制化考虑，即贸易自由化应该遵循严格的时间表和具有约束性的自由贸易安排，以规避部分经济体在贸易投资自由化过程中"免费搭车"的问题，为了推动 APEC 的贸易投资自由化并落实"茂物目标"，美国基本按照北美自贸区的模板，通过 1995 年大阪峰会《大阪行动议程》，推动 APEC 成员在关税、非关税壁垒、服务、投资、标准和一致化、海关程序、知识产权、竞争政策、政府采购、放松管制、原产地规则、争端调解、商业人员流动、实施乌拉圭回合谈判的决议、信息收集与分析 15 个具体领域采取贸易投资自由化行动。但是这种基于互惠主义的"盎格鲁—撒克逊模式"与亚洲的现实发生了摩擦，由于参与 APEC 的不少亚洲国家经济发展水平较低，对于实现"茂物目标"显得信心不足，亚洲参与方特别是东盟国家主张应该在自愿、协商一致和渐进的基础上实现自由化以及经济体制间的合作，他们顶住了来自美国等西方发达国家的机制化、互惠化的要求，坚持以"协调的单边主义"来实现"茂物目标"。最终，大阪峰会虽然接受了美国提出的行动议程，但是在实施方法上，却以妥协的方式结束，即未做出严格的时间表和期限要求，同时允许各参与方以单边、自愿的方式，即所谓的"单边行动计划"，逐渐实现"茂物目标"，并辅以分享最佳实践和经验、"探路

---

① 1992 年 11 月，APEC 曼谷第四次部长会以后，APEC 成立了"名人小组"，由成员方派一名学者参加，不受政府影响，以贸易和投资自由化为中心，独立研究亚太经济合作等有关问题。

② 当然，美国在 1993 年 APEC 领导人峰会上强烈推动自由贸易与投资，也与迫使欧洲改变在乌拉圭回合谈判上的立场有极大关系。参见宋伟《美国对亚太区域合作的战略目标》，载张蕴岭、沈铭辉主编《东亚、亚太区域合作模式与利益博弈》，经济管理出版社，2010，第 207 页；Richard Feinberg,"The Political Economy of United States' Free Trade Arrangements,"*The World Economy*, Vol. 26, 2003, p. 1029 等。

者"方式以及同行评议①。

尽管在大阪峰会上遭受了挫折，美国仍未放弃 APEC 的机制化建设，并试图推进更为具体的贸易议程。在 1996 年马尼拉峰会期间，美国首次提出部门提前自由化概念，并在领导人峰会上通过了信息技术协议（Information Technology Agreement，ITA），随后成功地被 WTO 新加坡部长会议所采纳。受此鼓励，美国转而在 APEC 内积极推动特定部门内实现有约束力的贸易开放承诺以及统一标准承诺，希望以此成为最终实现"茂物目标"的"垫脚石"，甚至推动 WTO 框架下的多边部门自由化协议谈判②。因此，克林顿政府推动1997 年 APEC 温哥华峰会确认了能源、珠宝、玩具、林业和林产品、水产品、化学品、环境产品和服务、医疗器械、电信设备 9 个优先部门以及汽车、橡胶、食品、化肥、民用航空器、油籽共计 15 个部门提前实现贸易自由化（Early Voluntary Sectoral Liberalization，EVSL）③。当然，尽管峰会领导人原则上通过了上述 EVSL，但是操作中如何处理"协调的单边主义"与 EVSL 的关系却引发了混乱，即 EVSL 再次深刻暴露出以互惠式谈判和有约束力承诺为特征的"盎格鲁—撒克逊模式"与自主自愿、协商一致、渐进式的"亚洲模式"间的巨大理念差异。而 1997 ~ 1998 年亚洲金融危机爆发，亚洲多个经济体的经济遭受巨大打击，但是 APEC 却未做出任何实质性回应。这一状况不仅导致亚洲经济体对 APEC 极其失望，而且对 EVSL 谈判也更无兴趣。毫无疑问，在印度尼西亚、泰国、马来西亚等东盟成员对 EVSL 持消极态度，日本反对将渔业和林业两个部门纳入 EVSL 的情况下④，EVSL 谈判最终只能以失败告终，而美国希望通过

---

① Claude Barfield, "The United States and Asian Regionalism: The Long Road to The Trans-Pacific Partnership", paper prepared for the ELSNIT Conference: Revisiting Regionalism, St. Gallen, Switzerland, October 21 – 22, 2011, pp. 7 – 8.

② Amy Searight, "The United States and Asian Economic Regionalism: On the Outside Looking In?" in Edited by Mark Borthwick and Tadashi Yamamoto, *A Pacific Nation: Perspectives on the US Role in an East Asia Community*, Washington DC: the Brookings Institution, 2010, pp. 51 – 52.

③ 9 个优先部门计划从 1999 年开始实施自由化，而其余 6 个部门将在优先部门完成自由化计划后再行开放。

④ 事实上，当时 APEC 18 个成员，仅有 6 个成员表示愿意考虑实施，一些发展中成员如智利和墨西哥从一开始就明确表示不参与。参见陆建人《APEC 20 年：回顾与展望》，《国际贸易问题》2010 年第 1 期，第 3 ~ 9 页。

APEC 推动贸易自由化的希望也随之破灭，从此美国对 APEC 的兴趣也逐渐下降。

1997～1998 年亚洲金融危机不仅成为压垮 EVSL 谈判的最后一根稻草，而且也成为推动东亚国家加强区域经济合作的主要动力之一。正是这次危机，使得东亚经济体意识到加强区域合作对经济可持续发展的重要性。出于对 IMF 和 APEC 反应的不满，同时由于自身国内政策调整存在时滞，东亚经济体普遍认为必须加强区域"自救"机制建设，与此同时东亚经济体的地区身份认同感也得以提高①。于是乎，1997 年 12 月，中国、日本、韩国三国领导人受邀参加东盟非正式领导人会议，并在事实上促成了"东盟＋3"合作机制。2000 年 11 月，时任中国总理朱镕基提议建立中国—东盟自贸区，得到了东盟领导人的积极响应；特别是 2002 年 11 月，中国与东盟签署了《中国—东盟全面经济合作框架协议》，决定在 2010 年建成中国—东盟自贸区，并正式启动了自贸区建设的进程，这在东亚地区内引起了一系列的连锁反应。具体而言，2000 年，东亚地区仅东盟自贸区完成谈判；而 2002 年，日本—新加坡自贸区、新加坡—新西兰自贸区已完成谈判，同时大量自贸区已展开谈判②。

与此同时，美国则面临着消极的 APEC 和活跃的东亚这一困境局面，这使得美国开始关注来自新加坡的自贸区请求。作为一个高度开放的经济小国，新加坡非常清楚自身的地位是由自由贸易所决定的事实，21 世纪伊始，新加坡就致力于将自身打造为"轴—辐"结构中的"轮轴国"，从而最大程度获得自由贸易为经济小国带来的利益③。而新加坡的请求，此时非常符合美国的战略需要，为了回应中日韩纷纷与东盟展开自贸区谈判的势头，美国不得不于 2002 年 10 月 APEC 峰会上，宣布了"开创东盟事业倡议"，以平衡中日韩在东亚地区的贸易影响力。但是东盟各经济体经济发展水平差异过大，对美国而言，一个低水平的自贸区的作用是非常有限的。因此，选择该地区的发达国家——新加坡首先进行自贸区谈判，进而以其为模板在东盟内

---

① ADB, *Emerging Asian Regionalism: A Partnership for Shared Prosperity*, Mandaluyong City, Phil.: Asian Development Bank, 2008, pp. 71 – 72.

② 参见沈铭辉《亚洲经济一体化——基于多国 FTA 战略角度》，《当代亚太》2010 年第 4 期。

③ 李向阳：《区域经济合作中的小国战略》，《当代亚太》2008 年第 3 期，第 45 页。

部加以推广，这样更能在东盟内部形成"竞争性自由化"压力，迫使这些国家以高标准换取美国的市场准入，同时避免东盟国家结成谈判同盟对美造成谈判压力。事实上，美国—新加坡自贸区确实满足了美国的高标准要求，该自贸区不仅包括高度开放的传统货物贸易，而且包括电子商务、人力资源发展、投资等条款。当然，高标准的自贸区未必适合东亚地区的现实，其结果就是尽管泰国、马来西亚分别于2005年、2006年与美国展开谈判，但最终都以搁浅告终。

尽管在2002年，美国贸易谈判代表佐利克仍然对东亚合作表现得不甚担心，甚至表示欢迎亚洲区域一体化且不担心被排除在该进程之外①。但是当东亚合作进展异常迅速时，如2004年11月"东盟＋3"领导人采纳了2001年由东亚展望小组②提出的东亚经济体需要加强经济合作、金融合作、政治安全合作、环境合作、社会文化合作以及机制合作，并以东亚自由贸易区（EAFTA）为路径最终实现东亚共同体（East Asian Community）的建议③，还同意建立东亚峰会（East Asia Summit，EAS）机制，随后该峰会于2005年12月首次召开后，美国再次表现出对该地区可能形成排外贸易集团的担心，正如2004年年底时任美国副国务卿阿米蒂奇接受日本记者采访时表示，美国对"东盟＋3"并不太满意，原因在于美国被排除在外④。截至2006年，美国在亚太地区仅与新加坡、澳大利亚达成自贸区，其"卅创东盟事业倡议"谈判进展并不顺利，而此时中日韩三国与东盟的自贸区谈判均已有所突破，美国不得不重新开始加大对亚太地区的投入。

① David Capie, "Rival Regions? East Asian Regionalism and its Challenge to the Asia Pacific," January 20, 2003, Available at http：//www. alternative-regionalisms. org/wp – content/uploads/2009/07/capie_ rivalregions. pdf.
② 1999年，在时任韩国总统金大中的倡议下，东亚经济体建立了以专家为主的东亚展望小组（EAVG）。
③ Masahiro Kawai and Ganeshan Wignaraja, "Regionalism as an Engine of Multilateralism：A Case for a Single East Asian FTA," *ADB Working Paper Series on Regional Economic Integration*, No. 14, February 2008, pp. 5 – 8.
④ Richard Armitage, Deputy Secretary of State, "Interview With Takao Hishinuma of Yomiuri Shimbun," Washington D. C. , November 30, 2004, Available at http：//www. state. gov/s/d/former/armitage/remarks/39295. htm.

　　这一次，美国的政策工具是选择韩国作为其自贸区谈判对象。事实上，作为"贸易兴国"的韩国，从21世纪开始便大幅修正其自贸区战略，卢武铉政府强调积极的自贸区原则，即"没有费用支出就没有利益收入"。为了确保通过自贸区能够取得实质性的利益，反而果断地积极推进与大型先进经济圈的自贸区缔结关系①。在这种思想主导下，韩国政府的自贸区两大战略基调就定位为"同时多边行动"和"全面的、高水准的"自由贸易协定签约原则②，具体而言，韩国同时向新加坡、东盟、欧自联、美国、智利等多个经济体同时发起了自贸区谈判请求。与此同时，面临着来自东亚排他性贸易集团越来越明显的压力，美国接受了韩国的请求，并在2006～2007年两年内相当快速地完成了谈判。通过美国—韩国自贸区的签订，美国在东亚地区完成了切实的经济投入，一方面，通过该自贸区，美国建成了除欧盟、北美自贸区外第三大自贸区的建设，而且该自贸区直接涉及东亚地区经济大国，有效防止了美国经济被该地区一体化进程边缘化；另一方面，美国—韩国自贸区谈判伊始，双方均表示要达成全面、高水平的自贸区，而后来该自贸区在奥巴马政府期间，又经过重新谈判，其标准设定更符合美国的利益，不仅包括农业、纺织品等部门开放，还包括药品和医疗设备、投资、金融服务、电信服务、政府采购、劳工、环境、透明度等众多超WTO条款。

　　与此同时，布什政府的贸易代表佐利克，再次运用"竞争性开放"战略，从双边、区域、全球等"多轨"上同时推动自贸区谈判。在"开创东盟事业倡议"谈判不顺的情况下，美国政府的区域谈判轨道再次回归APEC，他一反2004年的反对态度，对智利倡议的，后来得到APEC工商理事会强烈支持的亚太自贸区③（FTAAP）开始表示支持和推动，甚至将该倡

---

① 沈铭辉：《亚洲经济一体化——基于多国FTA战略角度》，《当代亚太》2010年第4期。
② 崔兑旭：《韩国自由贸易协定（FTA）的推进战略》，《当代韩国》2006年春季号，第27页。
③ 事实上，伯格斯滕在其研究中早已明确指出，亚太自贸区倡议有助于达成多个目标：1）通过亚太自贸区，可以迫使欧盟、巴西等贸易集团重新重视WTO谈判；即使多哈回合破产，该倡议仍能作为"方案B"维持亚太地区的贸易自由化进程。2）亚太自贸区能够整合亚太地区众多的自贸区协议，有利于防止"意大利面条碗效应"所引发的贸易成本。3）亚太自贸区有助于亚太地区的整合，进而防止分裂。4）实施亚太自贸区倡议有助于复兴APEC。参见C. Fred Bergsten《亚太自由贸易区——APEC和世界贸易体系下一步行动计划》，载梅平主编《中国与亚太经济合作——现状与前景》，世界知识出版社，2008，第99～103页。

议作为其在 APEC 的首要工作。随后，美国便在 2006 年 APEC 河内峰会上，推动领导人研究将亚太自贸区作为该地区的长期愿景；2007 年 APEC 悉尼峰会上，美国继续推动亚太自贸区倡议，要求领导人以切实、逐步的方式研究该倡议。

虽然亚太自贸区在理论上有助于防止该地区大量出现的低水平自贸区可能引发的"意大利面条碗效应"[①] 和相应的交易成本，同时防止该地区出现排除美国的亚洲贸易集团，但最为重要的是，该倡议有助于美国重新掌握在该地区内的规则制定权[②]。但是，亚太自贸区倡议也确实面临着巨大的困境：①APEC 内部始终面临着成员方经济发展水平差距较大，甚至持续扩大的问题；②如果采纳亚太自贸区，将意味着以有约束力的自贸区取代自主自愿、协商一致和非约束性的"APEC 方式"；③发达成员方急于推动亚太自贸区，却将"茂物目标"置之不理，这可能会引发展中成员方和发达成员方的分裂；④东亚经济体缺乏所谓的亚太身份认同；⑤任何包括中国在内的 FTA 都难以获得美国国会通过，而且 FTAAP 也不能保证美国实现 WTO 谈判中的关键目标——农产品开放；⑥日本将难以面对农产品和服务业的开放[③]。也许美国政府也意识到了亚太自贸区所面临的困难，该倡议可能只适合作为其亚太区域合作的远期目标，而非回应东亚合作的短期政策工具，美国政府随后便在 2008 年 2 月宣布加入跨太平洋战略经济伙伴关系协定（Trans-Pacific Strategic Economic

---

① "意大利面条碗效应"（Spaghetti Bowl effect）这一概念最早由美国学者 Bhagwati 于 1995 年提出，但当时他并未给出完整的概念。2008 年，他在一篇论文中对该效应进行了定义，并以此为标准考察了东亚地区的 FTA。他认为，由于存在多重、重叠的 FTA，此时的贸易自由化是歧视性的，同种商品可能会面临不同的关税税率、降税步骤以及原产地规则。当 FTA 数量增加时，国际贸易体系可能会变得混乱。另外，他还指出，为了应付不同的关税和原产地规则，企业特别是中小企业的交易成本可能会因此而上升。转引自 Kawai Masahiro and Ganeshan Wignaraja, "The Asian 'Noodle Bowl': Is It Serious for Business?" *ADBI Working Paper Series*, No. 136, April 2009, p. 5. 关于"东亚面条碗效应"，参见沈铭辉《应对"意大利面条碗"效应——兼论东盟在东亚合作中的作用》，《亚太经济》2011 年第 2 期。

② Amy Searight, "The United States and Asian Economic Regionalism: On the Outside Looking In?" in Edited by Mark Borthwick and Tadashi Yamamoto, *A Pacific Nation: Perspectives on the US Role in an East Asia Community*, Washington DC: the Brookings Institution, 2010, pp. 59 – 60.

③ 沈铭辉：《东亚合作中的美国因素——以"泛太平洋伙伴关系协定"为例》，《太平洋学报》2010 年第 6 期，第 62 页。

Partnership，简称 P4）① 投资条款的谈判，仅仅几个月后，小布什政府便决定正式加入该自贸区。

（二） TPP 是美国"重返亚太"的经济工具

尽管面临国际金融危机和国会反对自由贸易的阻力，但是中国经济崛起及其在东亚合作中的积极表现，以及日本鸠山政府上台后不断倡导"东亚共同体"概念，迫使美国加速"重返亚太"的经济布局②，奥巴马政府于 2009 年 11 月 APEC 峰会期间宣布加入 TPP 谈判，希望将其打造成为"具有广泛成员基础的，且体现高标准的 21 世纪贸易协议"③。尽管有学者指出，TPP 将为美国甚至全球提供一个全面的、高标准的贸易协议模板，即 TPP 将涉及许多在WTO 谈判中较少或未出现的领域，如服务贸易、投资、竞争政策、规制一致性等；加强亚太地区的经济联系，防止"沿太平洋中间画一条线"；克服目前东亚地区自贸区蔓延所导致的"意大利面条碗效应"，即目前亚太地区包括TPP 谈判方之间存在较复杂的双边原产地规则，如果采用 TPP 去统一这些原产地规则，将极大地降低贸易成本；维护美国企业在亚洲市场上的竞争力，规避可能出现的贸易转移效应等，即东亚地区可能出现的具有排外性质的自贸区，将导致美国企业处于不利的竞争地位，而 TPP 能够确保这些企业的公平竞争环境④。

然而研究表明，TPP 很难加强亚太地区的经济联系。这不仅是因为 TPP从未表现出任何希望吸纳中国这一亚洲最大经济体的迹象或可能性，而不少

---

① P4 的来源可以追溯至 1998 年，当时澳大利亚、新西兰、智利、新加坡以及美国希望通过缔结一项优惠贸易安排（PTA）来推动 APEC 区域内的贸易自由化。由于种种原因，澳大利亚、智利以及美国最后均未参与，最终仅以新加坡和新西兰缔结双边 PTA 结束。2002 年后，伴随着智利以及文莱的加入，该双边 PTA 才逐渐演变成三边 PTA，直至 P4，并于 2006 年正式实施。

② 李向阳：《跨太平洋伙伴关系协定：中国崛起过程中的重大挑战》，《国际经济评论》2012 年第 2 期，第 17 ~ 27 页。

③ 转引自 Claude Barfield，"The United States and Asian Regionalism: The Long Road to The Trans-Pacific Partnership," paper prepared for the ELSNIT Conference: Revisiting Regionalism, St. Gallen, Switzerland, October 21 – 22, 2011, p. 18.

④ Petri Peter A. , Michael G. Plummer and Fan Zhai, "The Trans-Pacific Partnership and Asia-Pacific Integration: A Quantitative Assessment," *East-West Center Working Papers*, *Economics Series*, No. 119, October 24, 2011, pp. 6 – 7.

学者担心，排除了中国的 TPP 的经济价值有限。当然，有学者质疑，美国的竞争力已经从货物贸易转移至投资和服务贸易，也许货物贸易本身并不能完全说明 TPP 的影响力，而且不少关于北美自贸区、美洲自贸区的研究亦表明这一点，即美国从自由贸易协议中获得的福利收益大部分来自服务贸易[①]。但是相关计量研究表明，即使将关税减让、服务自由化、贸易便利化等可能引起福利变化等多种因素纳入一般均衡模型（CGE），其福利分析依然表明，美国从 TPP 能够获得的福利收益有限，即仅提高美国的 GDP 约 0.03% ~ 0.38%[②]。

而 TPP 谈判所表现出的"混合"谈判方式，可能难以消除亚太地区蔓延的"意大利面条碗效应"。对美国而言，有效控制市场准入是其谈判的关键，目前多数 TPP 其他谈判方均以美国市场准入作为参与 TPP 的主要目标，如果以区域方式谈判的话，美国将不得不面临多个国家结成的利益同盟，很有可能丧失对已签署双边自贸区的敏感产业的保护，例如可能会面临来自澳大利亚方面的农业市场准入要求等；同时，亦可能导致部分高标准条款如知识产权、服务贸易被 TPP "拉低"水平[③]。因此美国有理由坚持在既有双边 FTA 敏感商品目录的前提下，以双边谈判的方式针对不同商品设立针对特定产品（product-specific ROOs）或特定国家的原产地规则（country-specific ROOs)[④]；而非澳大利亚、新西兰、文莱等国所主张的在 TPP 范围内设立全新的、简单地以区域累积为主的原产地规则。目前，美国已经通过双边方式与马来西亚、越南、文莱、新西兰提出了谈判方案，而澳大利亚、新加坡则采用多边的方式，这一"混合"谈判方式如何解决还不明确[⑤]。当然，现有研究表明，即使 P4 这样相

---

① 参见沈铭辉《透视〈跨太平洋伙伴关系协定〉：一个比较分析框架》，《拉丁美洲研究》2012 年第 3 期。

② Peter A. Petri and Michael G. Plummer, "The Trans-Pacific Partnership and Asia-Pacific Integration: Policy Implications," *PIIE Policy Brief*, No. 12 – 16, June 2012, pp. 5 – 8.

③ Shiro Patrick Armstrong, "Australia and the Future of the Trans-Pacific Partnership Agreement," *East Asian Bureau of Economic Research Working Paper*, No. 71, December 9, 2011, p. 12.

④ Barfield Claude, "The Trans-Pacific Partnership: A Model for Twenty-First-Century Trade Agreements?" *American Enterprise Institute for Public Policy Research International Economic Outlook*, No. 2, June 2011, pp. 4 – 5.

⑤ Claude Barfield, "The United States and Asian Regionalism: The Long Road to The Trans-Pacific Partnership," paper prepared for the ELSNIT Conference: Revisiting Regionalism, St. Gallen, Switzerland, October 21 – 22, 2011, pp. 21 – 22.

对简单的原产地规则仍不足以解决"意大利面条碗效应"[①]，而绝不比 P4 更简单、有效的 TPP，其相关原产地规则只会更加恶化亚太地区的"意大利面条碗效应"。

表 1　不同情景下的收入效应

经济体	2025 年的收入效应 (单位:2007 年 10 亿美元)		GDP 百分比	
	TPP	亚洲轨道	TPP	亚洲轨道
美国	77.5	2.5	0.38	0.01
澳大利亚	8.6	0.2	0.60	0.02
加拿大	9.9	0.4	0.50	0.02
智利	2.6	0.1	0.90	0.02
墨西哥	21.0	4.2	1.05	0.21
新西兰	4.5	0.3	2.25	0.13
秘鲁	4.5	0.1	1.42	0.04
中国	-46.8	233.3	-0.27	1.35
中国香港	-0.8	42.7	-0.19	10.51
印度尼西亚	-3.5	12.8	-0.23	0.83
菲律宾	-1.1	5.5	-0.35	1.72
泰国	-3.7	9.9	-0.67	1.78
文莱	0.2	0.6	1.10	2.77
日本	119.4	103.1	2.24	1.93
韩国	45.8	87.2	2.16	4.12
马来西亚	26.3	8.3	6.10	1.93
新加坡	8.1	-2.0	1.95	-0.49
越南	46.1	13.5	13.57	3.97

资料来源：Peter A. Petri and Michael G. Plummer, "The Trans-Pacific Partnership and Asia-Pacific Integration: Policy Implications," *PIIE Policy Brief*, No. 12 - 16, June 2012, p. 6。

　　正如 Petri 等人在其研究中所承认的，与新获得的市场准入相比，TPP 更大的竞争力来源于其高标准的贸易规则模板，即所谓的"21 世纪条款"

---

① Gao Henry, "The Trans-Pacific Strategic Economic Partnership Agreement: High Standard or Missed Opportunity?" paper presented at UNESCAP Asia-Pacific Trade Economists' Conference on Trade-Led Growth in Times of Crisis.

（见表2）。目前来看，这种高标准起码应该包含以下几个方面的因素：①全面覆盖 FTA 谈判领域，除了货物贸易外，还应该包括服务、投资、科技等领域；②不应仅限于关税削减，还要涉及非关税壁垒、国内规制等边界后措施；③涉及一些非传统 FTA 条款，如劳工条款、环境条款、发展、中小企业等①。从这个角度来看，理论上 TPP 还是比较符合 Plummer 关于 FTA "最佳实践"的说法：①全面覆盖货物贸易；②全面覆盖服务贸易；③简单而对称的原产地规则；④在海关程序和相关措施方面的最佳实践；⑤与贸易相关的严格的知识产权；⑥保证给予外国直接投资国民待遇；⑦透明、公平的反倾销程序和争端解决机制；⑧开放和非歧视性的政府采购政策；⑨有利于创造一个公平竞争环境的竞争政策；⑩非歧视的和透明的技术壁垒②。

表2 TPP "21世纪条款"

议题	过去的自贸区是否涉及	是否有边界后措施	可能涉及的内容	可能的争议
货物贸易	100	否	削减关税；调整海关估价办法；设置敏感产品目录等	敏感产品目录和关税减让时间安排的谈判困难；发达国家反对放开劳动密集产品
服务贸易	91	是	要求国民待遇和最惠国待遇；资金自由转移和支付；透明度要求；禁止业绩要求等	争议较大，发展中国家希望允许例外和放宽过渡期
技术壁垒	69	是	要求实行 WTO 相关规定；推动技术标准、规则的相互认可；建立合作机制	发展中国家希望避免严格的技术性贸易壁垒，并防止发达国家以此作为贸易保护主义手段
竞争政策	66	是	采取措施抵制反竞争行为；确保对国有企业仅采取竞争性中性政策；要求实施国民待遇	竞争政策落后国家或国有企业发达国家，将面临显著的改革要求

---

① Peter A. Petri et al, "The Trans-Pacific Partnership and Asia-Pacific Integration," paper presented at CNCPEC Seminar TPP and Its Implications for Regional Economic Cooperation, Beijing, China, December 8-9, 2011.

② Michael G. Plummer, "Best Practices in Regional Trading Arrangements: An Application to Asia," *The World Economy*, No. 30, 2007, pp. 1771-1796.

续表

议题	过去的自贸区是否涉及	是否有边界后措施	可能涉及的内容	可能的争议
知识产权	77	是	要求签署相关国际条约;确保对侵权行为严格执行惩罚;反盗版和仿造	高度争议;对药品和信息技术影响较大
投资	74	是	国民待遇和最惠国待遇;禁止业绩条款;确保自由和及时的资金转移;争端解决	开放部门和所有权限制;国家—投资者争端解决机制
政府采购	66	是	国民待遇;符合WTO规则;明确原产地规则;透明度要求等	仅两个国家签署WTO协定;三国是观察员
检验检疫标准	69	是	确保对人、动物、植物合适的保护;建立合作委员会	发展中国家担心发达国家以此实行贸易保护主义
争端解决	91	否	设立争端解决专家组程序;确定惩罚机制;国际仲裁	基本没有争议
原产地规则	94	否	确实原产地的规则;微量条款;例外等	涉及大量商品的谈判
贸易救济	66	否	暂时、双边的保障措施及其适用限制	有争议
海关措施	86	否	透明度和提高监管水平	需要能力建设
人员短期流动	54	否	加速实施商务人员短期流动	基本无争议
机制建设	43	否	建立监管实施委员会	基本无争议
金融服务	26	是	国民待遇和最惠国待遇;约束对机构和交易的限制措施;允许跨境交易;争端解决	高度争议;属于敏感部门
电子商务	0	是	确保信息跨境自由流动;禁止电子商务关税;确保信息保密	——
电信服务	0	是	取消投资限制;对电信网络的自由、非歧视接入;相互认可等	原则上无争议
农业	9	否	关税配额;限制出口补贴;规范出口税和出口限制;限制保障措施	在特定产品如蔗糖、牛奶存在争议

议题	过去的自贸区是否涉及	是否有边界后措施	可能涉及的内容	可能的争议
劳工条款	9	是	签署国际劳工组织公约;确保国内法与国际标准一致等	高度争议;可能会打击发展中国家的竞争力
环境	9	是	建立环境保护法规;补偿机制;确保公众参与;鼓励技术合作;设立联合委员会	发展中国家担心贸易保护主义
安全标准	3	是	确保产品及服务安全的法规	存在争议,发展中国家强调微量原则而非最佳实践
规制一致性	0	是	国民待遇;透明、开放的政策环境	基本无争议
中小企业	3	是	支持中小企业的联合战略;能力建设	基本无争议
商业便利化	0	是	贸易投资、海关清关、检验检疫等方面合作;建立联合工作组	基本无争议
文化	0	是	文化合作;规范对电影及其他文化产品进口的限制措施	有争议,涉及电影、音乐等进口限制措施
科技	0	是	在信息产业、采矿业等关键产业开展联合工作和技术转让	基本无争议

资料来源:Petri Peter A., Michael G. Plummer and Fan Zhai, "The Trans-Pacific Partnership and Asia-Pacific Integration: A Quantitative Assessment," *East-West Center Working Papers*, *Economics Series*, No. 119, October 24, 2011, pp. 9 – 11。

三　美国区域合作战略调整的政治经济分析

事实上,正如 WTO 2011 年年度报告所说的,目前全球范围内自贸区的蔓延,不仅源于通过签署自贸区等区域合作行为,一国能够获得贸易创造效应带来的传统经济福利收益,而且还在于能够形成贸易集团、增加未来贸易政策的可预见性、对投资者的信号效应、取得更深层次的政策承诺等"非传统经济收益";更不能忽视政治因素的作用,因为政治因素可能会从政治一体化、国内政治考虑、政府或机制的形式、外交、国际关系等不同角度对区域合作的形成产生影响①。对美国而言,区域合作的目标是多重的,既有经济考虑,亦存在政治动机。

(一) 规则制定的经济收益远大于有限的市场准入

理论上,美国推动区域合作是对其他贸易集团的区域合作行为做出的被动反应,即如果不相应加强区域合作,则有可能遭受贸易转移效应导致的福利损失。因此,当1986年欧共体宣布与欧洲自由贸易区在1992年建立欧洲统一大市场时,作为一种战略反应,美国宣布启动与加拿大的美加自由贸易区协定谈判。1992年欧盟签署《欧洲统一法》,建立欧洲统一大市场;同年,美加自由贸易区扩展为北美自由贸易区。此后,为了回应欧盟东扩,美国决定启动美洲自由贸易区的谈判②。然而我们不禁会问,为了规避欧盟一体化可能产生的贸易转移效应,美国为什么会选择美洲国家作为区域合作对象而非欧洲国家呢?如果以 TPP 为例,疑问则更多。大量研究表明,以"10 + 3"或"10 + 6"为代表的东亚合作对美国可能产生的贸易转移效应非常小,甚至有研究表明东亚合作非但不会损害美国,反而还会增加美国的福利收益,因此从贸易转移效应的传统角度无法对美国推动 TPP 的区域合作行为给出完美的解释。另外,即使存在贸易转移效应,美国也可以选择与东亚国家签署双边自贸区或者加入东亚合作,而为什么要另起炉灶推动 TPP 呢?

如果将影响国际经济规则的能力纳入新区域主义的视野,则极大地有助于这一难题的解决③。新区域主义理论表明,一国追求区域合作,除了获得传统经济收益外,还可以获得非传统收益,而影响国际经济规则的能力可能是大国

---

① WTO, "World Trade Report 2011," *The WTO and Preferential Trade Agreements: From Co-existence to Coherence*, WTO, 2011, p. 8.

② 李向阳:《跨太平洋伙伴关系协定:中国崛起过程中的重大挑战》,《国际经济评论》2012 年第 2 期。

③ 李向阳:《新区域主义与大国战略》,《国际经济评论》2003 年第 4 期。

更为看重的区域合作目标。尽管美国可以通过与欧盟国家分别谈判双边自贸区，以规避欧盟扩大对美产生的贸易转移效应，但是由于美国与欧盟国家在农产品贸易等问题上一直存在不可逾越的障碍，甚至成为影响 WTO 谈判进程的主要障碍之一，因此，通过与欧洲国家开展区域合作，美国完全不能确保能够完成谈判，更不可能借此形成贸易集团以此获得影响国际经济规则的能力；但是与加拿大、墨西哥等美洲国家进行区域合作的话，局面完全不同，不仅这些国家主动要求与美国进行自贸区谈判，而且他们经济实力较小，在谈判中基本全面接受美国的谈判要求①。美国与这些美洲国家开展区域合作，不仅能够获得传统福利收益，平衡了欧盟一体化引发的贸易转移效应，而且可以利用不对称的经济实力，迫使其接受美国的贸易规则模板，进而形成相应的贸易集团，在 WTO 乌拉圭回合谈判时给欧盟造成谈判压力，获得影响国际经济规则的能力。回到 TPP 问题上，相同的道理，面对东亚合作可能形成东亚贸易集团的压力，美国的最优选择就是以不对称经济实力，通过双边谈判方式使得 TPP 国家先行接受美国的贸易规则模板，以此平衡东亚合作可能引发的贸易转移效应，并形成以 TPP 为核心的贸易集团，以此在亚太地区甚至 WTO 内迫使其他经济体接受其贸易规则。

事实上，在国际贸易领域，一国对国际经济规则的影响力取决于该国能够向世界提供多大的出口市场。欧洲国家通过欧盟的形式克服了单一国家市场规模较小的局限，拥有与美国同等市场地位的欧盟构成了对美国取得国际经济规则主导权的挑战②，美国如果不通过区域合作形成更大的贸易集团，将有可能会失去对 WTO 的影响力，尽管美国的影响力确实正在衰减。事实上，上述美国的区域合作路径，即通过区域合作形成贸易集团，进而扩大美国在多边贸易谈判中的筹码，最终获得国际经济规则制定过程中的主导权，这一将区域贸易协定内的规则推广为多边贸易规则的过程亦被称为"有顺序的谈判"（sequential negotiation）③。正如美国经济学家吉弗里·J. 肖特在《自由贸易区

---

① 关于美国与自贸区谈判对象的经济实力对比及不对称性，可以参见何永江《竞争性自由化战略与美国的区域贸易安排》，《美国研究》2009 年第 1 期。

② 李向阳：《新区域主义与大国战略》，《国际经济评论》2003 年第 4 期。

③ 李向阳：《新区域主义与大国战略》，《国际经济评论》2003 年第 4 期。

与美国贸易政策》一书中写道的，"美国一直在用双边主义作为胡萝卜和棍子来推进贸易自由化的进程。在'关贸总协定'的谈判取得结果之前，双边主义既被用来补多边体制之'漏'，又被用来为'关贸总协定'的新一轮更为广泛的多边谈判建立样板"，即通过区域合作取得多边贸易谈判中的合作，进而为WTO谈判提供贸易规则范例[①]。

通过这一策略，美国首先在小范围区域合作中通过其不对称的经济优势，主动制定有利于美国经济发展的贸易规则，进而再以区域合作作为谈判策略工具，威胁其他贸易集团如果不接受WTO内的美国主张，美国将用区域合作取代多边贸易体系谈判。如此一来，迫于美国及其贸易集团所代表的巨大市场，美国的"有顺序的谈判"往往都会成功，这不仅表现在美国已经将包括北美自贸区在内的美式自贸区模板所涉及的新议题，如知识产权、服务贸易、投资等成功地推广至WTO乌拉圭回合谈判；而且将其他的一些区域合作新议题，例如环境标准、竞争政策、电子商务等纳入了多哈谈判议程或规划中（见表3）。

从这个角度，我们发现无论东亚合作在贸易转移效应上是否会减损美国的利益，为了维护对多边贸易体系规则制定的影响力，美国必然会相应地加强区域合作以形成更大的贸易集团。而这一贸易集团对象的选取原则，应该取决于是否有利于美国取得区域贸易制定权，因为只有首先通过区域合作形成贸易集团，才能最终获得国际经济规则主导权。因此，虽然可以考虑与中国、东盟等经济体进行自贸区谈判，但是美国并没有把握能够让这些发展中国家接受其北美自贸区模板；而TPP则不同，不仅这些国家主动要求与美国开展自贸区谈判，而且美国确信可以利用自身有限的市场准入，以双边谈判的方式诱导小国接受其国际经济规则[②]，通过"有顺序的谈判"策略进一步扩大，直至传递至APEC范围内，最终将其国际经济规则推广至WTO范围[③]。事实上，TPP谈

---

① 转引自周茂荣《论"美加自由贸易协定"对美国经济的影响》，《美国研究》1992年第2期。

② 对美国而言，参与TPP的成本主要在于开放其国内市场准入的程度，只有通过双边而非多边谈判方式，才能有效控制参与区域经济合作的成本。

③ 沈铭辉：《跨太平洋伙伴关系协议（TPP）的成本收益分析：中国的视角》，《当代亚太》2012年第1期。

表3　有顺序的贸易谈判

议题	美国-以色列自贸区	美加自贸区	北美自贸区	乌拉圭回合	美国-约旦自贸区	美国-新加坡自贸区	多哈回合
知识产权	第4条针对知识产权提供了连续和产品的最惠国待遇和国民待遇	第2004条规定针对该领域在乌拉圭回合中协调立场	第6部分把国民待遇扩展到知识产权,并制定了具体的纪律	在TRIPs中制定具体的纪律	第4条确立国民待遇原则,并制定了具体的纪律	第18章把国民待遇扩展到知识产权,并制定了具体的纪律	拓展了地理标志制度等
服务	与非约束性服务贸易宣言相伴随	第14章把国民待遇扩展到服务领域;对金融服务有专门的章节	第12章把国民待遇扩展到服务领域;对金融和电信服务有专门章节	贸易总协定把最惠国待遇扩展到服务领域	第3条把国民待遇扩展到服务领域,并制订了纪律	第8章把国民待遇扩展到服务领域;对金融和电信服务有专门章节	将GATS下保障措施,政府采购,补贴等规则纳入该轮多边谈判
投资	阐明早期的一个双边条约限制使用与出口相关的绩效要求	第16章提供了国民待遇;禁止绩效要求;确立了没收,争端解决等领域的规则	第11章提供了最惠国待遇和国民待遇;禁止绩效要求;确立了没收,争端解决等领域的规则	TRIMs章节只禁止某些绩效要求	(无对应条款)	第15章提供了最惠国待遇和国民待遇;禁止绩效要求;确立了没收,争端解决等领域的规则	成立工作组研究透明度,非歧视性,发展,保障条款,咨询等(2004年该领域议题未进入谈判)
环境条款	(无对应条款)	(无对应条款)	在FTA中的某些条款得到了1993年北美环境合作协定的补充	(无对应条款)	第5条确立环境相关纪律	第18章制定了环境法等具体纪律	就环境产品和服务展开谈判;设立贸易与环境委员会

续表

议题	美国－以色列自贸区	美加自贸区	北美自贸区	乌拉圭回合	美国－约旦自贸区	美国－新加坡自贸区	多哈回合
劳工条款	（无对应条款）	（无对应条款）	在FTA中的某些条款得到到1993年北美劳工合作协定的补充	（无对应条款）	第6条确立遵守国际劳工组织ILO"工作基本原则和权利宣言及后续"等纪律	第17章在ILO宣言基础上制定了纪律和合作机制	（无对应条款）
竞争政策	（无对应条款）	（无对应条款）	第15章确立了垄断和国有企业（尤其是在能源部门）的纪律	（无对应条款）	（无对应条款）	第12章确立了反竞争行为、垄断和国有企业的纪律	成立工作组研究透明度、非歧视性、卡特尔、合作、能力建设等领域规则（2004年该议题未进入谈判）
电子商务	（无对应条款）	（无对应条款）	（无对应条款）	（无对应条款）	第7条确立了相关纪律	第14章确立了相关纪律	理事会设立工作组研究电子商务
政府采购	第15条以双边条约确立了部分纪律	第13章以确立了部分纪律	第15章确立国民待遇及相关纪律	（无对应条款；政府采购协议GPA独立于乌拉圭回合谈判）	第10条约定待约旦加入GPA后再行谈判	第13章确立相关纪律	成立工作仅研究透明度议题（2004年该议题未进入谈判）

资料来源：Craig Van Grasstek，"US Plans for a New WTO Round: Negotiating More Agreements with Less Authority," *The World Economy*，Vol.23，2000，pp.673－700，www.ustr.gov；www.wto.org。

判不仅涉及金融服务、电子商务、投资、环境、劳工等超 WTO 条款，还纳入国有企业（SOE）、规制一致性（regulatory coherence）、中小企业、供应链管理等横向议题，其不少议题在其他自贸区谈判中从未出现过，这些议题的设置，理论上符合维护美国全球竞争力的目的，也许正如美国贸易谈判副代表芭芭拉·威瑟所言，美国的目的是达成一套适用于所有亚太国家的规则，任何要加入的国家必须遵守此规则①。

（二）政治外交多重目标是区域合作对多边贸易体系的重要补充

除上述经济收益外，政治目标也是美国推动区域合作的重要目的，这些目标包括奖励或者促进一国民主发展；鼓励一国经济改革；强化双边安全联系；通过与地区领袖经济体签署自贸区以推动区域贸易投资自由化。

当然，并非所有的自贸区都能符合上述的政治目标，但是一般而言，上述不少自贸区都能满足两个目标。以墨西哥为例，美国通过与墨西哥签署北美自贸区，不仅奖励、帮助了墨西哥锁定其国内的经济改革，也促进了墨西哥的民主转型，加强了与墨西哥的安全联系，而且与墨西哥这样一个连接北美与南美的重要国家签署了自贸区，有助于激励南美地区的贸易投资自由化②。而美国在中东地区推动的区域合作，如与约旦、巴林、安曼、摩洛哥签署的自贸区则更多地体现为加强美国与中东地区的安全联系，即使这些自贸区并未鼓励该国的民主转型，而且这些国家也不是地区重要经济体，并不能推动地区的贸易投资自由化，但是与这些国家进行区域合作仍有助于推动他们在部分领域内的经济改革。尽管澳大利亚并非地区领袖，但是由于该国支持美国针对伊拉克的战争，符合美国的安全利益，因此美国与该国谈判签署了自贸区；然而新西兰因为反对美国核动力舰艇进入该国港口，且反对美国的反恐战争，其自贸区谈判请求遭到了美国的拒绝。至于地处南美的哥伦比亚、秘鲁、智利三国，美国与

---

① 转引自杜兰《美国力推跨太平洋伙伴关系战略论析》，《国际问题研究》2011 年第 1 期。

② Richard Feinberg, "The Political Economy of United States' Free Trade Arrangements," *The World Economy*, Vol. 26, 2003, p. 1033.

表 4　美国区域合作的政治经济目标

经济体	民主体制	经济改革	安全利益	地区领袖
加拿大	是	是	是	否
墨西哥	是	是	是	是
智利	是	是	是	是
新加坡	否	是	是	是
中美洲	是	不完全	是	否
澳大利亚	是	是	是	否
FTAA	是	是	是	—
APEC	不完全	不完全	是	—
以色列	是	是	是	是
约旦	否	不完全	是	否
SACU	是	不完全	是	是
摩洛哥	否	不完全	是	否
巴林	否	不完全	是	否
哥伦比亚	是	是	是	是
韩国	是	是	是	是
安曼	否	不完全	是	否
巴拿马	是	是	是	否
秘鲁	是	是	是	是
TPP	不完全	是	是	是

资料来源：Richard Feinberg, "The Political Economy of United States' Free Trade Arrangements," *The World Economy*, Vol. 26, 2003, p. 1028, 以及作者根据 www.ustr.gov 的信息归纳。

这些国家签署自贸区，不仅是对于他们接受华盛顿共识的奖励，有助于鼓励他们更进一步的经济自由化；而且也有助于维护其民主体制，这对于毗邻委内瑞拉的哥伦比亚而言至关重要；不仅如此，通过与上述南美国家加强区域合作，可以促进美洲国家事务上的合作，有助于维护美国的安全目标。而 TPP 虽然包括了一些非民主国家，但是该倡议的"白金标准"将有助于推动上述国家的经济自由化和经济改革；作为美国"重返亚太"的经济工具，TPP 在战略上满足了美国的外交安全需求；同时，该倡议涉及多个东亚国家，而且未来旨在吸收日本、韩国等重要经济体，提高东亚地区的贸易投资自由化动力，有可能通过多米诺骨牌效应传递至周边其他国家。

总之，美国的区域合作满足的绝不仅仅是经济收益，而是服务于更广泛的政治外交目标，特别是这些目标并不能通过多边贸易体系获得，而加强区域合作就成为满足上述多重目标的重要政策工具。

四　结论及展望

美国至今尚未明确放弃多边贸易体制，正如 2004 年萨缪尔森所言，尽管其他国家的技术变动导致美国的贸易条件有所恶化，造成美国福利有所下降，但是即使这样，也比没有贸易时要强①。美国的区域经济合作更多是为了补充多边主义的不足，而非取而代之。美国之所以从 20 世纪 80 年代开始从多边主义转向区域主义，主要在于相对于欧盟、东亚或新兴经济体而言，美国的经济实力有所下降，在推动 WTO 多边贸易谈判时，往往心有余而力不足。特别是从乌拉圭回合开始，必须借助形成北美自贸区、APEC 等贸易集团，依靠集体实力才能撬动欧盟等贸易集团在乌拉圭回合中的谈判立场，进而完成谈判。另外，区域合作本身涉及的服务、电子商务、劳工条款、环境条款、知识产权等不少议题在多边贸易体系内较少涉及或未涉及，而这些领域往往关系到美国的竞争力，因此通过区域合作，美国可以较快地获取新的市场准入，同时通过"有顺序的谈判"方式，逐步将这些领域再推广至多边贸易体系。值得一提的是，区域合作还能满足美国的政治外交目标，而这些目标是多边贸易体系难以达到的。

在亚太地区，美国既面临着持续不断的东亚合作的冲击，同时也面临着中国经济崛起这一新的挑战，在推动亚太自贸区和"开创东盟事业倡议"未果的情况下，美国选择了 TPP 作为应对上述挑战的政策工具。尽管研究表明 TPP

---

① 转引自王冬《美国多规制贸易政策的动因分析及对我国的启示》，《当代经济》2011 年 9 月上半期。

目前能够带给美国的经济福利收益有限，但是"21世纪条款"不仅反映了美国的优势产业利益，而且有助于提高其国际竞争力。更为重要的是，TPP代表的是美国主导的贸易规则[①]，其长期目标是通过TPP扩大至亚太自贸区后，进而将一系列新规则推广至WTO多边贸易体系。

然而，TPP的未来受到一系列因素的制约。首先，理论上如果满足TPP的"高标准"要求，TPP谈判将会漫长而充满争议，甚至可能会导致TPP的搁浅。具体而言，这些可能的争议不仅触及农业、金融服务等传统敏感部门，而且还涉及竞争政策、知识产权、劳工条款、环境条款等边界后措施，这些领域不仅涉及国内法规的修订，更可能从规则上改变国际竞争力，因此理论上某些"白金"条款达成妥协的可行性非常渺茫。

其次，从利益集团角度，当前美国社会对自由贸易的支持度有限。从北美自贸区谈判开始，劳工标准、环境标准成为美国贸易政策的焦点，美国公众或利益集团对自由贸易的偏好，已经通过党派政治在国会内的历次贸易法案投票中有所表现（见表5）。有研究表明，美国贸易政策取向始终具有鲜明的党派性，不同政党对国会或政府的控制直接影响了美国贸易政策的性质和具体措施，其偏好与政治基础密切相关[②]。目前来看，美国民主党所代表的贸易保护主义正处于较高水平，不仅使得TPP谈判将更多涉及非传统贸易议题[③]，导致谈判复杂程度较高，进而对其谈判进程造成更多阻碍；而且也迫使美国政府对外谈判采取更为保守的贸易保护主义，针对敏感产业对外很难做出妥协，进而造成要么在"高标准"上进行妥协，要么延缓甚至搁置TPP谈判的结局。

最后，TPP目前的扩大机制很有可能约束亚太地区的经济大国的参与，进而局限了TPP的影响力。TPP谈判以小范围的自贸区扩大至大范围的自贸区的好处是，后来者基本要全盘接受先入者制定的规则，事实上就减少了相应的谈

---

① Peter A. Petri and Michael G. Plummer, "The Trans-Pacific Partnership and Asia-Pacific Integration: Policy Implications," *PIIE Policy Brief*, No. 12 – 16, June 2012, pp. 1 – 10.

② 屠新泉：《党派政治与美国贸易政策的变迁》，《美国研究》2007年第4期。

③ 不少民主党议员一直对自贸区谈判的议题不满，例如2007年就提出了相关的新贸易政策主张，参见孙洪波《利益集团、政治分歧与贸易政策——奥巴马政府对拉美的贸易政策选择》，《拉丁美洲研究》2008年第6期。

表 5　美国国会对自贸区法案投票结果

众议院投票结果

时间	法案	民主党			共和党			通过率
		总票数	支持票数	支持率（%）	总票数	支持票数	支持率（%）	
2011	美国—韩国自贸区	191	61	32	238	217	91	278∶151
2011	美国—巴拿马自贸区	191	68	36	238	232	97	300∶129
2011	美国—哥伦比亚自贸区	191	33	17	238	229	96	262∶167

参议院投票结果

时间	法案	民主党			共和党			通过率
		总票数	支持票数	支持率（%）	总票数	支持票数	支持率（%）	
2011	美国—韩国自贸区	52	38	73	46	45	98	83∶15
2011	美国—巴拿马自贸区	52	31	60	46	46	100	77∶21
2011	美国—哥伦比亚自贸区	52	22	42	46	44	96	66∶32

资料来源：http：//www.cato.org/trade－immigration/congress/。

判成本。但是后来者往往丧失了制定规则的权力，这在大国看来事实上是难以接受的。因此，欧盟扩大的成功，其前提是吸收的基本是经济小国；而美加自贸区扩大为北美自贸区也是在于墨西哥是经济小国，一旦涉及类似于巴西、阿根廷这样的南美经济大国，其扩大为美洲自贸区的梦想只能搁浅。更为现实的是，就 TPP 谈判而言，目前除美国、日本外，其他谈判方为经济小国，如果在此基础上形成贸易规则，再吸收别国加入，则面临着不少疑问，一方面，这样的疑问来自其他的经济大国是否会全盘接受没有自身参与而达成的新规则；另一方面，经济小国一旦与美国达成类似 TPP 的自贸区之后，事实上很难再接受新的经济体加入。这是因为，经济小国除了获得美国的市场准入外，更大的蛋糕来自其他国家希望规避 TPP 的影响而对率先加入 TPP 的小国进行的投资。事实上墨西哥加入北美自贸区之后，就吸收了大量的外来投资。如果率先进入 TPP 的经济小国轻易接受后来者的加入，那么他们对这些外资的吸引力将大打折扣。当然，上述这些判断必须符合如下假设：①继续保证采用全票通过的方式以接纳新成员；②申请后加入的国家如果是经济小国，将不能付出足够的市场准入以换取先入者的选票；③申请后加入的经济大国难以接受已经制定好的经济规则，即使愿意付出足够的市场准入机会，同时先入者也愿意放行，但是其自身不能放弃规则制定权。

当然，TPP 与东亚合作将不断进行动态博弈，如果东亚合作出现实质进展或中国经济持续快速增长，美国必然会加大对 TPP 的投入，即适当妥协加速 TPP 谈判，甚至改变扩大机制，以便容纳更多的经济体。而如果东亚合作持续低迷，且中国经济不再持续快速增长，那么 TPP 也许只会停留在有限成员层面上，而缺乏继续深化的动力。

日本的自由贸易区战略

一 日本自由贸易区战略的演变与特征

作为全球自由贸易体系最大的受惠国，战后日本对区域经济一体化一直持审慎态度。日本认为，构筑并维持以 WTO 为核心的多边贸易体系对于日本的国家利益至关重要。然而进入 21 世纪，在经济全球化和贸易自由化不断深入的背景下，日本的贸易政策也开始了从多边主义向选择性双边主义或区域主义的转变，并逐步发展起一套系统的、明确的 FTA 战略。

（一）日本的"贸易立国"战略与多边主义立场

自 1955 年日本加入关税及贸易总协定（GATT）以来，在"贸易立国"战略指导下，日本一直坚持多边和非歧视性的贸易政策，该贸易政策给日本带来巨大的经济收益。日本通产省在 1998 年的《通商白皮书》中就曾明确表示，自由贸易体系对于日本经济的复兴和持续增长不可或缺[1]。美国学者高柏也认为，日本经济的高速增长离不开布雷顿森林体系和关税与贸易总协定的历史条件[2]。受能源、资源、技术和市场等诸多因素的制约，战后日本确立了出口导向型发展战略（见表 1），日本经济的外部约束就此决

---

[1] MITI, *White Paper on International Trade: General Remarks*, MITI, 1988, p. 244, 详见李俊久《日本 FTA 战略论析》，《当代亚太》2009 年第 2 期。

[2] 〔美〕高柏：《日本经济的悖论——繁荣与停滞的制度性根源》，商务印书馆，2004，第 56 页。

定了其在国际贸易谈判中的多边贸易立场。同期，国际经济秩序（布雷顿森林体系）和在 GATT 框架下与美国的"非对称合作"也对日本的制度安排产生了重要影响①。1950～1971 年的布雷顿森林体系使日本能够在不受他国金融政策影响的情况下采用扩张性的金融政策来促进国内经济增长；而日美之间的"非对称合作"则使日本能够在不开放国内市场的情况下积极发展出口。因此，正是固定汇率制与 GATT 框架下的多边贸易体系支持了日本国际贸易与生产的迅速扩张。也是在上述体系的支持下，日本通过社会保障功能的私有化（即福利社会化）建立起克鲁格曼所谓"防止萧条"的机制，为日本经济的协调与稳定发展提供了制度性基础。

表 1　日本通商战略的发展与演变

时间	通商战略	历史事件
1860 年	日美友好通商条约	开国、倒幕、明治维新
1920 年	币原（协调）外交	1929 年世界经济大恐慌
1955 年	GATT/WTO 框架下的多边主义	朝鲜特需、黄金十年、经济大国
1980 年	日美贸易谈判	广场协议、泡沫经济破灭
2002 年	日本—新加坡经济伙伴关系协定	失去的十年等
2012 年	TPP/中日韩投资协定	经济大国地位下降、平成开国

资料来源：根据相关资料整理制表。

（二）日美贸易谈判与日本的选择性双边主义

日美关系是战后日本最重要的双边关系。在日美军事同盟的框架下，日本一直被看作美国实力的延伸和全球战略的积极执行者；但在经济安全领域，日美两国是竞争对手，贸易摩擦一度成为日美经贸关系的代名词。在长达半个多世纪的时间里，随着两国经济实力的消长，美国对日本贸易

---

① 所谓"非对称合作"是指第二次世界大战后美国出于战略利益考虑，在对外政策中强调用经济利益换取盟国在政治、外交与战略上的合作（罗伯特·基欧汉）。

政策也经历了自由贸易到战略性贸易再到自由贸易的调整过程①。战后初期，美国通过推动日本加入关税与贸易总协定、向日本开放市场、扩大日本出口等措施，对日本实行全面、非互惠、单方面的自由贸易政策（"非对称合作"），直到 1971 年的尼克松冲击。此后的 20 年间，随着贸易摩擦的升级，美国逐渐放弃了在 GATT 框架下解决日美贸易失衡的努力，双边渠道随即成为日美处理贸易纠纷的主要方式②。1985 年的日美"市场导向个别领域谈判"和 1990 年的《日美结构性障碍协议》标志着美国对日贸易政策由"规则导向"向"结果导向"的战略性贸易转变③。直到 20 世纪 90 年代中期，随着美国经济实力的恢复和日本经济的持续衰退，美国才最终改变了对日本的战略性贸易政策。1997 年，克林顿政府与日本政府签署了《加强放松管制和竞争政策协议》，该协议的一个重要特点是不再硬性规定美国商品进入日本市场的数量指标，标志着美国对日本战略性贸易政策的结束，也意味着美国对日本自由贸易政策的回归。至此，在美国的压力下，经过 20 世纪 70 年代的产业升级、80 年代的汇率改革、90 年代的经济结构和规制改革，日本完成了从重商主义的封闭性社会向自由主义的开放型社会的转变，也为迈向区域经济合作创造了条件。

（三）从多边主义向区域主义的转变

1999 年，日本经济产业省在《贸易白皮书》中首次对 FTA 给予肯定评价，并从贸易、投资的角度，对区域经济一体化的效果进行了理论和实证分析。在 2000 年的《贸易白皮书》中，日本经济产业省进一步将区域经济一体化定位为"WTO 多边贸易体制的有益补充"。同年，日本外务省也在《外交蓝皮书》中表示，"如果能以区域贸易协定来补充多边贸易体制的话，日本政府将会转变迄今为止对区域经济一体化的态度"。2002 年 10 月，日本

---

① 姜伟：《美国对日本贸易政策演变的政治经济学研究》，辽宁大学博士学位论文，2010。
② ペンペル、浦田秀次郎：「日本：二国間貿易協定へ向けての新しい動き」，『FTA の政治経済分析：アジア太平洋地域の二国間貿易主義』，文眞堂，2010，第 83～105 頁。
③ 贺平：《日美贸易摩擦中三大谈判机制的对比研究》，《东北亚论坛》2010 年第 5 期。

外务省发表了《日本的 FTA 战略》，系统阐述了日本对待 FTA 的立场、基本原则、具体选择标准及战略重点。2003 年，财务省在"关税审议会"上首次表达了对 WTO 多边贸易体系的怀疑，同时肯定了外务省有关 FTA 战略的阐述。2004 年 6 月，农林水产省发表了《EPA 和 FTA 谈判中农林水产品处理基本方针》，首次谈及借助 EPA 推动国内经济或结构改革的可能性。同年 11 月，农林水产省又发表了《推进同亚洲国家在农林水产领域的 EPA》，明确表示要以积极的方式推进 EPA，意味着日本农业保护主义者对 EPA 态度的转变①。2006 年4 月，经济产业省在《全球化战略》报告中将 FTA 战略上升为国家战略，标志着 FTA 战略已经成为日本对外贸易政策的重点内容之一。

日本政府对 FTA 态度的转变，促成了日本的第一个自贸协定，即《日本—新加坡新时代经济伙伴关系协定》（JSEPA）的签署。以日本—新加坡 EPA 为契机，2002 年以来，日本加快了 FTA 谈判进程，先后与墨西哥、智利、东盟、瑞士、印度和秘鲁等国家或地区签署了 13 个 EPA 协定；与韩国、澳大利亚、海合会（GCC）和蒙古的 FTA 谈判正在进行中；与美国、中国和欧盟的谈判也处于准备过程中（详见表 2、表 3）。纵观日本的 FTA 战略，东盟国家在其中一直处于优先地位，除了确保经济收益之外，其中还包含着与中国争夺东亚区域经济合作领导权的政治考虑；与韩国、澳大利亚和印度的 FTA 则是日本地缘战略的一种延伸，不管是"价值观外交"还是"自由与繁荣之弧"，遏制中国的战略意图非常明显；与海合会、蒙古的 FTA 谈判已经成为日本确保能源安全战略的重要手段；而与墨西哥和瑞士的 FTA 则成为日本规避 NAFTA 和欧盟贸易壁垒的有效方式②。至此，在日本的对外经济政策中，自由贸易协定已经成为日本构筑地区力量、寻求战略保障的工具。

---

① 大贺哲：「EPA 政策から構造改革へ：財務、農水の政策参入」，『国際協力論集』第 15 巻第 3 号。

② 李俊久：《日本的 FTA 战略论析》，《当代亚太》2009 年第 2 期。

表 2 日本的 FTA/EPA 协定现状

单位：%

谈判对象		生效时间	贸易自由化率		占日本对外贸易比重（2011 年）	投资存量占比（2011 年）
			对象国	日本		
已生效或已签署	新加坡	2002 年 11 月	100.0	94.7	1.8	3.3
	墨西哥	2005 年 4 月	98.4	86.8	0.9	0.3
	马来西亚	2006 年 7 月	99.3	94.1	2.9	1.2
	智利	2007 年 9 月	99.8	90.5	0.6	0.5
	泰国	2007 年 11 月	97.4	91.6	3.7	4.0
	印度尼西亚	2008 年 7 月	89.7	93.2	3.0	1.8
	文莱	2008 年 7 月	99.9	99.99	0.4	—
	菲律宾	2008 年 12 月	96.6	91.6	1.2	1.0
	东盟	2008 年 12 月	90.0	93.0	14.7	12.2
	瑞士	2009 年 9 月	99.7	99.3	0.7	0.4
	越南	2009 年 10 月	87.7	94.9	1.6	1.0
	印度	2011 年 8 月	90.0	97.0	1.0	1.2
	秘鲁	2012 年 3 月	99.0	99.0	0.2	0.02
	澳大利亚	2014 年 7 月	99.8	93.7	4.4	4.8
	蒙古	2014 年 7 月	96.0	99.99	0.02	—
谈判中	海合会	2007 年 1 月完成第 2 轮谈判			11.1	0.5
	韩国	2004 年 11 月以来谈判中断			6.0	2.7
	EU(27)	2014 年 12 月完成第 8 轮谈判			9.7	23.2
	TPP	2013 年 7 月正式加入谈判			27.3	42.1
	中日韩	2014 年 11 月完成第 6 轮谈判			26.0	11.5
	加拿大	2014 年 11 月完成第 7 轮谈判			1.4	11.15
	哥伦比亚	2014 年 11 月完成第 8 轮谈判			0.1	—
	土耳其	2014 年 12 月完成第 1 轮谈判			0.2	0.2
	RCEP	2014 年 12 月完成第 6 轮谈判			46.5	29.9

资料来源：根据日本外务省相关资料、日本贸易振兴会（JETRO）统计数据制表。

表 3 亚太主要国家的 FTA 现状

	已签 FTA	FTA 贸易占比（%）	主要协定国家
日本	15	22.6	东盟、墨西哥、印度、智利、瑞士、澳大利亚
韩国	10	36.0	东盟、美国、欧盟、印度、智利
中国	10	18.8	东盟、智利、秘鲁、中国香港、瑞士

续表

	已签 FTA	FTA 贸易占比（%）	主要协定国家
印度	16	16.7	东盟、日本、韩国、马来西亚
澳大利亚	7	25.1	东盟、美国、智利
美国	14	39.8	《北美自由贸易协定》"并非国家"、澳大利亚、韩国
欧盟	28	74.4	瑞士、挪威、阿尔及利亚、南非、智利、墨西哥、韩国

资料来源：根据日本外务省相关资料、日本贸易振兴会（JETRO）统计数据制表。

二 日本自由贸易区战略调整动因

受地缘因素、国家身份和民族性格的影响，作为"中间国家"的日本常常被定位为一个不和别的国家比较就无法认识自己的反应型国家[①]。就日本的贸易政策而言，Calder 认为战后日本贸易政策的变化来自外部压力[②]。浦田则将 1990 年后日本 FTA 战略的调整看作"被动反应"的结果[③]。不过，近期的研究显示，仅仅是外部压力还无法解释 21 世纪以来日本市场开放的总体趋势。Solis 等人认为以经团联为首的国内利益集团和相关政治势力才是促使日本 FTA 战略转向的内在动因[④]。李向阳则将日本选择加入跨太平洋伙伴关系协定（TPP）看作"国家重新定位"的一种结果[⑤]。因此说日本 FTA 战略的调整是日本国内和国际多重因素共同影响的结果或许会更准确些。

（一） 日本 FTA 战略的转变是日本经济大国地位下降的逻辑发展

第二次世界大战后，受"和平宪法"和日美同盟因素的制约，日本确立

[①] 〔日〕内田树：《日本边境论》，上海文化出版社，2012，第 23 页。

[②] K. E. Calder, "Japanese Foreign Economic Policy Formation: Explaining the Reactive State," *World Politics*, Vol. 40, No. 4, 1988, pp. 517 – 541.

[③] 浦田秀次郎：「日本のFTA戦略」，『フィナンシャル・レビュー』，2006，第 29～49 頁。

[④] Solis M., and S. N. Katada, "The Japan-Mexico FTA: A Cross-Regional Step in the Path towards Asian Regionalism," *Pacific Affairs*, Vol. 80, Issue 2, 2007, pp. 279 – 301.

[⑤] 李向阳：《跨太平洋伙伴关系协定：中国崛起过程中的重大挑战》，《国际经济评论》2012 年第 12 期。

了经济中心主义的国家发展路线。在 20 世纪 90 年代之前的几十年中，日本凭借世界第二经济大国的实力在东亚权力格局和地区合作框架中占据主导地位。然而，在 20 世纪的最后 10 年，以"泡沫经济"的破灭为转折点，日本经济开始由繁荣走向停滞。同期，国际经济格局发生巨大变化，中国最终超越日本成为世界第二大经济体，并取代美国成为日本、韩国等东亚主要国家最大的出口市场和最重要的直接投资对象。日本经济地位的下降让日本重新认识到日本过去是，现在仍然是一个脆弱国家的事实[①]。自 1776 年亚当·斯密的《国富论》发表以来，近代国家经济的兴衰并非罕见，但像日本经济这样在短期内发生如此大的波动是前所未有的。基于上述认识，日本的决策者尤其是以经济产业省为首的全球重商主义派不得不重新审视和改变其"WTO 一边倒"的多边主义立场，转而推行以自由贸易协定（FTA）为代表的区域合作战略。即便是保守的农林水产省也于 2004 年开始探讨借助自由贸易协定推动国内经济结构改革的可能性。

单从经济学的角度来看，日本推行区域合作战略的目的之一就是获取市场准入机会[②]。这一动机在日本的第二个自由贸易协定即日本—墨西哥 EPA 中显得尤为突出。为了规避 NAFTA 和欧盟—墨西哥 FTA 的贸易转移效应，维护日本企业在北美的竞争优势，在产业界和经济产业省的推动下，日本政府不顾农林水产省的反对与墨西哥签署了经济伙伴关系协定。在日本—东盟 EPA 中，除了与中国的主导权之争，经济因素也是一个不可忽视的动因。日本除了希望通过日本—东盟 EPA 的贸易和投资创造效应，为日本的经济增长新战略拓展国际空间；还想通过日本—东盟 EPA 的贸易自由化和投资便利化措施，按竞争优势和区位条件重新调整其在东亚地区的产业布局与生产网络，巩固其在这一地区的产业优势。欧盟和 NAFTA 的实践证明，生产要素的自由流动，能够带来国家间经济发展水平的"收敛"，符合经济学理论的推断。同样，东亚国家间经济差距的缩小和地区内部的平衡发展对日本的出口导向型经济而言具有

---

① 〔美〕布热津斯基：《大棋局：美国的首要地位及其地缘战略》，上海世纪出版集团，2006，第 141 页。

② ペンペル、浦田秀次郎：「日本：二国間貿易協定へ向けての新しい動き」，『FTA の政治経済分析：アジア太平洋地域の二国間貿易主義』，文眞堂，2010，第 83～105 页。

重要意义。

日本推行区域合作战略的第二个动机是想借助 FTA 推动国内体制改革，以实现日本经济的可持续增长[1]。战后日本经济长期奉行凯恩斯主义，强调政府对经济的全面干预和影响。应该说，至少在 1985 年的《广场协议》之前，日本政府对外部压力的回应是极为成功的。然而，正是这种成功掩盖了日本经济自我调整能力日益低下的结构性问题。直到"泡沫经济"破灭，日本也没有找到一种能够推动国内经济结构调整的有效途径。尽管日本曾经在美国的市场开放压力下做过一些适应性的调整，也曾经在 GATT 和 OECD 等国际组织的推动下在贸易自由化方面取得一些进展，但都没有从根本上改变日本经济"创造性保守主义"的本质。美国学者彭佩尔认为，正是这种调整和适应而非"创造性破坏"导致了日本经济体制中保守势力的长期存在[2]。学者高柏也认为，很多常常被认为是由日本文化与社会结构决定的经济制度实际上是日本为了适应一个新的国际经济环境而进行的制度重组的结果（即便这种适应是被动的）[3]。有鉴于此，在 WTO 多哈回合谈判停滞不前，日美贸易谈判压力明显减弱的情况下，日本的决策者急需新的外部压力来推动国内经济改革，自由贸易协定（FTA）因此就成为一种很好的政策选择。

（二） 日本 FTA 战略的转变是国内公共选择力量博弈的结果

长期以来，在日本的对外决策过程中，一直存在开放与保护之争，日本政府在选择贸易政策时考虑的也不仅仅是社会福利，还要关心福利分配问题，这与日本的二元政治、经济结构不无关系。自明治维新以来，国家在日本经济中发挥着核心作用。为了实现"赶超西方"的目标，由政府、政党和大企业三方组成的新重商主义联盟选择了国家资本主义体系。该体系的特征之一是经济发展至

① 大賀哲：「EPA 政策から構造改革へ：財務・農水の政策参入」，『国際協力論集』2008 年第15 卷第 3 号。

② 〔美〕彭佩尔：《体制转型——日本政治经济学的比较动态研究》，中国人民大学出版社，2011，第 14 页。

③ 〔美〕高柏：《日本经济的悖论——繁荣与停滞的制度性根源》，商务印书馆，2004，第 91 页。

上，强调国家必须在国民经济发展和与欧美国家的竞争中发挥核心作用。这一特征有助于日本国家的迅速工业化并增强国际竞争力，但也导致了日本行政体系的多元官僚化。几乎每个政府机构都代表了不同的集团，并认为自己有责任维护集团利益。该体系的特征之二是重视大企业在日本经济和社会架构中的关键作用，强调生产者第一消费者第二，同时要求企业承担更多的"公共"责任。这一特征有助于日本社会谋求集体福利并保障社会稳定和公平，但也催生了利益集团。战后，随着"55年体制"的确立，保守的自民党政府继承了上述体系，并成为体系内不同利益集团的代言人，来自利益集团的压力开始成为日本对外贸易政策中的一个重要的变量。如何构筑与执政党间的合作关系，进而有效影响该政权的政策决定，就成为各利益集团的重要课题①。因此，在长达半个多世纪的时间里，经团联和农协之间围绕开放和保护所展开的利益之争，在相当程度上影响并塑造了日本的通商国家身份和多边贸易立场。

在日本，农业占国民生产总值的比例只有1.5%，但其政治影响力不可忽视，选票足以左右时局②。多年来，在农协和相关政治集团的压力下，农林水产省对农产品自由化做了最大程度的抵制，直至乌拉圭回合谈判。不过，即便是在乌拉圭回合谈判中，日本只是取消了除大米外所有农产品的非关税措施；在与美国的双边贸易谈判中，也只是开放了牛肉和柑橘市场；在与新加坡的EPA谈判中，农林水产省甚至没有参加谈判。对此，日本经团联及相关政治集团认为这种"部门利益优先"的行为不利于日本对外贸易政策的统一和协调。为了解决这种二元政治和多元官僚体系困境，以日本—墨西哥EPA谈判为契机，经团联建议成立由首相主导的谈判机制；同时通过恢复了1994年自民党分裂以来中断的政治献金的方式，试图改变农林水产省和自民党对FTA的态度。柳原认为正是经团联的坚持才使得日本—墨西哥EPA谈判没有因农产品问题而决裂③。因此，从政治经济学的角度来看，可以说日本区域经济合

① H. Yoshimatsu, "Japan's Keidanren and Political Influence on Market Liberalization," *Asian Survey*, Vol. 38, No. 3, 1988, pp. 241 – 259.

② 鈴木宣弘：「TPP と 国 益」，http：//www.jnpc.or.jp/files/2011/04/4e4c0a5049f4c522228 fa9b28a3682e1.pdf。

③ 柳原透：「日本のFTA戦略と官邸主導外交」，『海外事情』，拓殖大学海外事情研究所，2004，第92～108頁。

作战略的转向是国内利益集团博弈的结果。可以预见，在今后的日本 FTA 战略进程中，主张开放和寻求保护的利益集团之争仍会继续。当然这种利益之争并不限于农业，还包括金融、保险、医疗等弱势产业，这是日本政治经济二元结构的必然结果。

（三） 日本 FTA 战略的调整是日本地缘政治的延伸

作为美国的远东之锚，战后日本一直以美国战略的积极执行者自居，日美关系因此成为日本地缘政治的核心。通过结盟的方式，日本在分享美国在亚太格局中权力的同时，也凭借其经济实力在东亚权力格局中占据主导地位。不过，与美国的结盟并不意味着美国和日本的国家利益完全一致，也不意味着与其他国家相比美国会优先考虑日本的国家利益[1]。因此，随着日本经济大国地位的确立，日本开始意识到，在地区范围内对美国的完全依赖，阻碍了对其全球性大国地位的承认，更限制了日本的地缘战略选择，而对中国全面崛起的担心则加深了日本对自己地缘政治前途的迷茫[2]。日本因此也不得不重新思考其国家定位和未来走向。如何应对中国崛起引发的地区秩序变化也就自然成为日本外交及安全保障政策的最大焦点[3]。至少在政治安全领域，日本并没有将中国的崛起视为一种机遇。相反，他们将中国国力及反介入能力的提升视为旨在遏制美日插手干预包括领土和资源归属在内的地区秩序问题。当然，日本也很清楚仅凭一己之力难以应对中国崛起。

在经历了 1995 年和 2004 年的两次"入常"失败后，日本充分认识到其并不具备中国那样的地缘政治优势。基于这一现实，日本做出了强化日美同盟的选择，并配合美国的"空海一体"（Air – Sea Battle）战略提出所谓的"动态遏制"战略，目的就是要迫使中国增加和平时期的防卫成本，其尽可能地延缓中国经济实力转化为战略影响力的速度，以维护日本的地

---

① 〔日〕内田树：《日本边境论》，上海文化出版社，2012，第 26 页。

② 〔美〕布热津斯基：《大棋局：美国的首要地位及其地缘战略》，上海世纪出版集团，2011，第 140 页。

③ 道下德成：「中国の動向と日本の海洋戦略」，http：//www.nippon.com/ja/in – depth/a00504/。

缘政治利益①。与此同时，日本也开始寻求在区域合作机制上制衡中国。2002年，来自中国—东盟自贸区的竞争性压力改变了日本对东亚区域合作的态度。在积极构建与东盟的自由贸易区的同时，日本还主动推出与"10＋3"相对立的"10＋6"机制，通过将印度、澳大利亚、新西兰等域外国家拉入东亚合作框架，达到牵制和平衡中国的目的②。2012年，日本又宣布加入 TPP 谈判，力图在美国领导的亚太经济一体化进程中取得参与上的主动权。在此背景下，自由贸易协定就成为日本构筑地区力量的一种战略方式，确保东亚地区既有利益分配格局则成为日本推动地区一体化进程的首要目标。

三 日本的战略选择

目前，在日本的区域经济合作战略中，TPP、中日韩 FTA 和日本与欧盟 EPA 已经成为日本政府力推的三个最重要的经济伙伴关系协定。日本政府希望通过 TPP 谈判来推动日本与欧盟和中国的贸易自由化、经济一体化进程，试图利用中、美、欧盟间多边制衡关系来谋求日本国家利益最大化：在强化日美同盟保障地区安全与稳定的前提下，通过加入美国主导的 TPP 来制衡中国崛起；利用与中国的区域经济合作来遏制美国的新自由主义对日本国内市场的冲击，重建兼顾市场效率与社会公平的"内嵌"自由主义③；同时利用与欧盟的经济伙伴关系协定来平衡中美关系以防止日本的边缘化，并寻求日本构筑亚太秩序的可能性。

（一）TPP 与"平成开国"

1. 日本加入 TPP 的战略意图

从明治维新时期的"脱亚入欧"到第二次世界大战后的"脱亚入美"，日

---

① 王金波：《RCEP 与东亚经济一体化之路》，载《亚太地区发展报告（2013）》，社会科学文献出版社，2013，第 124～133 页。

② 赵放：《日本 FTA 战略的困惑》，《当代亚太》2010 年第 1 期。

③ 清水徹朗：「国際経済体制の再構築と日本の対応：TPPを超えて」，『農林金融』2011 年第 9号。

本凭借自身实力和外部力量成功地挤入大国行列，并在地区秩序中一度占据主导地位。不过，这并没有改变日本"与强者为伍"的战略思维模式。日本的民族危机意识和国家生存环境的外部制约，让日本经常把邻国或对其国家发展有利害关系的国家当作潜在的假想敌，并寻求"制衡"①。为了维护自己在地区权力格局中的主导地位，日本常常通过与强国结盟的方式来达到这一战略目的。针对中国的崛起，在政治安全领域，日本遵循其传统，选择继续追随美国，以美国的亚太战略为保障，通过深化同盟的方式来谋求地缘政治平衡。而在经济安全领域，在美国宣布加入 TPP 之前，日本采取的则是消极（中日韩）或者对抗（"10+3"）的态度。

TPP 是由美国主导的，以原亚太地区四国（包括新加坡、新西兰、文莱和智利，亦称 P4）自由贸易协定为基础的区域贸易安排。在美国加入后，TPP 从原来单纯的贸易协定变成美国在亚太地区寻求战略保障的工具。美国有意将 TPP 打造成为"21 世纪自贸区标准"，内容包括知识产权保护、劳工标准、环境标准、安全标准、技术贸易壁垒、动植物卫生检疫、促进中小企业发展、竞争政策、政府补贴、限制国有企业等项目，标准之高和覆盖领域之广都远远超过一般的自由贸易协定②。美国希望通过建立一套基于多边规则的高水平、有约束力的自由贸易体制，谋求确立亚太地区水平式的经济融合，以确保亚太地区不会形成由中国主导的垂直秩序③。这与日本"制衡"中国的战略目标不谋而合。如果日本能在深化日美军事同盟的基础上建立日美经济同盟，将日本的地缘战略与美国的亚太战略利益绑在一起的话，日本加入 TPP 不仅可以获得巨大的经济效应，而且还可以与美国共同主导地区规则制定权，起到遏制中国、确保其在亚太地区地位的作用④。因此，如果说美国的亚太战略目标是"美国的太平洋世纪"的话，那么日本的目标则是"美国和日本的太平洋世纪"。

---

① 肖鹏：《菊与刀——解读日本国家安全战略调整》，《文史月刊》2011 年第 2 期。
② 冯维江：《超越自贸协定，布局东亚经济新秩序》，《世界知识》2012 年第 9 期。
③ 赵玉敏：《早日启动中日自贸区建设事关大局》，《商务调研报告》2011 年第 20 期。
④ 刘中伟、沈家文：《跨太平洋伙伴关系协议（TPP）：研究前沿与架构》，《当代亚太》2012 年第 1 期。

通过将东亚和美国共同嵌入亚太市场的方式，TPP 在为美国提供合法进入东亚地区经济平台的同时，也为日本提供了一个新的地缘战略选择。如果中国的崛起在降低美国地区主导地位的情况下仍能得到某种形式的容纳（即中国的崛起不可逆）的话，继续恰当地运用同美国的关系来推进日本的国家利益符合日本的地缘战略需求①。至少在中国成为全球性大国之前，日本会尽量避免在中美之间做出非此即彼的选择，尽管这种两难处境包含一种历史的必然性。同样，对于美国而言，继续同日本保持密切的政治关系符合其全球或地缘战略利益，而同日本签署自由贸易协定（如 TPP）则会为美国在东亚的继续存在提供地缘政治基础。尽管美国作为单独大国由于担心日本过早加入会干扰其对谈判进程的掌控和规则的设置，一度没有同意日本加入 TPP谈判的要求。但是，随着同样是准全球性大国加拿大的加入以及 TPP 在按照美国的意愿形成"高标准模板"之后，吸收日本加入成为必然。毕竟，面对中国日益扩大的影响，美国不会改变迄今为止给予美日关系的优先地位。

2. 日本加入 TPP 的效益分析

鉴于日本的经济规模和其在东亚区域生产网络中的位置，日本加入 TPP将对包括日本在内的亚太地区各国经济产生较大冲击，对于美国扩大 TPP 在亚太地区的影响也不可或缺。在日本加入之前，TPP 共有 11 个谈判成员，其中除美国外的其他 10 个成员的经济规模还很小（占全球经济总量的 5.4%），贸易规模有限（占美国贸易总额的 34%），且有 6 个成员（加拿大、墨西哥、智利、秘鲁、新加坡、澳大利亚）已经与美国签有自由贸易协定。至少在日本加入之前，TPP 为美国带来的经济收益还无法达到战略预期。Petri 基于可计算一般均衡（CGE）模型的研究结果显示，现阶段 TPP 只能使美国的 GDP 增加 0.03%，出口增加约 2%②。因此，为了扩大 TPP 在亚太地区的影响，实现美国的既定目标，美国势必会在完成与现有成员间的谈判后，吸收日韩

---

① 〔美〕布热津斯基：《大棋局：美国的首要地位及其地缘战略》，上海世纪出版集团，2007，第140 页。

② T. A. Petri, M. G. Plummer, and F. Zhai, "The Trans-Pacific Partnership and Asia-Pacific Integration：A Quantitative Assessment," *East-West Center Working Papers*, No. 119, 2011.

等传统盟国加入，并最终建成覆盖所有 APEC 成员的亚太自由贸易区（FTAAP）。TPP 如果按照美国的路径和模式如期达成协议，将会改变亚太经济合作的基本格局，对中国主导的东亚一体化战略也会形成巨大冲击，而亚洲国家则可以从"骑墙"战略中获益。就日本而言，选择加入 TPP 实际上也是一种"骑墙"战略，即在分享中国发展红利的同时，利用美国来制衡中国①。不过，与其他亚洲国家相比，日本作为准全球性大国在中美力量博弈中拥有更多的战略回旋余地，日本也一直没有放弃对自身自主性的追求。毕竟，日本并不是一个满足于现状的国家，曾经的亚洲霸主和昔日的经济大国地位也让日本不无理由地感到它有资格谋求国际承认②。因此，日本在寻求中美亚太区域博弈均衡的同时，也在探讨制衡中美两国的可能性，以谋取本国利益最大化。

自从 2011 年 11 月日本正式表态加入 TPP 谈判以来，先有新加坡、越南、文莱、智利和秘鲁等国同意日本加入谈判，而美国、澳大利亚和新西兰等国也在随后的议程中做出同意日本加入 TPP 的决定。按照 TPP 规定，日本加入谈判需要现有 11 个成员的一致同意。考虑到日本已与大部分成员签署或正在商签双边 FTA，加上美国在 TPP 市场准入谈判中坚持使用双边模式，日本加入 TPP 实际上是与美国签署自由贸易协定③。对于日本而言，与美国签署自由贸易协定意味着缔结经济同盟，而且这种同盟关系具有"不断自我强化、逐渐递进"的特征。基于这一逻辑，日本加入 TPP 不仅可以强化日美之间日益增长的经济联系，还可以为日本参与全球事务提供地缘政治基础，摆脱日本由于不能成为一个"亚洲国家"而导致的地缘政治困境。因此，通过与美国建立经济同盟关系，日本将在亚太地区经济一体化格局中占据有利位置；在地区贸易、投资规则及标准制定方面拥有更大的影响力和话语权；日本甚至还有可能取代东盟成为新的更大规模的区域合作框架中的"轮轴国"，而东盟作为整体

---

① 李向阳：《亚太地区发展报告（2012）：崛起中的印度与变动中的东亚》，社会科学文献出版社，2012，第 8 页。

② 〔美〕布热津斯基：《大棋局：美国的首要地位及其地缘战略》，上海世纪出版集团，2007，第 141 页。

③ TPP 谈判采用混合方式（hybrid approach），但在货物市场准入方面，美国坚持使用双边方式，澳大利亚和新西兰则主张通过在成员间进行多边谈判形成统一降税安排。

将沦为"辐条国"的境地①。综合日本的经济实力及其在亚太地区的贸易、投资和产业、技术优势,这一潜在利益格局将给日本带来巨大的经济、政治和战略收益,足以抵消日本农业部门所付出的进入成本。

亚太地区国家历来是日本最重要的贸易和投资伙伴。2013 年,日本与 TPP 成员贸易总额占其出口总额的 22.8%,对 TPP 成员贸易总投资额占其对外直接投资总额的 52.9%。如果 TPP 能够在美国的推动下覆盖所有 APEC 成员,这一比例将分别上升至 70.5% 和 61.0%(详见表 4)。TPP 对日本出口导向型经济的重要性不言而喻。与欧美国家不同,由于市场、资源和技术的缺失,东亚国家不得不长期依靠外部力量来实现经济增长。当东亚整体都在依靠出口导向型模式实现经济增长时,外部市场的有限性与东亚生产能力扩张之间的矛盾也日益突出,成为影响东亚经济稳定的重要因素②。特别是当东亚经济体出现群体性增长之后,欧美市场对东亚产品的消化能力日益显示出恒定水平③。尽管日本基于先发优势曾经一度成为东亚其他国家产品的最终消费市场,但日本同样存在内部市场需求不足和外部资源短缺因素的制约。在东亚能够有效弥补欧美需求缺口之前,外部条件依然会成为制约日本经济持续增长的重要因素。在此背景下,TPP 就成为日本减少外部市场约束,实现自身经济可持续增长的有效选择。

表4 亚太地区主要贸易安排宏观经济指标

单位：%

	中日韩 FTA	10 + 3	RCEP	FTAAP	TPP	EU
世界人口占比	20.7	36.7	48.8	39.9	11.7	7.1
世界 GDP 占比	21.9	23.4	28.7	57.6	46.2	23.1
区域内贸易占比	19.4	39.6	42.7	66.2	55.5	63.8
日本进出口总额占比	26.0	40.8	46.5	70.5	22.8	9.7
日本 FDI 存量占比	11.5	23.7	29.9	52.9	52.7	23.2

资料来源：根据 IMF、WTA 和 JETRO 相关数据制表。

---

① 冯维江：《超越自贸协定,布局东亚经济新秩序》,《世界知识》2012 年第 9 期。
② 贺平：《日本的东亚合作战略评析：区域性公共产品的视角》,《当代亚太》2009 年第 5 期。
③ 赵江林：《外部约束与东亚经济结构转型》,《当代亚太》2010 年第 4 期。

根据日本内阁府和经济产业省基于可计算一般均衡模型的测算，加入 TPP 将使日本的 GDP 增加 0.48% ~ 0.65%（2.4 万亿 ~ 3.2 万亿日元）；若不加入 TPP，GDP 将减少 1.53%（10.5 万亿日元）。显然，东亚经济增长的内在缺陷即外部条件约束加剧了 TPP 的排他性效应。

3. 日本加入 TPP 的难点

日本加入 TPP 的最大障碍来自农产品市场。对于日本而言，加入 TPP 意味着同时向美国、澳大利亚和新西兰等农业大国开放国内市场。由于这些国家的资源条件都优于日本，因此日本在农产品领域并不具有比较优势（详见表 5）。相反，日本农业长期依靠财政补贴和贸易保护，农产品平均关税（21%）明显高于美国（4.7%），其中大米等 101 种农产品的关税更是高达 200% 以上。另据 USDA 2008 年的统计显示，日本单位农户产值中财政补贴比例（47.8%）也远高于美国（6.9%）和澳大利亚（5.9%）。此外，受稻米"减反"政策和人口老龄化因素影响，日本专业农户已从 1990 年的 82 万户减少到 2010 年的 36 万户[1]。总体而言，日本在农产品领域的进入成本要高于其他 TPP 成员（见表 5）。据农林水产省测算，加入 TPP 将使日本农业产值减少 4.5 万亿日元，导致日本国内生产总值减少 8.4 万亿日元，就业人数减少 340 万人，粮食自给率由 40% 下降为 13%[2]。因此，日本加入 TPP 谈判的关键在于农业部门将以何种形式开放，是否会采取例外或过渡条款。不过，从日美有关 TPP 前期磋商情况来看，美国对日本的农产品例外请求原则上持否定态度，坚持要求日本开放大米和牛肉市场、放宽食品安全标准、取消转基因食品标示义务的多边贸易立场并没有改变。

日本加入 TPP 的第二个障碍是 TPP 有关国有企业和监管一致性条款可能会威胁到日本的邮政储蓄和保险服务业，进而直接影响到该国的养老保险体系[3]。为了全方位改善地区贸易环境，美国在跨领域或横向议题中提议在 TPP 成员内建立监管协调机构，并强调监管的首要目标是一致性（至少相互认可）。

---

① 石原健二：「TPP 問題と日本農業」，『自治総研通巻』2011 年 6 月号。
② 鈴木宣弘、木下順子：『TPP と日本の国益』，全国農業会議所，2011。
③ 馬田啓一：「米国の TPP 戦略と日本の対応」，『国際貿易と投資』No.85。

表5　日本与 TPP 成员农产品竞争力分析

	出口 （亿美元）	进口 （亿美元）	净出口 （亿美元）	TSC	RCA	关税水平 （%）
日　　本	49.5	746.5	-697.1	-0.79	0.15	21.0
美　　国	1467.2	1317.0	150.2	0.09	1.21	4.7
加 拿 大	481.9	361.6	120.4	0.21	1.47	10.7
墨 西 哥	241.1	260.5	-19.4	-0.13	0.73	22.1
澳大利亚	318.3	136.6	181.8	0.41	1.62	1.3
新 西 兰	227.7	43.6	184.7	0.68	6.60	1.4
智　　利	165.5	62.8	102.7	0.63	2.90	6.0
秘　　鲁	70.2	44.6	25.6	0.29	1.93	6.2
新 加 坡	98.9	132.5	-33.6	-0.17	0.25	0.2
马来西亚	240.6	158.0	82.6	0.26	1.42	13.5
越　　南	199.7	113.5	86.2	0.07	2.00	18.9

注：TSC（贸易竞争力指数），RCA（显性比较优势指数）。
资料来源：根据联合国贸易数据库（UNDATA 2013）相关数据计算制成。

在有关企业监管的提议中，美国明确要求国有企业不得从低于市场价值的融资或其他补贴中受益，同时要求限制政府制定垄断经营行为，以确保 TPP 成员政府在国有企业和私营企业的竞争中处于中立地位[①]。对于越南和马来西亚等 TPP 成员国来讲，适用 TPP 有关国有企业条款对其经济发展具有重大影响。同样，日本加入 TPP 谈判也会涉及邮政事业民营化问题。日本邮政系统曾经是世界上最大的金融机构，也是日本社会福利、公共财政与政党政治的重要基石。2013 年，日本邮政储蓄资产达 202.5 万亿日元，是三菱 UFJ 银行（163.1 万亿日元）的 1.3 倍；简易保险资产为 87.1 万亿日元，是日本生命保险（56.8 万亿日元）的 1.5 倍；二者共计持有日本国债 211 万亿日元，约占日本国债总额的 29%，日本邮政也因此被称为日本的 "第二财政预算"[②]。自 1993 年 "日美经济框架对话" 以来，日本邮政储蓄与保险市场开放问题一直都是

---

① Claude Barfield, *The Trans-Pacific Partnership: A Model for Twenty-First-Century Trade Agreements?* The American Enterprise Institute, 2011.

② 中里孝：「郵政民営化4年目の現状」，国立国会図書館『調査と情報』2011 年第 715 号。

美国关注的重点。2010 年的日本《邮政民营化法案（修正案）》由于允许政府扩大持股比例和金融保险服务范围，引起美国的极大担忧。美国认为日本此举有违 GATS 规定，并在 2011 年 3 月的 USTR《外国贸易壁垒报告》中认定日本邮政储蓄、保险和速递业务存在市场保护。在 2012 年日美 TPP 事前磋商中，美国进一步要求日本需向美国保险企业提供与日本邮政、保险平等竞争机制①。因此，在今后的 TPP 谈判中，预计日本的邮政储蓄银行、邮政人寿保险业务甚至速递业务将面临巨大的市场开放压力。

日本加入 TPP 的第三个障碍是 TPP 药品专利保护条款可能会破坏日本的全民终生医疗保险体系。受国内利益集团的压力，在 TPP 有关药品专利谈判中，美国在 WTO《与贸易相关的知识产权协定》（TRIPS）的基础上提出比《反仿冒贸易协定》（ACTA）更加严苛的知识产权执法意见。这些额外条款包括 2007 年颁布的"美国新贸易政策"中有关实验数据独占权、专利注册联动机制和专利期限扩展等内容。此外，美国还试图限制 TPP 成员利用知识产权条例中有关公共健康的例外条款②。如果美国能够把上述条款引入 TPP 知识产权保护章节，将会危及澳大利亚、新西兰和日本等国家的医药价格管制体系。日本医师会认为，加入 TPP 将使日本的医疗保险体系卷入市场原理主义，导致日本"全民皆保"体系的崩溃③。自 1961 年日本实行全民医疗保险以来，几乎所有药品（约 13311 种）都被纳入医疗保险目录并实行政府定价。日本因此也成为发达国家中药品支出（1.2%）和医疗费支出（7.8%）GDP 占比最低的国家④。不过，由于美国在 TPP 谈判中要求各国在公费医疗保险制度药品退费环节上消除差异，从而降低美国医药企业进入当地市场的壁垒。这将对日本高度自立的药物体系产生巨大冲击，甚至失去在生物基因制药领域的药品定价权。此外，如果美国能把其独特的联动机制引入 TPP 国家，在专利保护期及实验数据专有权保护期内，专利药品仿制药几乎无法获得注册，仿制药的

---

① 東谷暁：『郵政崩壊とTPP』，文藝春秋，2012。

② 二木立：『TPPと医療の産業化』，勁草書房，2012。

③ 日本医師会：「日本政府のTPP参加検討に対する問題提起——日本医師会の見解」，http://www.med.or.jp/。

④ 杜飞、徐怀伏：《加入 TPP 对日本药品市场的影响探析》，《现代商贸工业》。

有效生产和利用将遭到 TPP 专利保护加强条款的阻碍，不仅发展中国家，甚至连日本也将很难研究仿制药。这会对除美国外的所有 TPP 国家医药企业和药品专利保护产生严重打击。对此，新西兰曾于 2011 年 1 月提交文件，就美国在 TPP 谈判中有关知识产权保护的强硬立场提出异议，认为过于苛刻的超越 TRIPS 的知识产权保护标准不仅会阻碍发达国家的创新，也会损害 TPP 内部发展中国家的利益。

最后，TPP 在投资、环境方面的美式"白金"标准也会对日本造成极大影响（详见表 6）。在 TPP 有关投资标准谈判中，美国坚持要求引入"投资者—

表 6　TPP 对日本的影响

	谈判领域	正面影响	负面效应
1	货物贸易	制造业存在明显的贸易创造效应	农产品市场进入成本过高
2	原产地规则	有利于亚太区域内供应链连接	自行证明制度改变现有规则
3	贸易便利化	提高透明度、简化通关程序	—
4	SPS	—	降低检验检疫标准
5	TBT	提高国际贸易和生产效率	取消转基因食品标示义务
6	贸易救济措施	确保对特定商品实行紧急措施	同种商品无法重复实行紧急措施
7	政府采购	提高日本企业的海外收益	加剧地方政府采购竞争程度
8	知识产权	强化日本企业的技术优势	需要修改现行专利制度
9	竞争政策	限制反竞争行为的发生	存在国内法律适用问题
10	服务贸易	提高贸易自由化程度、范围	需要修改现行职业资格制度
11	短期人员流动	有利于促进商务人员出入境	—
12	金融	日本企业海外商业环境的改善	邮政储蓄、社保市场开放
13	电信	有利于基础设施共享和互连互通	—
14	电子商务	有利于完善电子商务环境	数字产品定义范围的扩大
15	投资	日本企业海外投资环境的改善	ISDS 条款
16	环境	确保日本企业的先发优势	渔业补助金的取消、禁止捕鲸
17	劳工	防止不正当竞争导致成本上升	—
18	管理和制度条款	改善商业环境	—
19	争端解决	—	—
20	战略合作	改善日本企业海外商业环境	—
21	跨领域问题	改善地区贸易环境	—

资料来源：根据日本内阁府等『TPP 协定交涉の分野别状况』（2011 年 10 月）内容制表。

国家争端解决"方式。对于美国的 ISDS 条款要求，澳大利亚和新西兰持保留意见，其中澳大利亚在美澳 FTA 谈判中就一直拒绝引入上述条款。据国际投资争端解决中心（ICSID）统计，截至 2012 年年末，该机构共计受理 489 例争端案件，主要集中在能源资源（38%）、基础设施（25%）和金融电信领域（13%）①。因此，尽管日本在既有 FTA 中已经引入 ISDS 条款，但是考虑到日美在"规制缓和对话"中有关投资议题的严重分歧，日本加入 TPP 同样存在遭受外国投资者提起国际仲裁的风险和美国要求关键领域开放的巨大压力。

不仅如此，TPP 环境标准中有关争端解决机制适用条款也会给日本带来一定的"环境风险"。依据美国的要求，日本加入 TPP 需要承诺共同履行多边环境协定（MEAs）七项公约义务，主要涉及臭氧消耗、濒危物种、海洋污染、湿地、捕鲸、金枪鱼和南极海洋生物等内容。日本还须承诺不能以影响贸易、投资为由削弱或降低环保标准；同意执行严格的环境法律实施原则和程序以保证程序的公正、公平与透明；并允许环境纠纷适用 TPP 争端解决机制②。因此，日本加入 TPP 后会被要求放宽农药标准、BSE 等食品安全规定，取消转基因食品标示义务，遵守国际管制捕鲸公约。TPP 有关环保争端解决适用规定会加大日本由于环保标准原因成为贸易壁垒而遭诉讼的可能性③；有关海洋资源与野生动物保护规定则会影响日本的渔业补贴政策④；有关环境法的实施原则也会对日本的《生物多样性基本法》形成约束，日本的"乡土景观保护合作倡议"（Satoyama Initiative）因此可能被美国视为阻碍农作物进口贸易壁垒，对日本山林系统即"里山"（Satoyama）的影响也不可忽视，甚至会改变日本国土的应有状态⑤。

此外，TPP 有关市场体系结构的争议也会加大日本的进入成本。在 TPP 谈

---

① 経済産業省：『投資協定の概要と日本の取組み』，日本経済産業省，2014。
② 「TPP 協定交渉の分野別状況」，www. npu. go. jp/policy/policy08/pdf/20111014/20111021_1. pdf。
③ 「TPP 協定交渉の分野別状況（改訂）」，www. npu. go. jp/policy/policy08/pdf/20120329/20120329_1. pdf。
④ 「TPP 環境分野の交渉状況について」，www. mofa. go. jp/mofaj/gaiko/tpp/pdfs/tpp20120327_07. pdf。
⑤ 藤田香：『TPP 参加の環境リスクに備えよ』，日経 BP 環境経営フォーラム，2011。

判初期，美国坚持在原有双边 FTA 的基础上增加共同条款；而澳大利亚和新西兰则主张用 TPP 取代现有 FTA，通过多边谈判达成共同市场准入规则①。目前 TPP 谈判采用混合模式（hybrid approach），但美国在货物市场准入谈判中已经明确使用双边模式②。美国一边采用多边模式将其所谓的"白金"标准（包括劳工、环境、知识产权等）嵌入与新加坡、澳大利亚、秘鲁和智利之间的双边 FTA，起到修正和协调既有自由贸易协定的目的；一边采用双边模式与马来西亚、越南、文莱和新西兰等未签署双边 FTA 的国家进行市场准入谈判，在获取这些国家市场开放利益的同时能够最大限度地保护国内市场。鉴此，在未来的 TPP 谈判中，日本不仅要直接面对美国的市场开放压力，同时还要与所有 TPP 成员达成共同市场条款，这种双轨进程无疑会增加日本加入 TPP 的成本和谈判难度，扩大美国在"混合博弈"中的战略优势。

（二）TPP 与东亚经济一体化的"非合作博弈均衡"

1. 权力转移视角下的中日韩自贸区

关于是否加入 TPP，日本国内拥有不同利益偏好的群体之间存在激烈的争论。争论的背后究其本质是中美在亚太地区的力量博弈。正是中日两国的实力消长和中美在东亚区域层级体系内的权力转移，使得经济上依赖中国、安全上选择美国的日本面临着区域一体化的路径选择③。对于中国的崛起，日前日本国内存在两种完全不同的评价路径：一是权力转移视角下的"中国威胁论"，认为中国的崛起必然会挑战日本主导的东亚既有利益格局；二是以自由主义传统为基础的"中国机遇论"，相信约束中国的最佳途径是将中国纳入西方国家定义的世界秩序④。对中国崛起认知的不同因此成为影响东亚经济一体化进程的新的不确定性因素。

---

① Claude Barfield, *The Trans-Pacific Partnership: A Model for Twenty-First-Century Trade Agreements?* The American Enterprise Institute, 2011.

② 沈铭辉：《跨太平洋伙伴关系协议（TPP）的成本收益分析：中国的视角》，《当代亚太》2012 年第 1 期。

③ 王玉主、富景筠：《中日韩自贸区的进展与前景》，载《亚太地区发展报告（2012）》，社会科学文献出版社，2012，第 98～108 页。

④ 〔美〕罗斯克兰斯等：《力量与克制：中美关系的共同愿景》，社会科学文献出版社，2010。

　　长期以来，东亚地区因历史问题和领土（海）主权争议，一直缺乏地区认同感，国家间战略互信度低就成为东亚国家建立合作机制面临的最大障碍。此外，东亚国家出口导向型经济模式的趋同和对欧美市场的过度依赖导致产业间竞争日趋激烈，敏感产业调整的社会成本和相关利益集团的政治诉求则成为东亚经济一体化进程的主要阻力所在①。因此，尽管中日韩三国经济总量约占世界的21.9%、亚洲的70%，但三国的贸易依存度只有19.4%（三国间相互投资仅占三国对外投资总量的6%），远低于欧盟的63.8%和北美自由贸易区的41.1%。正是由于缺乏统一市场，至少在2020年前，东亚还难以成为全球经济重心②。鉴此，中日韩自贸区如果顺利建成，将会对亚洲统一市场的形成起到积极的促进作用。

　　研究结果表明，中日韩FTA将是一个三方共赢的合作安排。第一，中日韩FTA将给三国带来可预见的经济收益。据测算，中日韩FTA将使中国的GDP提高2.9%，日本的提高0.5%，韩国的提高3.1%③。第二，中日韩FTA的经济收益要大于中日韩三国间任何双边FTA的收益。贸易转移效应和投资替代效应将导致任何被排除在三国自贸区之外的国家遭受损失（详见表7）④。第三，中国的加入会使日韩两国在经济上获益最大。亚太地区任何排除中国在外的贸易安排都无法使日韩两国达到收益最大化。第四，东亚国家同样能够从中日韩自贸区中获益。东盟与中日韩三国间的"10＋1"安排以及中日韩自贸区的规模效应、要素积累效应和溢出效应将使这些国家获益；而在"10＋3"的东亚一体化框架下，地区成员将共同获益⑤。第五，不同路径和时机选择会直接影响东亚一体化的进程和走向。模拟结果显示，不同的自贸区顺序最终对整个地区宏观经济收益和产业结构的影响没有多大差别⑥；但立即签署中日韩

---

①　王金波：《中日韩自贸区：三年内难修"正果"》，《经济》2012年第4期。

②　李向阳：《全球经济重心东移的前景》，《国际经济评论》2011年第1期。

③　阿部一知、浦田秀次郎：『日中韓FTA：その意義と課題』，日本経済評論社，2008。

④　川崎研一：『EPAの優先順位：経済効果の大きい貿易相手は?』，経済産業研究所，2011。

⑤　Estrada, G., and D. Park, "ASEAN's Free Trade Agreements with the People's Republic of China, Japan, and the Republic Korea：A Qualitative and Quantitative Analysis," *ADB Working Paper*, Asian Development Bank, 2011.

⑥　Ando, Mitsuyo, "Impacts of FTAs in East Asia：CGE Simulation Analysis," *RIETI Discussion Paper Series 09 - E -037*, 2009.

FTA 在所有路径组合中将会给三国带来最大收益，而延迟建立中日韩 FTA 将会给三国带来较大的过渡期损失。

表7 亚太地区主要贸易安排对日本经济（GDP）的影响

单位：%

	中日韩	TPP	"10 + 3"	"10 + 6"	FTAAP
日本	0.74	0.54	1.04	1.10	1.36
中国	2.27	- 0.30	3.16	3.43	5.83
韩国	4.53	- 0.33	5.94	6.34	7.10
新加坡	- 0.42	0.97	2.71	3.15	2.42
印度尼西亚	- 0.32	- 0.36	3.00	3.69	3.64
马来西亚	- 0.52	4.57	7.53	8.27	9.43
菲律宾	- 0.75	- 0.39	4.42	4.60	6.07
泰国	- 1.19	- 0.89	16.31	17.03	20.24
越南	- 0.50	12.81	23.13	23.42	34.75
澳大利亚	- 0.11	1.16	- 0.04	2.44	2.08
新西兰	- 0.24	2.15	- 0.19	2.29	3.80
美国	- 0.05	0.09	- 0.03	- 0.07	0.26
加拿大	- 0.02	- 0.24	0.03	- 0.02	0.71
墨西哥	- 0.08	- 0.42	- 0.07	- 0.10	3.03

资料来源：川崎研一：『EPAの優先順位：経済効果の大きい貿易相手は?』，経済産業研究所，2011。

2. 中日韩自贸区的主要障碍

截至 2014 年年底，中日韩自贸区进行六轮谈判，涉及货物贸易、服务贸易、原产地规则、海关程序和便利化、贸易救济等 14 个议题。不过，考虑到中日韩三方在相关领域的重大分歧，实现中日韩自贸区的谈判目标还需要三国政府拿出勇气和智慧解决一些实质性问题。主要包括：超越 WTO 承诺的减让、敏感部门的自由化、国民待遇、服务和投资的承诺方式等。

基于自身的比较优势，日韩两国坚持未来的中日韩 FTA 不仅要包括货物贸易、服务贸易和投资领域，还应该包括政府采购、知识产权、环保和技术标准等非 WTO 领域或社会条款[1]。两国甚至还把中国在投资国民待遇方面的进

---

① 日本外务省：「日中韓 FTA 産官学共同研究報告書」（Joint Study Report for an FTA among China, Japan and Korea），http：//www. mofa. go. jp/mofaj/press/release/24/3/pdfs/0330_ 10_ 02. pdf。

一步承诺以及《中日韩关于促进、便利和保护投资的协定》的签署作为启动和进行自贸区谈判的一个必要条件①。所谓准入前国民待遇，其核心是给予外资准入权，即取消对外资企业设立及并购的审批。这与中国现行的外资管理体制存在冲突。从日韩现有 FTA 对服务贸易和投资的处理方式来看，在未来的中日韩自贸区谈判中，不排除日韩会要求中国采用高水平的"负面列表"承诺形式，同时要求中国给予其"准入前国民待遇"。目前，在中国已经签署的10 个 FTA 中还未就准入前国民待遇做出任何承诺，在市场准入承诺方面均采用"肯定列表"方式。而在亚太地区，已经有 26 个自由贸易协定中的投资条款包含准入前国民待遇并以否定清单或负面列表的形式提出对国民待遇、最惠国待遇以及其他义务的保留。其中日本有 10 个自由贸易协定性质的 EPA、韩国有 9 个 FTA 的投资规则中都纳入了准入前国民待遇。

此外，地缘政治也是阻碍中日韩 FTA 谈判顺利达成一致的关键因素之一。如前所述，在日美、韩美同盟框架下，日本和韩国的自贸区战略必将受到美国因素的制约。日本官员在提到日本参与 TPP 的意义时就曾表示，亚太地区秩序应由美日共建，有必要从这一高度来思考该问题②。不得不承认，美国战略重心的东移客观上加剧了东亚区域合作机制的复杂化。TPP 的高标准和宽覆盖也会影响日韩在地区和多边贸易谈判中的立场，并对刚刚启动的中日韩自贸区谈判形成新的挑战。

3. 不同路径抉择对中日韩自贸区的影响

长期以来，亚太区域合作一直存在路径和模式之争。中日韩自贸区能否顺利前行，将取决于中日韩三国的态度以及在不同贸易自由化方案之间的权衡和路径抉择③。此外，美国主导的 TPP 和以东盟为中心的 RCEP 也会对东亚经济一体化进程产生不同程度的影响。

作为一个高水平、排他性的自由贸易协定，TPP 首先将凸显美国在亚太地区的主导地位。美国的"分化"和东盟成员的内部分歧对以东盟为中心的东

---

① 刘军红：《中日韩投资协定的历史命题》，《瞭望周刊》2012 年 3 月 10 日。

② 李向阳：《跨太平洋伙伴关系协定：中国崛起过程中的重大挑战》，《国际经济评论》2012 年第 1 期。

③ 王金波：《中日韩自贸区：三年内难修"正果"》，《经济》2012 年第 4 期。

亚经济一体化和一向坚持的渐进性区域一体化原则提出了严峻挑战，直接导致 RCEP 的推出；日韩的战略转向和东亚经济增长模式的外部市场约束也会改变东亚合作进程；美国重返亚洲并将 TPP 作为亚太经济一体化的主要路径，势必会对中国的东亚一体化战略造成一定影响。不过，TPP 能否成为跨太平洋经济一体化的优选路径，将取决于谈判各方怎样处理 TPP 成员间、TPP 协议与既有 FTA 的冲突和分歧。这就要求未来的 TPP 谈判在强调高标准和宽覆盖的同时，还要注意包容性和渐进性。TPP 只有建立在地区共识和谈判同等话语权的基础上，才能使亚太地区所有成员共同获益[①]。

目前，亚太地区事实上已经形成了 TPP、中日韩自贸区和 RCEP 同时并存的区域合作格局。尽管 TPP 的不断扩容和深化对东亚一体化标准和成员的向心力形成了严峻挑战，但客观而言，TPP 的确起到了加速东亚一体化进程的"竞争性驱动"作用。TPP 的高标准、宽范围与 RCEP 的包容性、渐进性在为东亚经济一体化提供新的轨道和模式的同时，也为东亚经济一体化进程提供了新的动力。不过，面对 TPP 的挑战，要想把 RCEP 作为实现东亚经济一体化的路径，还需要中日韩三国的共同推动和支持以及东盟进行的协调与推进[②]。如果中日韩自贸区能把 TPP 的高标准、宽范围与 RCEP 的渐进性、包容性相结合，不仅会对 RCEP 形成助推作用，也会为东亚经济一体化提供内在动力和坚实基础。长远来看，TPP 与 RCEP、中日韩自贸区之间并不存在竞争问题，跨太平洋与东亚经济一体化或许会殊途同归，最终实现 APEC 的亚太经济一体化目标[③]。

鉴于此，中国需要在关注 TPP、积极推动中日韩自贸区和 RCEP 的同时，更多着眼于实现自身经济的可持续增长。考虑到中国的经济规模和地缘优势，不管是 TPP 还是 RCEP，亚太地区任何缺乏中国的区域一体化安排都是不完整的，包括日本在内的亚太主要国家从上述安排中的经济收益将非常有限。研究

---

① 张建平、李婧舒：《TPP 的问题与挑战——以谈判各方冲突为视角》，中国太平洋经济合作全国委员会"TPP 的进展与挑战"研讨会，2012 年 12 月。

② 张蕴岭：《亚太区域合作的"竞争性驱动"》，中国太平洋经济合作全国委员会"TPP 的进展与挑战"研讨会，2012 年 12 月。

③ 王金波：《RCEP 知易行难：兼论 TPP 与中国的策略选择》，《南洋问题研究》2014 年第 4 期。

表明，一个没有中国参与的 TPP 只会使日本的实际 GDP 提高 0.54%；而中日韩自贸区、"10 + 3" 和 RCEP 则会使日本的实际 GDP 分别提高 0.74%、1.04% 和 1.1%①。因此可以断定，即便日本出于政治、外交考虑选择加入 TPP，但从经济和地缘因素考虑，日本也不会放弃对中日韩自贸区和 RCEP 等东亚一体化可能路径的参与。

（三） 中美制度均势与日本的战略自立

1. 从英日同盟到日本—欧盟 EPA

受地缘因素制约，近代日本一直奉行"与强者为伍"的外交理念，并形成了日本对外结盟的政策定式。通过与英国结盟日本确立了其崛起大国的地位；通过与美国的结盟，日本弥补了其在地缘战略中的劣势并成功跻身世界经济强国之列。日本民族的功利主义传统和依赖心理让同盟成为其对外决策过程中一种固有的战略思维模式并延续至今②；而日本社会的纵向结构特征和文化的双重性也让日本对服从并追随强者没有任何心理负担③。正是基于这种"超国家主义"心理，从英日同盟到日美同盟的近百年时间里，日本的基本国策一直都是通过吸收和模仿"西方"来寻求赶超；但也正是这种所谓的"缘人心态"决定了日本只是一个追随者而无法成为先行者，在国际秩序变迁中也只是一个规则的适用者或标准的追赶者而非新秩序的缔造者，即便日本曾经成为亚洲霸主和世界第二经济大国④。

20 世纪 90 年代，日本由于自身国际定位不清，曾经提出过"日美欧三极论"⑤，试图以一极的身份主导亚太秩序。但日本国家的内在缺陷和外部约束决定了日本不可能成为世界的第三极，日本的决策者或许选择性地忘记了中国从来都是东亚大国的事实。尽管如此，在地缘战略中的劣势并没有影响日本继

---

① 川崎研一：『EPAの優先順位：経済効果の大きい貿易相手は？』，経済産業研究所（RIETI），2011，http://www.rieti.go.jp/jp/columns/a01_0318.html。

② 〔日〕土居健郎：《日本人的心理结构》，阎小妹译，商务印书馆，2006，第 16~43 页。

③ 〔日〕内田树：《日本边境论》，郭勇译，上海文化出版社，2012，第 26~30 页。

④ 日本学者丸山真南在其著作《现代日本政治の思想と行動》中将日本的这种国民心理定义为"超国家主义心理"，而学者内田树则在《日本边境论》中将其称为"缘人（边境人）心态"。

⑤ 屈彩云：《战后日本在亚太安全格局中的身份构建》，《当代亚太》2010 年第 6 期。

续在欧亚大陆寻求制衡中国的尝试，包括日印（度）、日蒙、日本与海合会（GCC）在内的一系列 EPA 谈判都或明或暗地体现出这一战略意图。不过，鉴于上述国家在地缘政治和经济方面实力有限，日本很难通过合纵连横来遏制中国。因此，面对中国的迅速崛起和韩欧 FTA 的竞争性压力，2007 年起日本开始转而探讨与欧盟（EU）签署经济伙伴关系协定的可能性，并于 2012 年 6 月结束了为启动 EPA 谈判而展开的前期磋商。截至 2014 年年底，日本与欧盟 EPA 已经完成 8 轮谈判。日本或将成为继韩国之后第二个同时与世界三大经济体（欧盟、美国和中国）签有自由贸易协定的国家。至此，日本初步完成了在全球自由贸易体系下的区域合作布局。此举有助于日本摆脱经济困境，也有助于日本在中美博弈中保持战略自立（绝非战略独立）。

2. 日本—欧盟 EPA 的经济效应

考虑到日本与欧盟的经济和贸易规模（约占全球经济总量的 44%、全球贸易总量的 25%），日本—欧盟 EPA 将会给双方带来巨大的经济收益。2011年，日本对欧盟出口 721.7 亿美元，占其对外出口总额的 10%；对欧盟投资310 亿美元，占日本对外直接投资总额的 23%[①]。日本经济产业研究所的研究结果显示，日本—欧盟 EPA 可使欧盟的实际 GDP 提高 0.12%，高于韩国与欧盟 FTA 的 0.07% 以及印度与欧盟 FTA 的 0.09%[②]。欧盟委员会的研究报告表明，关税和非关税壁垒的削减将使欧盟对日本的出口分别增加 141 亿欧元（23.1%）和 153 亿欧元（25.1%），其中农产品的关税削减效应（48 亿欧元）和医药、化工产品的非关税壁垒削减效应（100 亿欧元）最大。在相同条件下，关税和非关税壁垒的削减将使日本对欧盟的出口分别增加 252 亿欧元（28.4%）和 285 亿欧元（32.2%），其中汽车产业对欧盟的出口将增加 272亿欧元，成为日本与欧盟 EPA 的最大受益者[③]。

总体而言，日本与欧盟 EPA 的非关税壁垒削减效应要明显大于关税削减

---

① 根据日本贸易振兴会（JETRO）相关统计数据计算得出。
② 日本贸易振興会（JETRO）:「日 EU 双方の成长に日 EU・EIA が必要」，『通商弘报』2012 年4 月。
③ Copenhagen Economics, "Assessment of Barriers to Trade and Investment Between the EU and Japan," 2010, http://trade. ec. europa. eu/doclib/docs/2010/february/tradoc_ 145772. pdf.

效应。这与日本与欧盟的关税和贸易结构、产业和技术优势的不同有着很大关系。日本贸易振兴会（JETRO）统计，2010年，日本自欧盟进口661.9亿美元，其中农产品占14.6%，非农产品占84.6%；10%以下关税占比为94.2%。欧盟自日本的进口（855.6亿美元）则以非农产品为主（98.8%）；其中10%以下关税占比高达98.2%（详见表8）。值得强调的是，日本自欧盟的农产品进口以加工食品为主，明显不同于日本与美国、澳大利亚等国以牛肉、小麦和大豆等初级为主的农产品贸易结构。因此，除了传统的关税削减效应外，日本与欧盟EPA的经济收益将更多地来自非关税壁垒的削减以及贸易自由化后具有比较优势产业的产出和要素收入的增加。

表8　日本与欧盟的贸易关税结构

单位：%

		0 关税	0.1%~10%	10.1%~20%	20.1%~	从量税	其他	总计
日本	农产品	5.5	5.7	1.5	0.8	1.1	—	14.6
	工业品	63.2	19.8	1.0	0.5	0.1	—	84.6
	合　计	68.7	25.5	2.5	1.3	1.2	0.9	99.2
欧盟	农产品	0.1	0.1	0.0	0.0	0.0	—	0.2
	工业品	35.8	62.2	0.7	0.0	0.1	—	98.8
	合　计	35.9	62.3	0.7	0.0	0.1	0.9	99.0

资料来源：日本贸易振兴会（JETRO），『世界贸易投资报告（2011）』，第57页。

3. 日本—欧盟 EPA 的焦点

在日本与欧盟有关EPA谈判的前期磋商中，欧盟一度强调应该将非关税壁垒的取消作为与日本启动谈判的条件，认为日本在汽车、医药及医疗器械等领域的非关税措施加大了欧盟企业进入日本市场的难度[①]。在欧盟与韩国的FTA谈判中，欧盟就曾单方面要求韩国取消汽车、医药和医疗器械等4个领域的非关税措施，坚持与韩国的FTA应以韩美FTA为标准，要求医药和医疗器械单独设立章节[②]。鉴于日本的经济规模是韩国的5.5倍，如果取消非关税壁

---

① JETRO：「非関税措置、政府調達への取り組みが交渉開始のかぎ」，『通商弘報』2012年4月9日。

② 田中信世：「EUの対韓国経済関係とFTA交渉」，『国際貿易と投資』2008年No.72。

垒，将会给欧盟带来巨大的市场开放收益。不过，对于日本而言，欧盟有关取消医药领域非关税措施的要求会与 TPP 药品专利保护条款一样危及日本的医疗保险体系。欧洲委员会的研究报告显示，日本在新药认证（通常 2～3 年）、药品退费、药品价格管制以及临床实验数据方面的限制会加大欧盟的医药（22%）和医疗器械（30%）进入日本市场的成本；如果取消上述限制或采取相互认证制度，上述医药和医疗器械产品进入日本市场的成本将分别减少20% 和 12%，每年出口分别增加 34 亿欧元（60%～100%）和 11 亿欧元（51%）[1]。同样，欧盟在汽车领域的要价，如要求日本修改"按照排气量征税制度"、修改进口汽车特别处理制度以及承认欧盟标准等也会加大日本的谈判难度。如果日本接受欧盟的要价，欧盟汽车进入日本的额外成本将会减少7%，对日本的汽车出口将会增加 84%（47 亿欧元）。

不仅如此，欧盟在金融、电信、邮政等服务贸易领域的要求也会加大日本的市场开放压力。服务贸易是欧盟的利益集中领域，与日本的服务贸易额占双边贸易总额的 30%。在与韩国的 FTA 谈判中，欧盟虽然没有能够如韩美 FTA 那样就金融、电信单独设立章节，但也成功将保险、邮政和电信问题列为补充文件[2]。如果日本—欧盟 EPA 能够如韩美 FTA 或 TPP 那样对金融、电信和邮政部门单独设章并制定比较全面的自由化条款，将会对日本的邮政储蓄和保险业务构成较大威胁，甚至影响到该国的养老保险体系。此外，欧盟在政府采购领域的市场开放要求也会加大日本的竞争压力。目前，日本的政府采购有80% 为 WTO 框架外行为，如果日本能够接受欧盟要求完全开放国内市场，依据欧委员会报告，欧盟将面临 740 亿欧元的市场准入机会，其中铁路和飞机的对日出口将增加 26 亿欧元。

四　日本区域经济合作战略的未来走向

在可预见的将来，日本在政治、安全上将会继续追随美国，为美国的全球

---

① Copenhagen Economics, "Assessment of Barriers to Trade and Investment Between the EU and Japan," 2010, http：//trade. ec. europa. eu/doclib/docs/2010/february/tradoc_ 145772. pdf.

② JETRO：「EU 韓国 FTAに関する韓国政府説明資料」，『ユーロトレンド』2009 年 10 月。

和亚太战略发挥补充和支持性作用；在经济上也不会放弃分享中国经济增长和市场开放的利益；同时也不排除与欧盟等区域外力量探讨建立新秩序的尝试。考虑到日本与强者为伍的民族性和遏制中国的战略需求，预计 TPP 会成为日本 FTA 战略的优先目标；考虑到日本的功利主义或者经济现实主义特点，不排除日本根据与中美两国的妥协情况以及韩国的战略取向选择继续推进中日韩自贸区的可能；依据"邻居的邻居是盟友"的原则，日本还会加快日本—欧盟 EPA 进程，以达到制衡中美两国的目的。

东盟的区域合作战略

一　引言

随着中国经济的崛起，中国与地区国际秩序的互动也不断加深。其中，中国参与地区合作、与区域各国共同构筑互利共赢的地区合作框架，不仅是关系中国经济发展的因素，也是中国国际地位塑造、国际作用发挥的平台。未来一个时期内，中国将面临一个互动更加频繁、利益摩擦更加直接的国际和区域环境。制定中国的区域合作战略依赖于对亚太地区重要国家和组织对待区域合作态度的把握，东盟作为地区合作中的重要角色，在过去的 20 多年中已经形成了较为积极的互动关系。东盟对东亚合作的认知和战略是关系中国区域合作战略的重要变量，需要认真分析。

成立于 1967 年的东盟在过去 45 年中已经稳定确立了作为区域合作组织的地位，并在东亚区域合作中创造并维持着"小马拉大车"的奇迹①。一般认为，东盟在东亚合作中的中心地位来自东亚地区特殊的权利结构，其中中日两个原本应该发挥主导作用的大国之间不可调和的矛盾是东盟在东亚区域合作框架构建中处于主导地位的关键。对这个结构性地位的预期利益实现和作用发挥，东盟自己并不满意②，外

---

① 翟崑：《小马拉大车——对东盟在东亚合作中地位和作用的再认识》，《外交评论》2009 年第 2 期。

② 例如，菲律宾学者就质疑东盟在东亚合作中处于中心地位。参见 Julio Santiago Amador III, "ASEAN in the Asia Pacific: Central or Peripheral?" *Asian Politics and Policy*, Vol. 2, No. 4, 2010, pp. 601 – 616。

部对话伙伴也有质疑①。其实，东盟在东亚区域合作中的地位获得与作用发挥大体上取决于三个方面的因素：东盟自身能力建设、外部对东盟地位和作用的认知以及东盟自我认知及其区域合作战略。当然这三个方面也无法截然分开，而一定是通过某种形式的互动而相互影响、共同发生作用的。

东盟与东亚合作的关系客观上首先取决于东盟自身的能力建设。东盟的发展历史说明，作为一个发展水平不一，成员国政治制度、文化传统、宗教历史等都以多样性著称的小国集团来说，形成内部一致性和制度性一体化并不容易。例如，韦红等人的分析显示，东盟各国脆弱的国内政治生态及敏感复杂的国内政治问题导致东盟主观上不愿让渡主权，使东盟在客观上无力提供一体化进程所需的核心推动力②，这当然会影响东盟在东亚合作中主导者作用的发挥。从一个自我检讨的视角，塞韦里诺分析了东盟直到不久前克服内部挑战，谨慎地维持协调统一探索建设东盟共同体的历程，更为全面地展示了东盟在内部关系脆弱的背景下为维持团结而采取低水平机制化、慢步伐推进一体化的原委③。王玉主则从与区外互动的角度探讨过东盟经济合作④。这些研究已经在一定程度上对东盟自身能力建设的动力和约束因素进行了有益探讨。但除此之外，关系东盟与东亚区域合作关系的因素还包括外部对东盟地位的认知和东盟自身的战略取向。

外部对东盟地位的认知在一定程度上是对东盟自身能力建设和地区力量结构认知的反射。正如前面提到的，学术界对于东盟在东亚合作中的地位的看法并不乐观，"小马拉大车"这样的描述尽管看起来比较客观，但已经包含对于东盟的能力与地位之间的不对称关系的担忧。与这种相对负面的看法很不一致的是，东盟主要对话伙伴都在官方层面的表述中积极支持东盟的核心地位。主

---

① 国内有关东亚合作主导权模式的探讨，实际上说明了对于东盟主导东亚合作的能力的质疑。参见祁怀高《东亚区域合作领导权模式构想：东盟机制下的中美日合作领导模式》，《东南亚研究》2011 年第 4 期。

② 韦红、邢来顺：《国内政治与东盟一体化进程》，《当代亚太》2010 年第 2 期。

③ 〔菲律宾〕鲁道夫·塞韦里诺：《东南亚共同体建设探源》，王玉主等译，社会科学文献出版社，2012。

④ 王玉主：《东盟 40 年——区域经济合作的动力机制（1967～2007）》，社会科学文献出版社，2011。

要对话伙伴对东盟地位的表述与其智库们观点上的差异其实并不矛盾，只是显示了对于东盟国际地位认知的两个不同层面：学术界突出的是东盟的能力约束，而官方则对东亚地区权力结构的约束作用有着更清醒的认识。换句话说，外部对于东盟主导作用发挥方面所面临的自身能力建设约束，以及其主导地位的获得对外部环境的依赖是有一定共识的[1]。

决定东盟地区地位的另外一个因素就是东盟对自身地位的认知和以此为基础形成的服务自身利益诉求的区域合作战略。这是东盟参与地区事务的原动力，因此对这个问题学界已不乏探讨的成果。阿查亚在分析"东盟模式"向"亚太模式"发展方面展示了对于东盟作为制度建立者的自信[2]。但更多的分析则试图说明东盟基于自身经济、安全利益考虑参与区域合作的战略。例如，一些学者认为东盟在后冷战时期采取了"大国平衡战略"作为处理与地区大国关系的指导原则[3]，尽管通过在与大国博弈中形成"轴—辐"关系，小国被认为可能获得某些功能性利益[4]，但这种相对来说比较被动的原则在很大程度上影响着东盟在地区合作中作用的发挥。吴翠玲提出的"全方位结网战略"则具有更主动的塑造性[5]，与张云提出的"弱者"逻辑具有理念上的一致性[6]。

近年来，面对中国的崛起，"对冲"概念开始被用于解释东盟的区域合作战略[7]。如果我们忽略经济利益和安全利益在国际关系中作为低端政治和高端

[1] Kim, Min-hyung, "Why Does a Small Power Lead? ASEAN Leadership in the Asia-Pacific Regionalism," *Pacific Focus*, Vol. 27, No. 1, 2012, pp. 111 – 134.

[2] Acharya, Amitav, "Ideas, Identity, and Institution-Building: From the 'ASEAN Way' to the 'Asia – Pacific Way'?" *The Pacific Review*, Vol. 10, No. 3, 1997, pp. 328 – 333.

[3] 曹云华：《在大国间周旋——评东盟的大国平衡战略》，《暨南学报》（哲学社会科学版）2003年第3期。

[4] 李向阳：《区域合作中的小国战略》，《当代亚太》2008年第3期。

[5] Goh, Evelyn, "Great Powers and Hierarchical Order in Southeast Asia: Analyzing Regional Security Strategies," *International Security*, Vol. 32, No. 3, 2007, pp. 113 – 157.

[6] 张云：《国际政治中"弱者"的逻辑》，社会科学文献出版社，2010。

[7] 这类研究包括郑敦仁、徐斯勤《在权力制衡与扈从之间——对冷战后东亚国际关系的重估》，载朱云汉、贾庆国主编《从国际关系理论看中国崛起》，台湾五南出版社，2007，第59～93页；Kuik, Cheng-Chwee, Nor Azizan Idris and Abd Rahim Md Nor, "The China Factor in the U. S. 'Reengagement' with Southeast Asia: Drivers and Limits of Converged Hedging," *Asian Politics and Policy*, Vol 4, No. 3, 2012, pp. 315 – 344；〔德〕尤尔根·鲁兰：《东南亚地区主义与全球治理——"多边效力"还是"左右逢源效力"?》，《南洋资料译丛》2012年第3期；等等。

政治的差异，那么虽然中国崛起还不足以在东亚地区合作中形成中美"双领导"①，但有研究认为"二元结构"在东亚地区已经形成②。这种结构能很好地解释东盟在区域合作中采取"对冲"或"两面下注"的行为。但"对冲"行为至少在一定程度上意味着向"大国平衡"这一相对被动的战略的回归，这似乎与近期东盟坚持强调东盟的核心地位这一进取态度存在差异③。最近，东盟推出了"地区全面经济伙伴关系"倡议，这个被东盟一些智库解释为加强东盟核心地位的措施是否意味着东盟区域合作战略的调整呢？也就是说，如果东盟真的在"对冲"东亚国际秩序的变化，那么，这种战略是否具有稳定性呢？如果不是稳定战略，那么维持或改变的条件是什么？未来的走向又如何呢？要回答这些问题，就必须弄清楚东盟的战略诉求以及影响东盟对外关系的核心变量。

上面的分析显示，东盟的区域合作战略存在一个动态调整的过程，为了能够更好地把握其当前的特点和未来的走势，本文将从分析东盟的区域合作战略目标开始，探讨 40 多年来东盟区域合作战略的演进路径，并以此为基础，结合未来东亚地区的利益结构变迁，预测东盟区域合作战略的未来发展。

二　东盟与东亚合作：历史回顾

第二次世界大战后的东亚地区经历了两极对抗、冷战结束以及中国崛起等诸多变化，其间，后冷战时期爆发的两次金融危机加速了东亚地区的力量格局调整。为了能够准确描述东盟过去 40 多年来区域合作战略的演进路径，本文选择从历史回顾的角度开始，结合战后东亚国际环境的变化对东盟与东亚合作的关系重新进行梳理，为分析东盟的区域合作目标奠定基础。

回顾东盟 40 多年的发展历史可以发现，东盟与外部世界的关系经历了由

---

① 赵全胜：《中美关系与亚太地区"双领导体制"》，《美国研究》2012 年第 1 期。

② 周方银：《中国崛起、东亚格局变迁与东亚秩序的发展方向》，《当代亚太》2012 年第 5 期。

③ 在今年的"东亚第二展望小组"（EAVGII）系列会议期间，尤其是在讨论形成提交"10＋3"领导人的《东亚第二展望报告》期间，东盟成员始终坚持报告必须明确东盟在东亚合作中的"核心地位"。

内而外的发展过程。在这个变化过程中，东盟从克服内部冲突开始，形成"用一个声音说话"的团结集体，然后逐步走向一个共同应对外部挑战、谋求共同利益的区域组织。顺应这个变化过程，本文以东盟的几个主要倡议把东盟与东亚合作的关系分为如下几个发展阶段：

第一阶段：东盟成立（1967）到东盟自由贸易区计划提出（1992），这是一个以内部建设为主的阶段①。

第二阶段：东盟自贸区计划实施（1993）到东盟共同体倡议提出（2002），这一阶段东盟主要在"大国平衡战略"这一总体战略的指导下，相对被动地应对国际环境的变化。

第三阶段：东盟共同体建设（2003）以来，这是一个东盟的自信水平不断提升的阶段，其总体指导思想也逐步转向更加"以我为主"的对冲战略。

1. 1967~1992 年：艰难的内部整合

东盟成立后推动经济合作的活动以1976年第一次领导人会议的召开分为两个阶段。在前一个阶段，东盟成立了多个常设委员会和特别委员会，负责东盟内部各领域的合作。在对外合作上，东盟则开始尝试以整体的力量与其他国家进行合作。但总的来讲，这一时期的大部分项目都不太成功。

1976年东盟第一次领导人会议是东盟历史上比较重要的事件，因为这次会议不仅签署了《东南亚友好合作条约》这个时至今日仍发挥着越来越重要作用的文件，还发表了《东南亚联盟协调一致宣言》。其中，条约呼吁要加强成员国之间的经济合作，而宣言则明确了经济合作纲领。

此后，东盟开始推动特惠贸易安排，进而提出了东盟工业化计划、东盟工业互补计划和东盟合资工业计划。其中，特惠贸易安排是一个涵盖范围不断扩大的东盟内部贸易关税削减过程，为后来东盟建立自由贸易区奠定了基础。

很显然，这一时期东盟与外部的互动还比较少。其原因在于两个方面：一方面，初期的东盟还挣扎在维持其内部团结，作为一个新生的国际组织争取国

---

① 尽管本文主要考察的是东盟的区域合作战略，而东盟发展的这一阶段主要是"眼睛向内"的建设，但考虑到这是东盟实现内部整合的关键阶段，这里把这一阶段作为东盟后来走向区域的基础。确实，有些分析东盟区域合作战略的研究是从1992年东盟自贸区建设开始的，例如陆建人《简析东盟的区域合作战略》，《创新》2007年第2期。

际社会认同的阶段①。这在很大程度上制约了东盟与外部的互动能力。东盟在1967年成立的时候,东南亚的概念还在塑造之中,这里也是冷战造成的两极对抗的前沿。而即使是在曼谷聚在一起准备《曼谷宣言》的五国外长,他们代表的国家之间也还没能完全从领土争端、军事冲突中解脱出来。因此,尽管在他们的创始宣言中,东盟提出要加强经济合作,但在时过多年以后,人们仍认为"东盟的真正意图在本质上是政治性的"②,《剑桥东南亚史》作者塔林认为这是因为东盟寻求同盟国内部合作来获得安全③。但本文认为东盟这一时期对政治的关注更多的是一种被动的行为。另一方面,在当时的情况下,东盟与外部世界的关系几乎已经被冷战格局锁定。在安全上,东盟被锁定在美国主导的西方利益链条上,其经济利益则与安全因素联系在一起。这一时期东盟的合作行为实际上被一种"利益交换"战略所主导,即东盟努力维护团结并服务于两极对抗下美国在东亚的利益,而美国则通过援助以及市场开放等为东盟国家提供经济利益④。

总体来看,在这一时期,尽管东亚层面的区域性合作安排还没有形成,但这时的地区安全结构明确,因此东盟自身的合作努力首先是内向的,以维持地区的团结稳定为首要目标,但也为后来东亚合作以东盟为主的扩展打下了基础。

2. 1993~2002年:从东盟自贸区走向"东盟+"

第二阶段东盟与东亚合作的关系也可以1997~1998年金融危机为标志分为两个阶段。危机之前,东盟致力于建设东盟自贸区,而危机之后则开始通过构建双边自贸区加强与东北亚国家的合作,并逐步把构筑双边自贸区的合作模式扩展到南亚、大洋洲国家,形成了以东盟为中心、以多个双边自贸区为联系的经济层面的"轴—辐"结构,东盟在东亚合作中的中心地位在地理意义上

---

① 鲁道夫·塞韦里诺所著《东南亚共同体建设探源》一书在分析以协调一致为特点的"东盟方式"形成原因时,全面介绍了东盟早期维护内部团结曾经面对的挑战。

② Severino, Rodolfo, "Politics of Association of the Southeast Asian Nations Economic Cooperation," *Asian Economic Policy Review*, 2011 (6), p. 22.

③ Tarling, Nicholas, *Southeast Asia and Great Powers*, London: Routledge, 2010.

④ 这是王玉主在《东盟40年——区域经济合作的动力机制(1967~2007)》一书中阐述的主要观点。

开始形成。

（1）东盟自贸区的启动与加速。

根据 1992 年东盟第四届领导人会议发表的《新加坡宣言》，东盟于 1993 年 1 月 1 日启动了东盟自贸区建设步伐，其主要措施为《东盟自由贸易区共同有效普惠关税方案协议》。根据计划，东盟将在 2008 年建成自贸区，区内贸易关税降到 0% ~ 5%。东盟在这个时候提出建设自贸区当然不是偶然的，冷战结束作为地区国际关系变化的重要背景显然对东盟产生了影响。其中，经济全球化、区域化步伐的加快导致东盟对地区前景和发展方向的看法发生变化[1]，应对外部环境变化加上自身经济增长放缓的压力被认为是东盟建设自贸区的动力[2]。1994 年 9 月，东盟第 24 次经济部长会议批准了加速东盟自贸区建设进程的决定，自贸区的建成时间被提前到 2003 年 1 月 1 日（这个时间其实最终被提前到 2002 年 1 月 1 日），这次主要考虑的是亚太经合组织的贸易投资自由化进程安排[3]。

回顾东盟这个阶段的合作，可以看出冷战结束所带来的影响逐步开始显现。苏联的突然解体使东盟作为冷战前沿的地位顿时失去意义，多边主义的坚定支持者美国则开始在家门口实践地区主义——北美自由贸易区。地区主义发展对东盟的威胁首先就是市场，因为市场是出口导向的东盟赖以生存的重要基础。这样看来，东盟自贸区的建设是与外部环境的防御性互动，是为了建设区内市场以应对传统市场在新形势下的不确定性。东盟加强自身合作以图自救的举措显示，东盟并不把区域化看作紧急的威胁，同时也说明东盟自信可以通过加强自身合作寻求出路——这当然是地区主义发展的原始动力，但 1997 年金融危机的爆发无情地摧毁了东盟的自信。

（2）危机与"东盟 +"机制。

对东盟来说，危机说明了两个层面的东西：首先，国际政治、经济形式的

---

① Severino, Rodolfo, "Politics of Association of the Southeast Asian Nations Economic Cooperation," *Asian Economic Policy Review*, 2011（6），p. 24.

② 陆建人：《简析东盟的区域合作战略》，《创新》2007 年第 2 期。

③ 亚太经济组织"茂物目标"规定，成员中发达经济体不晚于 2010 年实现贸易投资自由化，而发展中成员则不晚于 2020 年实现同一目标。参见陆建人《亚太经合组织与中国》，经济管理出版社，1997，第 25 页。

变化给东盟经济发展带来的影响远大于预期，而东盟遵循"协调一致原则"推动的区域一体化根本无法为其成员国提供充足的出口市场①。其次，危机中美国的态度说明，想回到过去只依靠西方市场来维持出口导向发展已经不可能。在短期内无法改变经济发展模式的情况下，东盟需要寻求新的市场。正是在这样的背景下，1997 年年底东盟倡议召开了东盟与中日韩三国（"10 + 3"）的领导人会议，会议期间东盟还分别与中日韩三国举行领导人非正式会议（"10 + 1"）。这些安排日后逐步发展成为"东盟 +"机制，其中，尽管是双方基于自身利益做出的选择，但由中国倡议的中国—东盟自贸区对以东盟为中心的机制的形成发挥了非常重要的作用②。因为在 2002 年中国、东盟签署《全面经济合作框架协议》、启动双边自贸区建设后，日本、韩国、澳大利亚和新西兰、印度都先后与东盟开始了双边自贸区建设进程③。与此同时，东盟与中日韩十三国之间的经济合作也在深化，以"10 + 3"为框架的东亚自由贸易区也提上了议事日程。虽然"10 + 3"合作由于东亚峰会开始后"10 + 6"合作的竞争性作用而放慢步伐④，但"东盟 +"机制开始凸显东盟在东亚合作中的作用。

从这一时期东盟与东亚地区合作的关系看，随着冷战结束，东盟在安全上开始改变单独依靠以美国为主的西方的局面，转向与各主要大国维持等距离外交的"大国平衡战略"。东盟自贸区建设既是提升自身抗御外部环境变化能力的举措，同时也是提高其与大国周旋的能力的手段。金融危机后，东盟开始了与主要对话伙伴建立双边自贸区的进程，这是东盟直接、主动加强推动东亚合

---

① 东盟尽管把提升区内市场份额作为自贸区建设的目标，但时至今日东盟的区内贸易份额也没有明显的提高。究其原因，苛刻的批评认为东盟一体化建设追求的是进程而不是实质性的进展。Jones David Martin and Smith, Michael, "Making Process, Not Progress: ASEAN and the Evolving East Asian Regional Order," *International Security*, Vol. 32, No. 1, 2007, pp. 148 – 184.

② 中国—东盟自贸区的建设是双方出于自身利益考虑的结果，参见王玉主《"要约—回应"机制与中国东盟合作》，《世界经济与政治》2011 年第 10 期。

③ 尽管这些双边自贸区多数都在 2003 年以后启动，但考虑到东盟建设双边自贸区始于 1997 年金融危机后加强与周边国家合作这一考虑，双边自贸区建设在本文被归入东盟共同体建设之前东盟与东亚合作的关系。东盟建设双边自贸区的具体实施情况参见钟海涛、袁波《东盟 FTA 战略的新进展及影响》，《国际贸易》2010 年第 1 期。

④ 王玉主：《亚洲区域合作的路径竞争及中国的战略选择》，《当代亚太》2010 年第 4 期。

作，以经济利益强化其与大国之间关系的措施。作为这一手段的结果，东盟不仅通过五个双边自贸区①形成稳定的"轴—辐"结构，而且还在这个过程中逐步确立起在东亚合作中的核心地位。

3. 2003 年以来：从东盟经济共同体（AEC）到区域全面经济伙伴关系（RCEP）

"东盟＋"机制的形成虽然凸显了东盟在东亚合作中的核心作用，但随之而来的则是对于东盟作为地区合作主导者能力的质疑。例如，有人认为东盟在实现区域一体化以及维持自己作为东亚合作的驾驶员角色问题上，都做得不够好②。为了提升自身的一体化水平，东盟从 2003 年起开始了东盟经济共同体的建设进程③。

根据《东盟经济共同体蓝图》，建成后的东盟经济共同体将具有四个相互关联、相互加强的特性：单一市场和生产基地、竞争性经济区、经济均衡发展的地区和完全融入全球经济的地区。根据决定建立东盟经济共同体的《东盟第二协调一致宣言》，经济共同体将与政治安全共同体和社会文化共同体的建设作为东盟共同体建设的三个支柱，为实现地区永久和平、稳定与共同繁荣服务。

在加强自身建设、巩固以东盟为中心形成的多个"10＋1"构成的东亚"轴—辐"式经济结构的同时，东盟还必须面对中日关于"10＋3"和"10＋6"之间的模式竞争，以及东亚不断兴起的新合作模式对其核心地位的可能威胁④。因此，东盟于 2011 年通过了《东盟地区全面经济伙伴关系框架》，文件声称将在《东盟宪章》第一章的原则指导下建设地区全面经济伙伴关系，以维持东盟在地区合作框架中的核心地位和作为主要推动力的积极角

---

① 分别是东盟—中国、东盟—日本、东盟—韩国、东盟—澳新和东盟—印度自贸区/EPA。

② Severino, Rodolfo, "ASEAN Beyond Forty: Towards political and economic integration," *Contemporary Southeast Asia*, Vol. 29, 2007.

③ 东盟经济共同体是东盟共同体建设的支柱之一，除此外，东盟还将建设政治安全共同体、社会文化共同体，三者共同组成东盟共同体。目前，共同体建成的时间设定为 2015 年年底。

④ 由于东盟自身存在的各种约束条件，东盟对其在东亚的领导地位没有自信，因此对任何新机制的出现都很担心。例如，2009 年时任澳大利亚总理陆克文曾提出建立亚太共同体，这一倡议就被认为会挑战东盟的核心地位。见 Julio Santiago Amador III, "ASEAN in the Asia Pacific: Central or Peripheral?" *Asian Politics and Policy*, Vol. 2, No. 4, 2010, pp. 601 – 616。

色。这个框架文件还特别确立了区域全面经济伙伴关系的基本原则，即：区域全面经济伙伴关系建设的目标是达成一个全面、互利的经济伙伴协议。①协议将包括对现存的东盟与其对话伙伴的所签署的 FTA/EPA 扩展和深入。此外，协议还将为处理将来可能出现的问题提供基础。②协议的达成可以通过连续性推进的方式，或者通过单独承诺或其他各方同意的方式进行。③协议将包含开放性条款，使在协议最初开始实施时没有做好准备的东盟的自贸区伙伴和其他外部经济伙伴能够参加进来。④协议将坚持透明性原则，签署后的协议将向公众公开，保证相关各方能够理解和利用经济一体化与合作的优势。⑤经济与技术合作将是协议的组成部分，作为支持东盟成员从落实协议中获得尽可能多的利益的支持措施。⑥协议将包含实用的措施和合作来推进贸易投资便利化，包括降低交易成本，因为规制和管理要求和过程可能对贸易、投资造成重要障碍。⑦协议将对东盟经济一体化、经济均衡发展以及加强东盟成员之间、东盟与伙伴之间的经济合作做出贡献。⑧协议对东盟成员特别是越老柬缅提供特别和不同的待遇。⑨协议将坚持与 WTO 协议一致的原则。⑩协议将定期修改，以保证其有效运行、产生效益①。

目前，东盟的这一倡议得到了 6 个对话伙伴的支持。在刚刚结束的东亚峰会期间，16 个国家就从 2013 年开始启动区域全面经济伙伴关系谈判达成了一致，各国领导人发表了《关于启动区域全面经济伙伴关系谈判的联合声明》，表示要以 2012 年 8 月东盟经济部长于柬埔寨西恩里达成的《区域全面经济伙伴关系谈判目标与指导原则》为基础，谈判"达成一个现代、全面、高质量的互利性经济伙伴协议，为区域建立开放的贸易投资环境，便于区域贸易投资的扩张、为全球经济增长和发展做出贡献"。

东盟此次以区域全面经济伙伴关系推动区域自贸区建设，标志着它与东亚合作的关系的重大变化。因为以往的地区合作框架，无论是"10＋3"还是"10＋6"，尽管东盟处在核心位置，但背后的主要推动力量不是东盟。此次以"区域全面经济伙伴关系"的名义推动自贸区，东盟从一开始就发挥了主导作

---

① "ASEAN Framework for Regional Comprehensive Economic Partnership，"东盟第 19 次领导人会议资料文本见东盟网，http：//www.asean.org。

用，从倡议的提出到谈判规则的制定，都是以东盟为主进行的。这一点在《东盟区域全面经济伙伴关系框架》中说得很清楚，即"决心通过设立东盟与其他感兴趣的伙伴——以及接下来其他外部经济伙伴——建设区域全面经济伙伴关系的原则，确立一个东盟主导的进程"。

总结东盟成立以来与东亚合作的关系可以看出，在第一阶段冷战时期，东盟面临着两极对抗这一基本安全环境，虽然时时感受到共产主义扩张的威胁，但这种安全环境相对来说是稳定的。在内部还处在磨合初期、成员间小摩擦仍在发生的情况下，东盟与外部的互动关系相对比较简单。在后冷战时代的两个阶段中，东盟与东亚合作的互动明显加强，在20年的时间里东盟两次提出了深化内部经济一体化的倡议（1992年提出的建设东盟自由贸易区和2002年提出的建设东盟经济共同体），但在每次倡议后又都提出了加强与地区国家合作的倡议（1997年提出的"10＋3"和2010通过的区域全面经济伙伴关系）。或许是巧合，两次加强与地区国家合作的倡议都是在危机后提出的：1997年金融危机后东盟开始加强与中日韩三个东北亚国家的合作，而2008年美国次贷危机以及随后发生的全球经济衰退后，东盟提出建设区域全面经济伙伴关系，要与已经与其达成双边自贸区的对话伙伴建立区域全面经济伙伴关系，并且宣称这一机制对其他合作伙伴是开放的。

这种变化在一定程度上是东盟区域合作战略调整的表现，接下来本文将结合东盟的区域合作利益分析探讨东盟区域合作战略的演进。

三　东盟区域合作战略的演进

东盟《曼谷宣言》表达了东盟作为一个区域合作组织，既要维护地区安全，又要谋求经济福利的基本诉求①。到东盟提出建设共同体时，从其确定的三个支柱情况来看，东盟的目标没有发生太大变化。但目标是一回事，实现目标的战略是另一回事，而且很显然在国际、地区乃至内部环境不断发展变化

---

① 东盟1967年发表的《曼谷宣言》提出的合作目标简单说就是东南亚地区的和平与发展。

的情况下，为了实现既定的目标，手段几乎注定是要不断调整的。东盟作为一个区域合作组织，包含自身合作以及与区外国家或组织互动两个层面的合作。从总体上看，东盟两个层面合作的战略都是服务于东盟的安全和经济双重利益的。区域合作战略作为东盟实现其战略目标的手段，也随着形势的变化处在不断演进之中。有学者把这种变化看作外部环境变化对东盟加强合作的激励[①]。

研究东盟区域合作战略的文献并不少，事实上，因为区域合作战略与东盟合作的动力机制这个比较核心的问题密切相关，研究东盟发展的文献几乎都会涉及这个问题。例如，阿查亚的研究强调东盟的安全共同体构筑，认为其努力的方向就是要为东盟建立起长期稳定的安全机制[②]。冷战后逐步形成的"大国平衡战略"同样被认为是服务于东盟的安全利益的。对于东盟与大国之间这种越来越密切的互动关系，吴翠玲认为东盟主要是为了自身的安全而试图通过一种全方位结网的战略把利益相关的各方社会化到一种有利的地区秩序中[③]。实践中我们看到的例子是，东盟通过东亚峰会来推动各方对《东南亚友好合作条约》的认同，以构筑一种和平解决冲突的文化[④]。但这种分析一定考虑了自贸区建设这一经济层面的次级战略，因为结网的网线部分是经济合作。也就是说，在从"大国平衡战略"向"全方位结网战略"的转变中，经济利益纽带开始受到重视。而在东盟主动与大国通过加强经济关系而巩固结构的稳定性的过程中，一方面经济上形成了以东盟为中心的经济"轴—辐"结构，另一方面也强化了东盟在东亚合作中的中心地位。这种地位是具有某种"功能性权利"的，因此又出现了维持东盟的中心地位问题。而不论东盟自贸区还是经济共同体建设，除了直接的经济利益目标，也被认为包含提升自身能力以巩固国际地位的因素[⑤]。

---

① Ravenhill, John, "Economic Coopelation in Seuthaot Asla: Okanying inceaties," *Asian Survey*, Vol. 35, No. 9, Sep. 1995.

② 阿米塔夫·阿查亚：《建构安全共同体：东盟与地区秩序》，王飞毅，冯昭奎译，上海人民出版社，2004。

③ Goh, Evelyn, "Great Powers and Hierarchical Order in Southeast Asia: Analyzing Regional Security Strategies," *International Security*, Vol. 32, No. 3, 2007, pp. 113 – 157.

④ 东盟把加入《东南亚友好合作条约》作为区外国家参加东亚峰会的前提条件。

⑤ 例如，经济共同体也被认为是东盟加强其领导地位的一种努力。见陆建人《简析东盟的区域合作战略》，《创新》2007年第2期。

此外，中国经济崛起给东亚地区权利结构带来的不确定性增加了东盟的担忧①，为了应对这种潜在挑战，东盟开始在区域合作中采取一种"对冲战略"，以维护自己的利益②，但也有研究认为东盟从成立之初奉行的就是"对冲战略"③。

总体来看，现有的研究对东盟区域合作战略已经做了深入探讨，但较少以长周期视角，结合国际环境变化对东盟成立以来区域战略演进过程进行分析。因此，本文将结合前面总结的东盟与东亚合作关系的三个发展阶段，在现有研究的基础上分析东盟区域合作战略的演进。

1. 1967~1992 年：同源依赖性与"利益交换"

正如前面已经提到的，东盟成立前期主要的精力放在维持组织的团结上。对各成员来说，由于经济增长与政权合法性密切关联④，如何从区域合作中获取经济利益也是各方的重要关注点。考虑到当时东盟各国刚刚摆脱殖民统治，国力薄弱。同时，地区国际关系仍面临很多冲突的威胁，成员间互信水平亟须提高。这使东盟各国既无能力也无意愿加强经济合作。但无论如何，经济仍是更容易推动合作的领域，同时发展经济也是各国最迫切的要求，因此东盟选择从特惠贸易安排、部分工业化项目合作入手开始合作努力。东盟发现，尽管各方在推动内部经济合作上热情不高，但经济合作安排可以作为东盟维持团结的象征和纽带。因此，东盟通过在内部搁置任何有争议的话题维持团结，在国际社会"用一个声音说话"，成为具有一定影响力的国际力量。东盟进而通过与美国等西方国家的政治安全合作获得了西方的援助、市场开放等经济支持。东盟与西方主要是与美国的这个"利益交换"过程⑤在整个冷战时期运行良好。

---

① 唐翀、李志斐、张楠：《不确定性下的担忧：冷战后东盟国家对中国在地区安全角色的认知》，《南洋问题研究》2012 年第 3 期。

② 郑敦仁、徐斯勤：《在权力制衡与扈从之间——对冷战后东亚国际关系的重估》，载朱云汉、贾庆国主编《从国际关系理论看中国崛起》，台湾五南出版社，2007，第 59~93 页。

③ 〔德〕尤尔根·鲁兰：《东南亚地区主义与全球治理——"多边效力"还是"左右逢源效力"?》，《南洋资料译丛》2012 年第 3 期。

④ 曹云华、彭文平：《东盟的经济安全观》，《东北亚论坛》2010 年第 2 期。

⑤ 王玉主：《东盟 40 年——区域经济合作的动力机制（1967~2007）》，社会科学文献出版社，2011。

　　总体来看，东盟这个时期在外部安全上依靠西方对抗共产主义的扩张，内部则通过日益清晰的"东盟方式"来避免冲突。这种安全格局使东盟在自身经济合作效益不高的情况下，通过"利益交换"得到了美国等西方国家的援助或市场进入支持。我们发现，东盟在两极对抗的安全格局下对以美国为首的西方国家形成了安全和经济利益的同源依赖。这种同源性要求东盟首先要保持一个团结的整体的形象，这进而决定了东盟这一时期区域合作战略的内向性。

2. 1992～2002 年：从"大国平衡战略"到"全方位结网战略"①

　　面对冷战结束后国际环境的变化，东盟在经济方面的反应是决定建立东盟自贸区，塞韦里诺认为此时"东盟意识到他们不得不转向经济导向"②。东盟共同体建设除了顺应区域化发展潮流、试图整合东盟区内市场以摆脱对西方市场的过度依赖之外，还希望通过地区经济一体化来加强对国际直接投资的吸引力，此意图在随后东盟提出的东盟投资区计划中也得到反映。因为此时东盟大部分成员已经转为出口导向发展，而且通过"雁行模式"参与到东亚的产业分工之中。

　　冷战结束也改变了东盟面临的安全环境，东盟在安全方面的反应是开始处理与原先敌对各国的关系，以构建新的安全环境。一方面，东盟开始了扩大计划，把中南半岛原来属于社会主义阵营的几个东南亚国家纳入东盟版图。另一方面，东盟把对话伙伴关系扩展到俄罗斯、印度、中国等国家。与东盟原来的对话伙伴一样，这些国家都成为后来成立的东盟地区论坛的成员。随着与各主要大国对话伙伴关系的确立，东盟的安全战略转向了"大国平衡战略"，这实际上是一个与东盟加强经济合作同步的进程，而且从一开始双边经济合作就是其对话伙伴关系的主要联系纽带。

　　1997 年金融危机爆发后，东盟看到通过自身合作寻找发展出路的局限

---

　　① "全方位结网战略"在实践中延续到东盟共同体计划提出之后，为了能更清晰地分析东盟区域合作战略的演进，这里就把中国—东盟自贸区确立的 2002 年作为"全方位结网战略"的起点时间。

　　② Severino, Rodolfo, "Politics of Association of the Southeast Asian Nations Economic Cooperation," *Asian Economic Policy Review*, 2011（6）, p. 24.

性，开始加强与东亚各国的合作。东盟与中日韩三国的"10 + 3"合作机制以及东盟分别与中日韩三国合作的"10 + 1"机制于 1997 年年底启动。在随后的几年里，东盟各国加速推动东盟自贸区的建设进程，并于 2002 年在 6 个老成员之间宣布建成自贸区。东盟的这一努力提升了其维持"大国平衡战略"的能力，也加强了其在地区合作中的地位。对于东盟利益诉求的关注在 2001 年促成了中国—东盟自贸区倡议①，而中国—东盟自贸区又触发了其他几个"10 + 1"自贸区倡议②。以自贸区联系的地区国际关系与此前靠外交活动联系的国际关系不同，因为通过自贸区确立的相互依赖性对地区国家具有一定的利益捆绑作用，用"全方位结网战略"来维护自身利益对东盟来说也就有了可能。虽然说"全方位结网战略"到此时尚未完全形成，但从回顾的视角看，中国—东盟自贸区启动可以作为"全方位结网战略"的触发点。

在这 10 年中，东盟从冷战后的繁荣走进了危机，这迫使东盟从内向的一体化努力转向东亚合作。从区域合作战略上看，防御性的"大国平衡战略"在与双边以及小多边的经济合作安排融合后，慢慢过渡到了更为积极主动的"全方位结网战略"。2002 年东盟自贸区建成后，东盟启动了共同体建设计划，这标志着在"全方位结网战略"逐步完善的同时，东盟又开始酝酿新的区域合作战略。

3. 2003 年以来："全方位结网战略"的巩固与"对冲战略"的形成

2002 年对东亚合作来说是一个比较重要的年份。2002 年年初，东盟自贸区按照计划宣布建成，10 年的自贸区建设进程取得了初步成果，为东盟经济迈向进一步的一体化奠定了基础③。在下半年举行的东盟系列峰会期间，随着

---

① Sheng, Lijun, "China – ASEAN Free Trade Area: Origins, Development and Strategic Motivations," *Institute of Southeast Asian Studies Working Paper*: *International Political & Security Issues Series*, 2003, No. 1.

② 张天桂：《双边与多边 FTA 对推进中国—东盟经济合作的影响》，《世界经济研究》2008 年第 9 期。

③ 实际上，2002 年举行的东盟第 34 次经济部长会议已经决定成立一个高级工作组，对深化和加强区域经济一体化问题进行研究。Joint Press Statement of the 34th ASEAN Economic Ministers Meeting, 12 September 2002, Seribegawan, Brunei Darussalam。

《中国—东盟全面经济合作框架协议》的签署，中国—东盟自贸区计划启动，东盟随即开始了与对话伙伴建立双边自贸区的进程。可见 2002 年成为东盟深化自身一体化和加强对外合作两个并行进程的始点。

对外方面，2003 年东盟与日本和印度分别签署了《全面经济合作框架协议》，2004 年东盟与澳新发表了领导人联合声明，提出建立双边自贸区，2005 年东盟与韩国签署《全面经济合作框架协议》，"全方位结网战略"全面推开。2005 年东盟采取了倾向于日本的立场，确立了以"10＋6"为框架的东亚峰会。随着东盟开始明确把加入《东南亚友好合作条约》作为参加东亚峰会的前提条件，"全方位结网战略"基本形成。

"全方位结网战略"在贸易、投资上的效益是直接的。例如，与对话伙伴的合作稳定了东盟国家的出口，例如在深受美国次贷危机影响的 2008 年，自贸区对象国为东盟提供了 1/3 的出口市场（见表 1）。但要想让对话国能够关注东盟消除内部发展差距的努力，在合作中给予东盟妥协待遇等经济利益则需要东盟在这个网络结构中有更大的话语权。实现结网的安全目标更需要确立东盟的主导地位，只有确立主导地位，东盟才能通过规则制定、议程设定等确保所编织的网络有利于东盟的利益诉求。因此，在对内合作上东盟从 2003 年开始启动经济共同体建设。因为东盟对自己在东亚合作中的处境认识得十分清晰：一方面，"东盟稳坐我们（东亚）地区经济一体化'驾驶员'的主要原因之一在于中日韩签订自贸区的迟缓，特别是日中之间的合作没有有效地形成"[1]；另一方面，东盟也深知"没有经济一体化的不断推进，东盟不可能形成今天这样的国际地位"[2]。

东盟不断推动与对话伙伴之间的双边自贸区计划，虽然在很大程度上巩固了"全方位结网战略"，但在这个过程中，实施改革开放战略已经 30 多年的中国开始了加速发展的过程，2001～2011 年 10 年间中国的 GDP 从 1 万多亿美元增加到 7 万多亿美元，年度 GDP 世界排名也迅速上升（见表 2）。中国力量

---

① 〔日〕木村福成：《东盟主导的东亚经济一体化与国际通商政策的新潮流》，《南洋资料译丛》2009 年第 3 期。

② 张伯伟、温祁平：《东盟地位的历史变迁——区域经济一体化视角的考察》，《亚太经济》2010 年第 5 期。

表1　东盟与自贸区对象国的贸易情况（2008年）

	贸易额（亿美元）			占东盟对外贸易比例（%）		
	出口	进口	总额	出口	进口	总额
日本	1048.7	1071.2	2119.9	11.9	12.9	12.4
中国	855.6	1069.8	1925.3	9.7	12.9	11.3
韩国	349.4	407.8	757.2	4.0	4.9	4.4
澳大利亚	366.8	179.1	545.9	3.8	2.2	3.0
印度	300.8	173.3	474.1	3.4	2.1	2.8
新西兰	41.6	32.6	74.2	0.5	0.4	0.4
自贸区对象国合计	2932.9	2933.8	5866.7	33.4	35.3	34.3
东盟区内合计	2424.6	2155.8	4580.4	27.6	25.9	26.8
东盟总计	8791.4	8312.3	17103.7	100.0	100.0	100.0

资料来源：东盟网统计。

的上升对东盟形成了相反的两个方向上的效应：一方面，中国日益增长的经济规模意味着无穷的消费和投资潜力，在世界经济普遍低迷的情况下，中国必须抓住自身增长的机遇来借力发展；另一方面，中国力量上升的同时伴随着地区影响力的提高，这使东盟国家担心东亚合作会被中国主导。

表2　1991～2011年世界主要国家的GDP变动情况

	2011年GDP（十亿美元）	2011年排名	2001年GDP（十亿美元）	2001年排名	1991年GDP（十亿美元）	1991年排名
美国	15094.4	1	10171.4	1	5992.1	1
中国	7301.1	2	1159.0	6	409.1	10
日本	5868.5	3	4245.1	2	3484.7	2
德国	3578.6	4	1873.8	3	1848.6	3
法国	2778.1	5	1302.7	5	1244.6	4
巴西	2476.6	6	502.5	11	465.0	9
英国	2421.2	7	1406.5	4	1055.8	6
意大利	2199.6	8	1140.9	7	1195.2	5
俄罗斯	1849.6	9	309.9	16	560.1	9
印度	1839.3	10	477.5	12	289.6	16

　　为了应对中国崛起带来的挑战，东盟在坚持"全方位结网战略"的同时[1]，逐渐引入了"对冲"思想。目前的研究暗示这种"对冲"是伴随着一定程度的制衡展开的。一方面，东盟担心中国在东亚合作中影响太大并存在主导东亚合作进程的企图，因此希望将更多的力量纳入东亚合作框架来平衡中国的影响。在从"10＋3"合作框架向东亚峰会过渡的过程中，东盟最终吸收澳大利亚、新西兰和印度加入"10＋6"框架，同时坚持东亚峰会有条件的开放性，目前东亚峰会已经随着美国和俄罗斯的加入变为"10＋8"。另一方面，对于中国崛起，东盟又没有停止于这种制衡，而是采取了一种被称为"优化式避险"的"对冲战略"来维护经济利益[2]。根据这一战略，东盟国家面对中国崛起采取的是寻找一切可乘之机，在不影响原有对外关系（东盟与美国等大国）的前提下培育新的对外关系（东盟与中国）的战略。这一战略的特点在于，它不仅仅像买保险那样规避负面影响，还不遗余力地试图从中获取正面利益[3]。郭清水等人的研究也看到了东盟"对冲"中国崛起行为的这一利益考虑[4]。

　　至此，本文回顾了东盟自成立以来区域合作战略的演进，虽然有学者认为东盟一直积极支持东亚共同体的建设[5]，但本文的分析显示东盟的区域合作战略一直是以东盟的经济和安全利益为导向的，表现出较强的防御性。当然，随着东盟的发展与壮大、东亚区域合作发展的深入，东盟与东亚区域合作的关系也变得越来越积极，互动也越来越密切。

　　目前，随着美国回归东亚并积极推动TPP，中日韩自贸区建设也取得了突

---

① 张云在《国际政治中"弱者"的逻辑》一书中分析认为，将中国纳入一个地区利益网络并使之接受国际规范是东盟应对中国崛起不确定性的对策之一。

② 郑敦仁、徐斯勤：《在权力制衡与扈从之间——对冷战后东亚国际关系的重估》，载朱云汉、贾庆国主编《从国际关系理论看中国崛起》，台湾五南出版社，2007，第65页。

③ "对冲战略"在实践中更多表现为一种经济外交，相关分析参见阎梁、田晓舜《东南亚国家经济外交策略研究》，《东南亚研究》2012年第4期。

④ Kuik, Cheng - Chwee, Nor Azizan Idris and Abd Rahim Md Nor, "The China Factor in the U. S. 'Reengagement' with Southeast Asia: Drivers and Limits of Converged Hedging," *Asian Politics and Policy*, Vol. 4, No. 3, 2012, pp. 315 - 344.

⑤ 李励图：《东盟、中国与东亚共同体》，载朱云汉、贾庆国主编《从国际关系理论看中国崛起》，台湾五南出版社，2007，第257～270页。

破性进展，东盟推出了加强和地区各国经济合作的区域全面经济伙伴关系，并将从 2013 年开始启动合作协议谈判。如何看待东盟的这一举措？是东盟区域合作战略的转向还是深化？接下来将专门进行探讨。

四　东盟当前的区域合作战略及未来走向

从一个更长的历史视角看，或许将来会有越来越多的人同意 2008 年应该被认为是东亚合作发展的一个转折年份。由于美国经济发生危机，中国经济的崛起显得尤其突出，现实主义理论中的"权利转移"问题开始受到关注。2010 年中国经济超过日本则加剧了这种担忧。面对中国这个潜在对手的迅速崛起，美国选择了"回归亚洲"战略。中国经济崛起[①]、日本经济的相对衰落以及美国回归亚洲成为 2008 年美国次贷危机爆发后东亚力量格局的变化特点。这种变化产生的影响包括如下几个方面：

第一，现实主义回归影响东亚合作。对于区域合作来说，有关权力转移的讨论使东亚合作蒙上了安全考虑的阴影，相对收益受到各方的更多关心，这显然将增加合作的难度。东亚地区从 2006 年起形成了"10＋3"和"10＋6"两个框架竞争性推动东亚合作的局面，对东亚合作的发展已经产生了抑制作用。而合作进程的停滞不仅影响东盟经济利益的实现，而且会影响东盟核心地位巩固和核心作用的发挥。

第二，TPP 作为亚太合作框架，加剧了东亚业已存在的区域合作模式之争，危及东盟的核心地位。目前，奥巴马政府已经明确了"亚太再平衡"战略的三个目标，即：平衡中国在东南亚地区日益增长的经济影响力；干预、塑造东亚地区正在勃兴的区域一体化和可能导致美国被排除在外的经济一体化，淡化东亚属性，以 TPP 阻击东亚的各类 FTA；拓展在东亚的军事存在，确保美国在东亚的军事优势[②]。显然，TPP 的建设必定是美国主导的，如果 TPP 覆盖东亚合作成功，则东盟的核心地位将无从谈起。

---

① 黄朝翰认为随着中国经济的崛起，中国成为东亚经济秩序的中心。参见〔新加坡〕黄朝翰《以中国为中心的东亚经济新秩序正在浮现》，《亚太经济》2012 年第 5 期。

② 韦宗友：《美国战略重心东移及其对东亚秩序的影响》，《国际观察》2012 年第 6 期。

第三，美国亚洲再平衡一个潜在的目标就是中国，这可能会在某种程度上改变目前相对宽松的中美关系。对东盟来讲，"优化式避险"这一"对冲战略"的基础就是中美关系的相对缓和，美国回归亚洲使东盟面临在中美之间实施"对冲战略"的空间被压缩，使得这一策略存在无法实施的风险。

由此可见，东盟在共同体建设尚处在一半并且实现目标面临很多挑战的情况下，提出建设区域全面经济伙伴关系并不是无缘无故的。从《区域全面经济伙伴关系谈判目标和指导原则》中的有关表述来看，东盟希望这个合作协议的达成能为东盟经济未来一个时期的发展提供良好的环境。当然，东盟也明确提出要巩固东盟在地区合作中的主导地位。

1. 东盟的合作利益：经济增长与主导地位

第二次世界大战结束以来东亚经济的一个重要特色就是通过产业转移而形成的地区生产网络造就了东亚经济的自然一体化。东盟国家在冷战后期转向出口导向发展模式后，很快就融入日本主导的"雁行模式"中成为"东亚奇迹"的组成部分。因此，参与地区合作是与东盟的经济增长利益相符合的。尽管在1997～1998年金融危机期间受到沉重打击，东盟国家并未在此后脱离地区生产网络。相反，由于东盟继续引进国际直接投资，使跨国公司在全球的分布促进了东盟国家产品内分工的发展。虽然这没能使东盟在产业链上的地位得到明显提升，但其参与产品内国际分工的程度在不断加深①。一般来讲，国际贸易中中间产品的进出口反映着一国参与国际生产分工的情况。从表3可以看出，2000～2010年东盟与主要贸易对象的中间产品进出口份额没有太大变化，与东亚地区各国的这一份额一直保持着较高水平。这组数据说明东盟参与地区产业分工的程度在过去一个时期没有太大变化。

不仅经济发展模式上依然处于东亚地区的生产网络中，有关研究还显示，东盟与中日韩美的贸易总额之间及东盟对四国的进口与出口之间存在显著的关

---

① 赵立斌：《东盟在全球产品内分工的地位与跨国公司 FDI》，《国际贸易问题》2012 年第 10 期。

表3　东盟与主要国家贸易中中间产品所占份额

单位：%

	出口		进口	
	2000 年	2010 年	2000 年	2010 年
中　　国	77.7	74.0	59.2	56.1
澳大利亚	54.5	52.0	77.3	82.2
日　　本	63.8	69.6	71.3	70.8
韩　　国	75.7	80.7	73.5	70.7
印　　度	70.6	74.2	71.7	41.8
美　　国	46.9	41.0	73.8	70.3

注：计算使用的东盟数据中未包含文莱、老挝、缅甸三国的贸易数据。
资料来源：联合国贸易数据库。

联效应①。这意味着东盟在不断设法深化内部合作的同时，还必须积极发展与外部的经济关系。在传统安全威胁不断降低、经济安全在东盟国家的战略地位不断上升的情况下②，东盟采取的是既依靠本地区的集体力量，又充分利用区外的市场和资源的策略。因此创造有利的经济发展环境是东盟区域合作战略服务的目标之一。

　　除了经济增长之外，东盟推动区域合作也与东盟在东亚合作中的主导地位有关。本文前面也曾提到过，对于东盟在东亚合作中的主导地位问题，学术界还有一些争论。从实践的角度来看，东盟在东亚合作中的主导地位确实与亚太特别是东亚地区主要大国争夺主导地位和影响力而形成的竞争性结构密切相关③，但东亚地区缺少领导者并不是东盟获得主导地位的充分条件，因为就连质疑东盟主导地位的学者也承认东盟作为东亚合作制度提供者的作用④，以及

① 李红、方冬莉：《中、日、韩、美与东盟贸易关联效应的实证分析》，《当代财经》2011 年第 12 期。
② 关于东盟的经济安全观的地位变化，参见曹云华、彭文平《东盟的经济安全观》，《东北亚论坛》2010 年第 2 期。
③ Kim, Min-hyung, " Why Does A Small Power Lead? ASEAN Leadership in Asia – Pacific Regionalism," *Pacific Focus*, Vol. XXVII, No. 1, April 2012, pp. 111 – 134.
④ 〔德〕尤尔根·鲁兰：《东南亚地区主义与全球治理——"多边效力"还是"左右逢源效力"？》，《南洋资料译丛》2012 年第 3 期。

东盟作为地区稳定力量对东亚合作所发挥的作用[1]。

也就是说，东盟在地区合作中的主导地位虽然对亚太地区的国际关系结构具有依赖性，但也与东盟自身的制度建设和能力建设关系密切。在地区国际关系环境这个外生变量保持稳定的前提下，东盟主导地位的维护在很大程度上取决于东盟自身的努力。一般认为，作为地区主导者有三个重要标准，即对于地区主导权的要求、地区其他国家对于这种要求的认可以及把权力资源转变为政治影响的能力。总的来看，地区主导者可以定义为在地区事务中愿意发挥主导作用，且能够利用其物质和观念资源有效保证地区国家跟随其实现领导目标的国家[2]。显然，主导地位既需要一定的经济实力，又会服务于主导者利益。目前，东盟深知自己因为地区力量结构的因素得到各主要大国的支持，同时又因为拥有庞大的人口规模、丰富的资源禀赋而受到各方的追逐。但这种示好既可以理解为把东盟作为主导者的支持，也可以理解为把东盟作为追随者的拉拢。加强自身一体化当然可以提高东盟的影响，加强与邻近国家的经济合作也被认为是有利于维护东盟的主导地位[3]。

可见，维护区域合作的主导地位是东盟关注的目标，而这个目标在一定程度上又与东盟的经济发展目标相重合。

2. 当前东盟的区域合作战略："制衡性对冲"？

上面的分析显示，东盟通过推动区域合作的需求到目前为止没有太大变化，而维护和加强来之不易的地区主导地位也是东盟区域合作战略固有的目标。但我们也看到，东亚地区区域合作局势在中国崛起的过程中正发生着迅速而深刻的变化，这些变化都直接或间接地影响着东盟。因此，东盟提出建设区域全面经济伙伴关系，并急速推进协议的谈判，在客观上是一种应对东亚区域合作局势变化以维护自身利益的防御性措施。具体来说，2008 年中日韩三国领导人单独举办东北亚峰会以来，中日韩合作获得了新的动力。尽管由于

---

[1] Julio Santiago Amador III, "ASEAN in the Asia Pacific: Central or Peripheral?" *Asian Politics and Policy*, Vol. 2, No. 4, 2010, p. 601.

[2] Park, Jinso, "Regional Leadership Dynamics and the Evolution of East Asian Regionalism," *Pacific Focus*, Vol. 27, No. 2, August 2012, pp. 290 – 318.

[3] Barta, A., "Asian Economic Integration: ASEAN + 3 + 1 or ASEAN + 1s," *ASEAN Economic Bulletin*, 2007 (24), pp. 181 – 204.

2012 年中日、韩日之间的领土争端问题给中日韩三边关系带来了很大困难，但三国还是宣布于 2013 年开始中日韩自贸区谈判。同样是 2008 年美国次贷危机爆发之后，美国改变了对东亚的"善意忽视"，带着跨太平洋战略伙伴关系重返东亚。这个简称 TPP 的跨太平洋合作框架开始时因为其高标准、高门槛而使各方对其前途产生过质疑，但不久前参与谈判的 11 个国家在新西兰宣布将于 2013 年 10 月结束谈判。这两个框架都不是东盟全面参与的，更不用说主导的，其任何进展对东盟的脆弱主导地位来说都是挑战。更糟糕的是，以东盟为中心的东亚合作由于东盟特别是日本对中国主导的担心而形成了"10 + 3"和"10 + 6"两个合作框架竞争的局面①，在过去几年中实际上已经造成了东亚合作的停滞，东盟的主导作用也因而受到质疑②。

基于这些考虑，本文认为当前东盟提出建立区域全面经济伙伴关系的倡议可以看作对当前东亚合作形式变动的"制衡性对冲"③。其制衡性表现在：面对中日韩自贸区的进展，特别是美国主导的 TPP 即将初步建成，通过新倡议的区域全面经济伙伴关系可以超越"10 + 3"、"10 + 6"之争对东盟主导的东亚合作框架的威胁，重塑一个以东盟为中心的合作框架，由于这是一个扩展了的、超越东亚的合作框架，东盟担心的中国主导问题在这个框架下也得到了解决。这样，当 TPP、中日韩自贸区向前发展时，东盟仍可以通过《区域全面经济伙伴关系协议》维持以东盟为主导的合作进程。其对冲性表现在：TPP 不仅对东盟的主导地位造成威胁，而且也将会影响到东盟国家的经济利益。因为东盟多数国家无法达到 TPP 的高标准，那么一旦东亚合作框架被 TPP 击毁，则这种针对中国的战略必然"误伤"美国，而且东盟相信为了应对中国，美国可能不会"投鼠忌器"。因此，通过《区域全面经济伙伴关系协议》构筑一个

---

① 王玉主：《亚洲区域合作的路径竞争及中国的战略选择》，《当代亚太》2010 年第 4 期。

② Park，Jinso 的 "Regional Leadership Dynamics and the Evolution of East Asian Regionalism" 一文认为，东亚合作由于存在领导权竞争而实际上形成无领导的局面。李巍（《东亚经济地区主义的终结？——制度过剩与经济整合的困境》，《当代亚太》2011 年第 4 期）的研究则认为这种竞争局面会导致东亚合作碎片化。

③ 郭清水等人把"对冲"看作介于制衡和扈从之间的状态，但认为"对冲"可进一步分为更接近制衡和更接近扈从两个状态。见 Cheng - Chwee Kuik，Nor Azizan Idris and Abd Rahim Md Nor，"The China Factor in the U. S. 'Reengagement' with Southeast Asia：Drivers and Limits of Converged Hedging，" *Asian Politics and Policy*，Vol. 4，No. 3，2012，p. 318。

以"10＋6"各国为基础且不断向外扩展的高质量自贸区将会为东盟经济在未来对抗性可能日益加剧的东亚提供一个增长的基础。把这种战略称为"制衡性对冲",是为了说明东盟的核心关切是经济,这种"对冲"是以维护东盟的经济利益为主的,但也有保护东盟的主导权的制衡因素。

3. 东盟区域合作战略的未来发展

东盟成立40多年来,影响其区域合作战略的一个最根本变化是,冷战结束后东盟国家在安全和经济领域对西方的同源依赖现象发生了变化。中国经济崛起并在后冷战时期与东盟经济相互依赖的迅速加深,使东盟不得不在区域合作战略中采取"对冲",以保护自己的经济利益。

未来一个时期,中国经济会保持持续增长的势头,但短期内不可能完成权力转移,这意味着虽然中国的经济增长可能会加大中国在东亚的经济影响,但不会改变地区的安全结构。美国经济尽管面临困难,但一般认为美国经济不会跌入"财政悬崖"。这意味着东盟在安全上要依赖美国,而经济上既要依靠美国,更要越来越多地要依靠中国。也就是说,东盟在后冷战时期形成的安全、经济双源依赖还将继续。同时,东盟国家的经济利益诉求和维护主导权的要求也不会改变。

因此,东盟的区域合作战略将会保持一定的延续性。但过去一年东亚不断爆发的各类摩擦说明,地区国际关系格局将变得越来越复杂,东盟也不得不采取更加灵活和实用主义的合作战略来维护自己的利益。

五 结论

本文回顾了东盟成立以来与东亚区域合作三个阶段的互动关系,并以东盟利益诉求为分析视角探讨了东盟区域合作战略的演进过程。总体来看,东盟从冷战时期主要关注内部合作到目前积极参与东亚地区事务并全力维护其在地区合作中的核心地位的变化,既是东盟自身一体化水平提升了东盟参与区域合作能力的反映,又是地区形势变化后东盟的外部利益多元化、需要东盟加强与地区大国互动关系的反映。

在东盟区域合作战略的演变过程中,中国作为一个崛起的大国对东盟产生了很重要的影响。一方面，东盟认为中国崛起后无论是由于主观上改变现状的要求还是客观上力量上升造成的地区权力结构变化，实际上都增加了东盟所面临的地区环境的不确定性。为了应对这种不确定性，东盟必须不断调整战略以应对。另一方面，东盟与中国经济在过去的 20 多年里建立了全面的相互依赖关系。目前中国是东盟的第一大贸易伙伴，虽然双边贸易的大头是中间产品，但同为以制造业为主的出口导向经济，东盟无法改变对中国经济的依赖。因此，当中国崛起被西方认为将会挑战现有国际秩序①而试图遏制中国时，东盟不得不采取"对冲战略"来保护自己的经济利益。

相信在未来一个时期东盟还将为了维护自己的利益而采取更加灵活和实用主义的区域合作战略。而对中国—东盟关系来说，这种实用主义就意味着某种不稳定性，这是中国在制定未来的区域合作战略时应该考虑的一个因素。

---

① 例如，德国人鲁兰就认为，"危机的根源是新兴的地区和全球大国越来越有主见，他们认为当前的多边秩序是不合时宜的，反映的是二战后期的全球力量分布"。〔德〕尤尔根·鲁兰：《东南亚地区主义与全球治理——"多边效力"还是"左右逢源效力"?》，《南洋资料译丛》2012年第 3 期。

印度的亚太区域合作战略

与亚太大多数国家一样，印度并没有制定和宣布完整的亚太区域合作战略，而是将其放置在国家整体战略框架之下，为国家战略总目标服务。因此，要考察印度的亚太区域合作战略，必须首先了解印度的国家战略，即从国家根本利益出发，努力创造有利的内外环境，逐步增强综合国力，力争在21世纪成为令人瞩目的政治大国与经济强国。

自国家独立初，尼赫鲁就提出要把印度建设成世界上"有声有色的大国"，他的一句最有名的断言就是："印度以它现在所处的地位，是不能在世界上扮演二等角色的，要么做一个有声有色的大国，要么就销声匿迹，中间地位不能吸引我，我也不相信任何中间地位是可能的。"[①] 从那时起，不论1998年起执政7年的印度人民党领袖瓦杰帕伊关于"21世纪超级大国"的鼓吹，还是现任国大党辛格政府"印度世纪"的宣传，都可以看作印度始终不乏大国抱负且一直保持强烈的世界大国地位欲求的表现。从现实条件来看，印度具备就人口、幅员、自然资源以及地缘环境而言成为世界一流大国的基础条件，尤其在某些衡量大国地位的关键性指标上，印度体现出令人难以忽视的竞争优势[②]。

---

① 〔印度〕尼赫鲁：《印度的发现》，齐心译，世界知识出版社，1958，第57页。
② 有关世界大国地位应有的规模条件的论述，主要参见下述两部重要著作：Ludwig Dehio, *The Precarious Balance*: *Four Centuries of European Power Struggle*, New York: Random House, 1962; Paul Kennedy, *The Rise and Fall of the Great Powers*: *Economic Change and Military Conflict from 1500 to 2000*, New York: Random House, 1987。

一 印度亚太区域合作战略的历史回顾

虽然印度在建国 60 余年中国家总体目标变化不大，但随着时间推移，特别是南亚地区战略环境的改变与国际总体战略形势的变化，印度所处的外部环境与面临的发展机遇始终处于变化之中，围绕实现国家战略总目标而制定的亚太区域合作政策不可避免地经历了几次较大规模的调整。根据不同时期印度亚太区域合作战略在目标、导向、合作方式以及合作范围等方面的差异，我们将印度亚太区域合作战略的演进大致归纳为三个阶段。

1. 以政治利益为导向的合作阶段

从独立到 20 世纪 80 年代中期，印度的对外合作战略在很大程度上是以政治利益为导向的，由于在南亚地区内接连与巴基斯坦爆发了三次战争，并在一段时期内因边界问题与中国关系紧张，因此其区域战略中"对抗"因素要远大于"合作"因素。在这一时期内，印度并不具备成形的亚太区域合作战略。

20 世纪 40 年代末，新生的印度面临着严峻的国内外环境。国际上，美苏冷战大格局和国内经济、国防等方面建设的需要促使印度领导人实施了不结盟战略。这一战略使印度得以在冷战中充分利用美苏矛盾获取了大量的实际利益。而在国内，尼赫鲁试图为印度选择 条"从一切现存制度（苏联的、美国的以及其他的）中吸取精华的第三条道路"，这一国内发展模式也决定了印度实行不结盟外交的某种必然性①。在南亚地区，印度努力寻求对宿敌巴基斯坦的战略优势，进而获得南亚地区的实际主导权。在国际舞台上，印度坚持执行大国平衡战略，在主要大国（美国与苏联）间采取平衡战略，即不刻意疏远，也避免直接结盟。

不结盟政策与大国平衡战略主导了 20 世纪 50～60 年代的印度对外合作方略，然而，这一时期印度不但在 1962 年与中国的边境冲突中惨遭失败，而且在与巴基斯坦的两次战争（第一、第二次印巴战争）中也未能获得一直企盼

---

① 张忠祥：《论尼赫鲁的不结盟外交》，《华东师范大学学报》（哲学社会科学版）2001 年第 4 期。

的战略优势。尤其是在 1965 年第二次印巴战争中，巴基斯坦凭借美国提供的先进战机与导弹技术，成功压制了印度空军，为最终获得战略主动权奠定了基础。军事斗争的接连失利直接动摇了印度一直坚持的大国平衡战略与不结盟主张。

20 世纪 60 年代末，国内经济形势恶化与印巴关系再次趋于紧张使得印度政府处境艰难。印度总理甘地出访西方国家，寻求帮助，但收获不大。印度进而转向苏联，双方签订了《印苏和平友好合作条约》。条约规定，"缔约双方每一方保证不向同另一方发生武装冲突的任何第三方提供任何援助，在任何一方遭到进攻或受到进攻的威胁时，缔约双方应立即共同协商，以便消除这种威胁并采取适当的有效措施来保证两国的和平与安全"。条约还规定，双方"不缔结也不参加针对另一方的任何军事联盟"，"不向一国或几国承担与本条约不相容的任何秘密或公开的义务"。1971 年 8 月 13 日，印苏双方同时宣布批准该条约。条约签订之后，印度便于同年 11 月对巴基斯坦发动第三次战争。在这场战争中，苏联根据条约全力支持印度，并最终帮助其实现了肢解巴基斯坦的战略目标，极大地改善了印度在南亚次大陆的战略环境①。《印苏和平友好合作条约》的签订，标志着印度为了增强与中国和巴基斯坦抗衡的能力和追求地区霸权，结成了具有军事同盟性质的联盟关系，事实上宣布了印度不结盟政策与大国平衡战略的终结。

在经济合作方面，印度在这一阶段主要实施进口替代战略，对国内产业进行保护，坚持自力更生的发展策略。冷战对峙的国际环境在很大程度上限制了印度寻求对外经济合作的途径，因此导致对外贸易增长缓慢以及经济合作方面的乏善可陈。印度建国初期，尼赫鲁政府在农业方面推行以扩大粮食产量为核心内容的"绿色革命"，重点发展工业，特别是基础工业。对外实行贸易保护主义，保护民族工业，严格控制外汇，限制外国资本流入。财政上实行扩张性财政政策，加上军事开支的快速扩张，导致财政赤字激增，外债规模持续扩大。这一时期印度经济运行相对平稳，国内生产总值年增长率保持在 3% ~ 4%，对外合作给经济发展带来的促进效果微乎其微。

---

① 伍福佐：《析冷战时代印度的不结盟战略》，《南亚研究季刊》2004 年第 4 期。

2. 南盟的成立与亚太区域合作的起步

随着科技不断进步、生产力大幅度增长和世界市场的迅速扩展，世界经济从 20 世纪 70 年代出现了全球化的趋势，和平与发展的总趋势愈发清晰。到 80 年代初，全球化成为世界经济发展的强劲浪潮。在全球化的进程中，一些以出口为导向、实行市场经济的发展中国家经济快速增长，成为一批新兴的工业国和地区，其中所谓"四小龙"的韩国、新加坡以及中国台湾和香港地区最具有代表性。在这一背景下，印度的区域合作态势在 20 世纪 80 年代中期至 90 年代初开始发生重大变化，逐渐实行以南亚区域合作为主导的有限制开放合作战略。

在印度国内，原先中央计划下长期形成的半管制经济体制被打破，经济进一步发展的各种结构性缺陷与障碍被扫除。在对外合作方面，从单纯以政治利益为导向转变为政治和经济利益并重，对外贸易逐渐向进口替代与出口导向并重的发展战略转变，并因此获得了质量与数量的双增长。也正是在这一时期，印度的区域合作战略在南亚地区首先成形。

南亚区域合作的构想最初是由孟加拉国已故总统齐亚·拉赫曼在其 20 世纪 70 年代末访问不丹、印度、马尔代夫、巴基斯坦和斯里兰卡等国时提出的[①]。1980 年 5 月 2 日，拉赫曼在致南亚其他六国首脑的信中详尽阐述了南亚区域合作构想，他认为南亚地区应当例照东盟的模式实行区域合作，并强调这种合作需要一种机构安排才能有效进行。此后的五年里，南亚七国进行了一系列的谈判，最终在诸如区域合作的目标、合作原则、合作领域和组织机构等方面达成了一致意见。1985 年 12 月 7 日，南亚七国元首或政府首脑在达卡举行了南亚历史上第一次首脑会议。会议通过了《达卡宣言》和《南亚区域合作联盟宪章》，南亚区域合作联盟（Sonth Asian Assocciation of Regional Cooperation – SAARC，简称南盟）正式成立。

虽然这一时期的改革使印度的对外合作取得了一定进展，不仅开启了南亚合作的历程，而且成功加入了世界贸易组织（WTO）。但直到 20 世纪末，印度的开放仍然是非常谨慎和小心的。一方面，印度在南亚的区域合作受到印巴

---

① 高鲲、张敏秋主编《南亚政治经济发展研究》，北京大学出版社，1995，第 327 页。

关系紧张与南亚联盟规章制度的制约，没能取得预期的进展；另一方面，对开放经济始终存有疑虑也导致印度在缔结自贸协定方面发展迟缓，在关税削减和消除贸易壁垒方面更是比其他国家都要保守。印度在 1991 年被世界银行认定为贸易壁垒最严重的国家，严重影响了印度经济的发展速度。虽然印度在这一时期参加了全球贸易优惠制（GSTP）和亚太贸易协定，但由于开放程度小（主要是削减关税幅度欠缺），经济合作对印度经济发展的贡献仍不显著。

3. "东向"战略与亚太区域合作的快速发展

1992 年，印度正式推出"向东看"（Look East）政策，这不仅成为印度"东向"战略的起点，也标志着印度的区域合作战略进入快速发展时期。印度于 1995 年成为东盟的"全面对话伙伴"，1996 年加入"东盟地区论坛"，确定双方将在贸易、投资、科技、旅游及安全对话等方面展开合作。1998 年，印度人民党联合政府开始执政，印度的对外贸易政策发生了较大变化，在加大吸引外资力度、加强全方位的对外经贸关系、加快金融改革等方面不断深入，实施了一系列更宽松的政策，如进一步降低关税、基本取消工业许可证制度、电信业等基础设施的投资向外资开放、取消农产品出口限制等。尤其在 1999 年大选后，印度人民党组成了以瓦杰帕伊为首的联合政府，公布了 13 个政党联合签署的《治国方案备忘录》，表明了继续推进开放进程的决心。时任财长亚什旺特·辛哈在发表 2001 ~ 2002 年度预算时说，在他任职的前三年只是把前任所做的工作往前推进，进一步扩大经济开放的幅度与力度，加快印度经济自由化和融入全球化的进程。新政策包括：在软件开发、非传统能源以及部分基础设施项目中，外资可控股 100%；消费品工业完全向外资开放；国外金融机构在印度证券市场上投资比例限额由 40% 提高到 49%；最高关税率降至25%；本币卢比实现经常项目下自由兑换；等等。经过一系列改革，印度国内经济逐渐同国际接轨，经济发展步入良性轨道，国内生产总值年增长率提到6.5% 左右。其中 2004 ~ 2005 年度至 2007 ~ 2008 年度，国内生产总值分别增长 7.5%、9.5%、9.7% 和 9%，在世界范围内成为增长速度仅次于中国的国家。2011 ~ 2012 年度国内生产总值预计可以达到 84 万亿卢比，约合 1.6 万亿美元。

一系列的开放措施为印度扩大对外合作空间奠定了基础。进入 21 世纪以来，印度参与亚太区域合作的步伐明显加快，"东向"战略获得较大进展，合作范围已涵盖从东南亚到日本、韩国、澳大利亚等国的广大地区，合作重点也从经济交流拓展到海运安全、反恐和军事合作等方面。2002年，印度与东盟在柬埔寨举行首次峰会，建立了第四个"10＋1"合作机制；2003年在"10＋1"、"10＋3"峰会期间，印度签署了《东南亚友好合作条约》，这成为印度"东向"战略中的里程碑，标志着双方的合作进入全面深入发展时期。2004年，印度与东盟签署了旨在促进双方政治、经济、文化、科技和安全合作的纲领性文件《和平、进步与繁荣的伙伴关系协定》，双方关系进一步巩固。2005年印度成为东亚峰会（"10＋6"）正式成员。自此，印度"东向"范围已远远超越了东南亚，扩大到中日韩以及包括澳新在内的广大地域。2011年11月，美国和俄罗斯正式成为东亚峰会成员，这使印度有了在地区机制中与世界主要国家开展合作的平台。

二 印度亚太区域合作现状

1. 南亚区域合作的成果与挑战

南盟是南亚纯粹的区域经济一体化组织，其宗旨是：促进南亚人民的福利，改善生活质量；加速本地区经济增长、社会进步和文化发展；促进经济社会文化技术和科学领域的积极合作和相互援助；加强与其他发展中国家的合作。其主要组织机构包括首脑会议（南盟的最高权力机构，由成员国国家元首或政府首脑组成，通常一年举行一次会议）、部长理事会（由成员国外交部长组成）、常务委员会（由成员国外交秘书组成）、技术委员会（由成员国代表组成，现有11个技术委员会）和常设秘书处（由秘书长、7个主任和一般服务人员组成）。

南盟在成立之初便被寄予厚望，根据区域一体化理论的推断，人们普遍预期它会在促进南亚国家落后的边境地区实现经济增长、提升南亚整体在全球市场的份额，以及加快南亚部分小国与区外市场接轨等方面取得实质成效。然而，南盟成立25年来一直缺乏活力，发展缓慢，并没有按照区域一体化理论分析预测的结果来运行。南盟成员国之间缺乏政治互信，主导大国印度没有发挥积极作用，是造成南盟发展缓慢的主要原因。印度与南盟其他成员只有在政治、外交、安全等问题上实现良性互动，达成共识，南盟才能取得进一步发展。

（1）南亚区域合作的主要成果。

1985~1998年的13年里，南盟共召开了10次首脑会议和为数众多的其他各种级别的会议。这些规模不等、层次不一的谈判和磋商会议增加了南亚国家彼此间的了解和信任，地区内实现联合（合作）的构想开始为人们所接受。南盟最初关注的是在农业、卫生、人口活动等领域的合作问题，对区内贸易的制度化安排不太重视。虽然在1986年年初于伊斯兰堡召开了一次"国际经济问题"部长级会议，强调了经济合作的必要性，但其后的几年并没有什么实质性的进展。直到1991年5月贸易合作委员会的成立（由各国商业或贸易秘书组成），地区经济合作才开始制度化发展。1991年12月16日，南盟第六届首脑会议批准成立了一个"政府间组织"，以制定"南亚优惠贸易安排"协定。1993年4月11日，南盟各国签署了《南亚优惠贸易安排协定》（SAPTA），并于1995年12月正式生效，这是南盟在此期间取得的最重大合作成果。它标志着南亚国家在加强地区经济合作方面迈出了重要的步伐，取得了新的进展。根据SAPTA，南盟迄今举行了多轮谈判，所涉及的南盟各国相互降低进口关税的商品种类已达7550种（2011年年底）。在SAPTA框架下，1996年7月，第一次南盟商品交易会在印度新德里举行，1998年9月在科伦坡举行了第二次。商品交易会不仅促进了该地区的贸易发展，而且也促使该地区商品与国际质量、标准接轨。

然而，SAPTA的实施只是南盟加强合作的第一步，其下一步的目标是建立南亚贸易自由区（SAFTA）。1995年年底，在新德里召开的南盟第十六次部长理事会一致表示，到2005年要争取实现从《南亚优惠贸易安排协定》到《南亚自由贸易协定》的转变。时任印度外长穆克吉会后甚至说："我们确定的目标期限是2005年，但我们愿意在本世纪末，即2000年之前实现目标。"1996年年底，南盟国家成立了一个"政府间专家小组"，以确定实现转变所必需的步骤。1998年的第十届首脑会议又决定将建立自贸区的时间提前到2001年。作为具体的实施步骤，南盟各国还于1996年成立了"关税合作小组"，并于1997年4月制订关税行动计划。1996年年初，南盟各国在新德里召开了第一次南盟商业部长会议。自此后，1998年4月在伊斯兰堡、1999年2月在达卡又召开了两次会议，会议集中关注了扩大地区经济合作的范围和规模等问题。

除了经济领域的合作，南盟各国还在减贫、农业发展、旅游、交通通信、教育卫生、环境治理、文化体育、反毒反恐怖以及改善妇女儿童权益等领域开展了广泛的合作，在共同感兴趣的领域达成了合作协议，并建立了相应的实施机构。到1998年，南盟国家已签署了《打击恐怖主义协定》（1987年）、《南盟粮食储备协定》（1987年）和《关于麻醉品和治疗精神病药物的公约》（1993年），并成立了5个中心：南盟农业信息中心（达卡）、肺结核控制中心（加德满都）、人力资源开发中心（伊斯兰堡）、南盟文献中心（新德里）和南盟气象研究中心（达卡）。与联合国等国际组织、欧盟和东盟等地区组织先后签署了有关领域合作的谅解备忘录和协定。

（2）南亚区域合作面临的挑战。

自成立以来，南盟在促进成员国经济、社会、文化和科技领域内的交流与合作，以及维护南亚地区和平与稳定上发挥了一定作用，为南盟的进一步发展创造了条件，但与同时期其他区域合作机制相比较，其进展是缓慢的。尽管南盟在许多领域制订了合作计划，然而仅有极少数的项目得以付诸实践，且取得成功的合作计划大都集中在那些对成员国社会经济发展难以起到关键或主要作用的领域，大多数计划只是停留在口头上、会议上、文件上。特别是在经贸领域，如创办联合企业、贸易和金融方面合作等，虽有一些决议，但离付诸实施还有很远的距离。仔细考察南盟过往首脑会议的相关文件，可以发现几乎每次会议都宣布要推动合作，消除联盟发展的障碍，然而直到今天，也未见到多少实际的行动。

南盟的发展面临诸多挑战，其中印巴关系紧张、成员国间缺乏政治互信导致合作机制设计存在缺陷，以及主导大国印度没有发挥积极作用，是造成南盟发展缓慢的主要原因。

首先，印巴冲突是制约南盟发展的核心因素。印巴两国在南盟中是相对发展较好的国家，它们本可以对地区发展做出更多贡献，然而一直受两国紧张关系的困扰。自两国依《蒙巴顿方案》实现独立以来，关系一直紧张，因克什米尔问题在 1948 年、1965 年和 1971 年三次爆发全面战争，1971 年的战争还导致巴基斯坦被肢解。虽然自 20 世纪 80 年代以来，两国关系有所缓和，但总体上僵局未变。1998 年 5 月，印巴先后进行核试验，两国关系急剧紧张。1999 年 2 月，印度总理瓦杰帕伊短暂访问巴基斯坦，两国关系稍有缓和。然而，5 月两国在查谟和克什米尔地区又爆发了持续两个多月的武装冲突，10 月巴基斯坦发生军事政变，穆沙拉夫上台执政，但印度政府表示不承认巴基斯坦穆沙拉夫政权，再加上 1999 年年底印航劫机事件，两国关系陷入了 30 年来的最低水平。旷日持久的紧张局势影响了南亚地区的和平与稳定，也导致南盟难以在政治、经济领域合作方面取得迅速发展。没有印巴的支持，南盟寸步难行。在印巴两国关系得到根本改善前，南盟想在目前区域合作基础上取得明显突破是很难的。

其次，成员国间缺乏政治互信导致合作机制设计存在缺陷。在南亚地区，不仅印巴之间存在政治上的不信任感，印度与其他成员国之间也不存在"亲密无间"的合作。南盟成立之初，印度就害怕南盟将成为一个反对印度的论坛，而巴基斯坦则担心印度把南盟发展成为它控制下的一个集团，区内其他小国则担心成为印度的"附庸"。南盟宪章中禁止各级会议审议双边和有争议的问题的条款，在很大程度上就是由于印度担心巴基斯坦联合其他国家在南盟会议上反对或攻击印度而坚持写入的。虽然南盟宪章禁止各级会议讨论双边争议或冲突问题，但区内几乎所有国家都存在双边争议或冲突。这些争议不仅影响了南盟的运作，而且在很大程度上导致成员国彼此间并不稳固的信任感难以维持，进而使南盟在政治、经济、安全、外交等方面的合作进展迟缓。面对这种情况，南盟各国应有勇气和政治魄力面对现实，修改宪章，准许讨论双边争议或冲突。否则，任何缺乏信任基础的合作机制建设都无法获得成功。

最后，印度在南盟的发展问题上态度并不积极。从印度加入南盟的动机来看，印度加入南盟是为了缓和与邻国的关系，进而谋求其在国际舞台上的大国地位，实现大国理想。地缘政治形势使印度格外重视南亚国家，印度希望通过种种措施增强自身对南亚国家的影响。印度的领导阶层在主观上习惯于把南亚次大陆看作自己的势力范围，英迪拉·甘地曾于1983年7月发表声明，不允许任何地区外大国介入南亚事务，南亚国家不应该向任何区域外国家请求援助，如果需要援助，则应该寻求印度的帮助。这就是著名的"英迪拉主义"，即印度企图控制南亚小国家，排斥区域外大国介入，希望通过用经济技术援助来换取邻国在政治和安全上服从于自己的战略利益需要。"英迪拉主义"导致印度与南亚其他国家的关系处于紧张状态。印度发展得越强大，其南亚邻国的不安全感就越强烈。印度与南盟其他成员国只有在政治、外交、安全等问题上实现良性互动，达成共识，南盟才能取得发展。

此外，许多重要领域迄今仍未纳入南盟合作议程之中，这也成为制约南盟发展的因素之一。南盟最初纳入合作的领域有农业、气象、通信、邮政、体育、文化和科技、运输等，妇女儿童问题、地区旅游、南盟青年计划、南亚广播计划等都是后来增加的。尽管新增了许多新领域，仍漏掉了一些非常重要的方面，如政治合作、军事合作、减少防务开支、鼓励新能源开发、利用地区水资源、通过南盟获取国际机构的财政支持以推动地区社会经济发展等。成员国尤其是印巴是能在政治合作、军事合作、减少防务开支等方面起到重要作用的。这些领域如能被包含进来将会大大促进南盟的发展。

2. 印度"东向"战略的发展

印度"东向"（Look East）战略的目标，概括起来主要有以下几方面[①]：第一，分享东盟国家欣欣向荣的经济繁荣，进入拥有5亿人的广大市场，获得更多国外投资，包括石油和天然气在内的能源领域，以促进印度经济快速增长；第二，获得缅甸的支持和配合，共同打击位于印度东北部印缅边境地区的反政府武装的活动，维护该地区的安全稳定，发展当地经济，改善印度的周边安全环境；第三，强化对东南亚战略要地尤其是对马六甲海峡等重要海上通道的控制，确保印度穿越南海抵达东北亚和美国的贸易航道安全，并以东南亚地区为"跳板"，为印度进军亚太、跻身世界大国行列找到突破口，实现成为"有声有色的世界大国"目标；第四，提升印度在地区和国际事务中的影响力和话语权，在东亚合作中占据一席之地，保持印度在太平洋地区的存在；第

---

① 宋德星、时殷弘：《世界政治中印度和平崛起的现实与前景》，《南亚研究》2010年第1期。

五，平衡中国在东南亚日益增长的影响力，打破中国在东南亚、南亚地区对印度形成的"包围圈"，防止中国利用与缅甸、巴基斯坦的紧密合作关系对印度形成的夹击之势，并阻止中国进军印度洋。

（1）"东向"战略成果丰富。

东盟对印度的"东向"政策做出积极回应，从 20 世纪 90 年代至今，印度全面提升了与东南亚、东亚地区的整合，双边和多边的政治、经济、安全和军事合作成果显著。而东盟之所以积极回应印度的地区合作需求，有其自身的深层战略考虑。一是保持东南亚地区大国力量平衡。冷战结束后，美苏实施战略收缩，东盟认为单纯依靠自身力量无法保障地区安全，最佳选择是"利用各大国追求权力的欲望，使它们在该地区的力量达到一种平衡的状态"，而印度正好是平衡其他大国影响的潜在力量。二是东盟担心中日印等周边大国有可能填补美苏战略撤退后留下的地区"力量真空"，影响地区稳定，希望通过加强与区域外大国的对话和交流，缓解紧张局势，并使各大国能够相互制约，以维护东南亚地区的和平稳定。三是东盟希望通过与印度的经济合作，减少对中国贸易和投资市场的依赖。由于印度经济从 20 世纪 90 年代中期开始一直向好，其被东盟视为另一个同样具有广大市场和良好经济发展前景的开展贸易和投资的重要目标。当然这也不排除有防止中国在东南亚及东亚合作中的影响过大，造成地区不稳定的因素在内。

"东向"战略实施 20 年来，印度领导人与东盟国家、中日韩领导人频繁互访。2000～2003 年，印度总理瓦杰帕伊先后访问印度尼西亚、老挝、柬埔寨。这一时期印度与越南的关系也取得突破性进展。1999 年 12 月，越南国家主席陈德良访问印度，这是两国建交后越南国家主席首次访印。2000 年 3 月，印度国防部长费尔南德斯率领国防部军事代表团访问越南，这是历史上印度国防部长首次访问越南，两国签署了一系列军事合作协议，内容包括高级军官互访、情报交流、提供武器装备和技术、人员培训等，被视为印度"东进"政策的重大突破。2001 年印度总理瓦杰帕伊访问越南。2003 年，越共总书记农德孟访问印度，两国发表《加强全面合作的框架联合宣言》，承诺大力发展"战略伙伴关系"。与此同时，印度与缅甸的关系发展也非常引人关注。印度在 21 世纪初开始停止对缅甸人权和民主问题的批评，使得两国关系得以顺利发展。2003 年，印度副总统谢卡瓦特成为 1988 年缅甸军政府上台后到访的印度最高级别领导人。2004 年，缅甸军政府首脑丹瑞大将在时隔 24 年后首次访问印度，这显示印度对缅甸的灵活务实政策已见成效。

印度与日本的战略合作也取得进展。2005 年 4 月，日本首相小泉纯一郎访问印度；2006 年 12 月，印度总理曼莫汉·辛格访问日本，他是 5 年来首位访问日本的印度总理。双方发表联合声明，宣布建立"战略性全球伙伴关系"。辛格呼吁与同为"民主政体"的日本建立"繁荣弧线"，为建立亚洲经济共同体打下基础。2007 年日本首相安倍晋三访问印度，突出强化两国的"全球战略伙伴关系"，力图打造日印"价值观同盟"。印度与中国高层的互访保持良好势头。2003 年，印度总理瓦杰帕伊访华，中印双方正式改善关系。2005 年，中国国务院总理温家宝访问印度，两国决定建立"面向和平与繁荣的战略合作伙伴关系"。2006 年 11 月，中国国家主席胡锦涛访问印度，提出进一步发展两国关系的"十项战略"，为双边关系发展注入了新的活力。与此同时，中印俄之间的合作也在积极展开，三国外长多次举行会晤，就共同关心的地区和国际问题交换意见，探讨三方务实合作的领域和方式，这从另外一个侧面反映印中关系已经超出双边的范畴，表明两国可以在国际舞台上开展更多的合作。

进入 21 世纪以来，印度与东盟的经济合作取得较大进展。2003 年双方签署《全面经济合作框架协议》，决定在 10 年内建成印度—东盟自由贸易区，在 15～20 年内实现经济一体化。印度还与泰国签署了自贸协议，决定在 2010 年实现零关税。2005 年印度与新加坡签署了《全面经济合作协定》，不仅包括商品和服务贸易，还涉及投资保障和避免双重征税。与此同时，印度与印度尼西亚、马来西亚的自贸谈判也开始磋商。近期印度与印度尼西亚签署了 18 个《谅解备忘录》，以加强两国的工业合作，并争取在 2015 年使双边贸易额从目前的 110 亿美元翻一番，达到 250 亿美元。2009 年 8 月印度与东盟签署的《自由贸易协议》已于 2010 年 1 月 1 日正式生效。该协议规定，2013～2016 年，东盟与印度之间将实现对 80% 以上交易产品取消进口关税，这将极大地促进印度与东盟的贸易往来。2011 年年底，印度与东盟签署《关于建立更紧密经贸关系的安排》（CEPA），为整合一个具有 17 亿人口的大市场打下基础，使双方的经济关系更加密切。1999 年印度与东盟的贸易额只有 24 亿美元，截至 2010 年，印度和东盟十国的贸易额已达 503 亿美元。为突出自身地区主导地位，印度还与泰国共同推动建立了"孟加拉湾技术经济合作机制"（BINSTEC，包括孟加拉国、缅甸、斯里兰卡等），2000 年与缅甸、泰国、越南和老挝建立了"恒河—湄公河合作倡议"机制（MGC），从而加快了"东向"步伐。

印度与中日韩的经济关系不断加强。2004 年印度取代中国成为日本低息贷款的头号目的地，印度获得了改善国内基础设施建设的资金支持。2007 年 1 月，印度和日本首次举行加强"全面经济合作关系"谈判。2005 ~ 2006 年，印度与韩国签署了防务、工业、后勤合作和联合打击海盗的谅解备忘录。2006 年，印度与中日韩的贸易总额依次为 250 亿、85 亿、50 亿美元。此后中国与印度的贸易额飞速增长，2010 年双边贸易额已达到 617 亿美元，同比增长 43%，远超两国预期，未来三年有可能达到 1000 亿美元。中国实际已成为印度最大和最主要的贸易伙伴。而印度同期与韩日的双边贸易额也分别增至 150 亿美元和 110 亿美元。但目前印度向中国出口的商品近半是铁矿石，有较大的贸易逆差，如 2010 年印度对华出口 208 亿美元，进口 408 亿美元，逆差几乎相当于印度 200 亿美元的财政赤字。因此，印度虽欲与中国加强在制药和医疗卫生服务方面的合作，却对中国提出建立自由贸易区的构想反应消极，担心中国的廉价商品冲击印度市场。

（2）政治与安全合作逐渐成为"东向"战略的重头。

随着地区局势的发展，印度"东向"战略中的地缘政治和安全战略考虑逐步占据重要地位，尤其是近年来在南海问题升温、印度洋航运安全问题凸显的情况下，印度与缅甸、越南、日本等国的能源、安全和军事合作关系近期骤然紧密，其趋势值得关注。

尽管印度学界和战略界不断批评其政府"已经放弃道德原则追求狭隘的国家利益"[1]，印缅两国的关系仍不断加强。经济上，印度给予缅甸大量援助

---

[1] V. V. Desai, "The Political Economy of Regional Cooperation in South Asia," *ADB Working Paper Series on Regional Economic Integration*, July 2010, No. 54。

和贷款，并修建了连接印度、缅甸和泰国首都曼谷的高速公路。印度还积极加强与缅甸的能源外交，大量购买其在孟加拉湾近海的天然气，与中国展开竞争。作为回报，缅甸也使印度获得缅甸近海油气田的开采权，已批准两家印度公司投资13亿美元用于一个天然气工程项目。根据印度政府统计，印缅2009～2010财年的双边贸易额为11.94亿美元，同比增长26%；同年印度在缅甸投资1.89亿美元，其中72%为近年对石油天然气开发领域的投资，这使印度成为缅甸第四大贸易伙伴与第四大投资国。未来几年，印度还计划向缅甸的能源领域投资10多亿美元。2010年8月缅甸举行大选前夕，印度高规格接待了缅军政府最高领导人丹瑞，双方发表联合声明，签署了在治安、经济、文化、教育等各领域推进合作的备忘录，印度承诺向缅甸铁路、公路、通信等基础设施领域提供总额为1.3亿美元的资金援助。从2003年开始，印度对缅甸的军事援助就不断通过海陆通道快速推进，帮助缅甸建设军民两用设施项目。以"为了促使缅甸打击缅印边境的叛乱武装"为理由，印度从2006年开始为缅甸提供包括野战炮、直升机、潜艇、迫击炮、声纳设备以及战机配件等在内的军事设备与物资。随着中缅、印缅关系的不断发展，未来中印两国在缅甸的军事、能源、经济等竞争可能加剧。

印度与越南有较长的友好关系历史。在冷战期间，印度与越南都与中国有过武装冲突，且都与苏联结盟。现在两国仍在相当大的程度上依赖俄罗斯制造的武器，在军事交流方面颇为积极。进入21世纪，印度一直在试图与越南发展广泛的安全伙伴关系，对向越南提供支持表达积极意愿，助其发展海空战力。印度向越南出口的武器包括弹药、航空燃料、战机备件等，并帮助越南训练军事技术人员，建立完善的国防工业体系。最近几年，印度与越南的军事合作取得明显进展，国家及军队领导人接触频繁。2007年，越南总理阮晋勇访问印度，签署《战略伙伴关系联合宣言》及多个合作协定；2008年，印度总统帕蒂尔访问越南；2010年7月，印度陆军参谋长辛格访问越南，这也是印度军方领导人10年来首次访越；同年10月，印度国防部长安东尼赴河内出席首届东盟国防部长扩大会议，会见了越南国家主席、政府总理以及国防部长等；10月底印度总理辛格赴越南出席第五届东亚峰会，两国高层进一步接触；2011年6月，越南海军司令阮文献访问了印度；9月，印度外长克里希纳访问越南；10月，越南国家主席张晋创访问印度，两国签署诸多经济、科学和技术领域的协议。另外，印度借助与越南的合作实现在南海"军事存在"与参与南海有争议海域资源开发的企图日渐明晰。2011年5月，印度海军两艘军舰停泊在胡志明市港口；7月19日，印度"艾拉瓦特"号坦克登陆舰应越南海军邀请首度抵达芽庄港访问。芽庄港距离南沙海域和越南的金兰湾较近，越战期间是美军的一个重要军事基地，设施较为完备，具有战略意义。两国以前就讨论过印度在芽庄港驻军问题，但未达成协议。最近越南表示同意印度海军访问时在芽庄港停留。印度表示愿意为越南建设大型船舰、出口导弹，并向越南军队提供技术支持，以促进越南军队的信息化建设。2011年印度外长克里希纳访问越南时宣布"印度将加深与越南的经贸合作，推进在开发海底碳氢化合物领域的合作"。虽然该项目受到中国的明确反对，但两国仍就争议海域两个矿区的合作开发签署基础合同，投资金额为2.25亿美元。目前印度石油天然气公司的投资占印度对越南投资总额1.89亿美元的72%。

印度与日本的防务合作虽然起步较晚，但发展速度较快。2007年4月，印美日三国海军在日本海海域举行首次联合军演，8月参加在孟加拉湾举行的"马拉巴尔—2007"联合军演。2008年10月日本首相麻生太郎与印度总理辛格签署了《关于安全保障合作的联合宣言》，双方同意制定有关安保合作的一揽子框架。2009年11月，印度国防部长安东尼访问日本，寻求与日本建立"互利"的防务关系。同年12月，日本首相鸠山由纪夫访问印度，两国签署《深化安全合作行动计划》，决定建立年度外长和防长交流制度，以加速两国在海上交通防卫方面的合作。2010年10月，辛格总理再次访问日本，两国签署了贸易与安全合作协议，巩固两国的战略合作关系。2012年6月，两国在西太平洋举行了首次海军实弹联合演习。印度与日本加深战略关系的动因一方面在于两国都依赖从海湾地区进口石油，海上通道安全具有重要的战略意义；另一方面，不可否认开展安保合作以对中国起到牵制作用也是两国合作的目标。在中国崛起的背景下，具有"共同的民主价值观"的印度被日本看作合作的理想对象。而印度认为，中国持续在印度洋扩展海军影响力的行为是对印度的直接挑战，如果要采取更具前瞻性的"海上封锁"政策，避免中国主导亚洲的情况，它就必须与日本、美国及其他友好国家的海军进行合作，对重要的咽喉要道施加影响，掌握外部势力通向印度洋的通道。

（3）中国—印度—东盟三方互动关系的发展。

印度"东向"战略的不断推进，是由其自身发展的内在逻辑决定的。作为"东向"政策的一部分，印度认为与东盟的关系是印度通往东亚的重要桥梁。印度领导人曾在多个场合把"东向"战略与"亚洲经济共同体"联系起来。对此，印度前总理辛格说："'东向'政策不仅是一项对外经济政策，而且是印度对世界的看法和印度在不断发展着的世界经济中的地位所发生的战略转变。"① 他在接受记者采访时明确提出，"亚洲才是印度的归宿"，印度希望融入亚洲的迫切心情溢于言表。"东向"战略同时是印度国家战略总目标的体现，是为谋求自身利益而参与的国际博弈，是实现其做"21 世纪有声有色的大国"的重要举措，具有利益追求的正当性。印度"东向"战略的推出，不可避免地使得中国—印度—东盟三方互动关系发生新变化。

从东盟的角度来看，中国崛起既是一种机遇，又是一种挑战或"威胁"。东盟一方面要借中国崛起之力，增强自身的竞争力以应对全球政治经济新变化；另一方面则要约束中国，以保证崛起后的中国不会构成安全上的威胁。中国这个"正在崛起的巨人"是"东南亚的近邻，又是一个大国，更不用说它不断增长的经济实力、政治影响力和军事实力"，"东盟除了结合力量，与巨龙同行，已没有其他选择"②。"东南亚担心，不断高涨的民族主义可能会刺激中国领导人试图支配周边国家的邻国。极端民族主义可能会促使中国决心成为亚太的军事强国。"③ 冷战时期的恩恩怨怨、中国不断增长的经济实力、中国近年来的国防现代化建设以及围绕南中国海的主权之争，加之某些西方国家对"中国威胁论"的大肆渲染，加重了东盟的疑虑。东盟需要一个制衡中国的力量，而印度正是最好的选择。印度也是东盟的近邻，它在东南亚地区的存在与利益为该地区提供了一个平衡的力量，有利于抵消中国在这个地区的影响力。"东盟把印度看作一块潜在的平衡砝码，或者是拓宽了东盟的战略选择，所

① 印度驻华大使馆：《印度对外合作战略的新进展》，《今日印度》2005 年第 2 期，第 19～23 页。
② 《亚细亚跳上中国入世火车》，《联合早报》2003 年 11 月 10 日。
③ 付敏：《东盟的大国平衡战略与中印的东盟外交》，《南亚研究季刊》2005 年第 2 期。

以，东盟非常乐意印度在该地区扮演一个角色。"① 印度作为亚洲第二大国，拥有巨大的潜力，是一支重要的平衡力量，东盟意识到发展同印度的关系，有利于维护本地区安全和平衡其他大国的力量。况且东盟与印度不存在利害关系，双方既没有领土、主权之争，历史上也未发生过大规模军事冲突。冷战结束后，双方对立的根基已不再存在。因而，在东盟看来，印度是其推行大国平衡战略的一个理想对象，"从权利角度看，亚洲最大的两个国家（印中）的进入，连同美、日、俄，将有助于在东南亚和亚太地区创建一个地区力量平衡，以作为包括欧盟在内的全球力量平衡的一部分"②。中国这一巨龙和印度这一巨象相互制衡，东盟在龙象之间的周旋便可从容自如。可以说，在区域一体化的发展进程中，大国平衡战略使得印度在东盟的外交战略链条上占据了重要一环。

从印度的角度来看，谋求世界大国地位是印度发展的战略总目标，随着国家综合实力的不断提升，印度争做世界大国的雄心更加强烈，试图在 21 世纪成为与美国、欧洲、中国、日本、俄罗斯并列的六大世界力量中心。正如中国在对外开放过程中努力寻求海外市场和国际空间一样，印度在泛亚洲地区推行的一系列政策措施，是建立在任何国家都可以平等进入这些市场的基础之上的，并非是直接、单纯针对中国的排斥性的战略挑战，并对促进东亚地区合作、加速经济一体化具有积极作用。但是印度在执行"东向"战略的过程中，对中国确实也存在一定的嫉妒心态和竞争意识。

尽管印度领导人在多个场合说过，无论在亚洲或亚洲之外，印度与中国有足够的发展空间。但在一个相对有限的空间和范围内，双方肯定会出现经济、贸易乃至能源领域的竞争和摩擦，挤占中国在一些国家的市场份额，影响中国与一些国家的政治、经济关系，这些负面影响将削弱中国在这一地区的经济合作和战略影响，增加中国与其他国家处理关系的难度，增加战略运筹和经贸运营的成本。近年，印度"东向"战略的一些重要举措有相当一部分是针对中国崛起所引发的地区和国际局势变化而采取的。

---

① Rallul Sen, Mukul Asher, *India – ASEAN Economic Relations: Meeting the Challenges of Globalization*, Singapore: Institute of Southeast Asian Studies, 2006.

② 胡仁胜：《印度加速"东进"步伐》，《世界知识》2002 年第 10 期。

随着中国实力不断增强、在国际和地区事务中影响不断增大，尤其是军力发展加速，印度在推进"东向"战略的同时，对中国的安全担忧愈加严重①。第一，印度对中国在印度洋周边的活动感到忧虑，认为其带有军事扩张色彩，甚至认为中国正在印度周边国家建设军事和基础设施"包围印度"。第二，中国迅速推进的军事现代化建设被认为是影响印度国防安全的最大因素。最近几年，几乎每份印度国防部发表的报告都会或多或少涉及"中国威胁"，体现出印度对中国在地区内势力增强的担忧。第三，近年来中印边界问题升温使印度对中国行动的疑虑增大。印度认为中国在边界领土争端上的立场日趋强硬，因此近年来也在中印边境地区新开辟空军基地，部署山地作战部队，购买预警机；等等。尤其是中国与巴基斯坦的核能与军事合作令印度感到不安，此外，中国与斯里兰卡迅速发展的合作关系也成为印度的一块心病。第四，印度还担心中国借助缅甸从东面对印度进行遏制，以及中国支持印度、尼泊尔和不丹的"毛主义者"、印度东北部的分裂势力等。

印度与东盟国家加强军事合作，甚至涉足南海水域，实际上是试图对中国实施反制措施。同时，中国与美国、日本及东南亚国家的结构性矛盾凸显，客观上为印度提供了左右逢源的机会。近年来南海争端出现新的升级后，部分东南亚国家拉拢区域外大国介入南海争端的步伐加快，除美国外，还将印度作为对华制衡战略的新合作对象。

3. 中美印互动与印度在亚太的战略选择

注重与大国互动是近年来印度亚太区域合作战略的重要特征。从许多方面看，印度的崛起需要美国及其他主要大国的认可、接受和支持，需要一个稳定、平衡、包容而非充满敌意的国际和地区环境。但崛起中的印度也要求伸张自身的国家利益，强化对外交往与合作的独立自主，在主要大国间并不明显偏向任何一方或与之结盟。在印度的大国关系中，与美国、中国的关系无疑是最为重要的，而印度加强与主要大国的战略互动，尤其是印美关系继续发展，为印度赢得不少外交筹码。

---

① Anthony Milner, *Region Security and the Return of History*, Singapore: Institute of Southeast Asian Studies, 2003.

在小布什政府期间，印美关系基本走出了 1998 年核试验以来的低潮阶段。小布什政府为实现联合印度制衡中国的战略目标，在制裁与施压方面不断调整，与印度实现了领导人互访，签订了《印美民用核能合作协定》。随着奥巴马 2008 年入主白宫，印度一度对其南亚政策多有猜忌，尤其担心美国会在防扩散、高科技禁运、克什米尔等问题上向印度施加压力，并延缓实施印美民用核能合作的进程。奥巴马政府在战略上强调中国的重要性也引起印度的极度不安，担心其在美国的亚洲战略中受到边缘化。但奥巴马政府自上台以来，不断强调美印关系的意义，在 2010 年 5 月发布的《国家安全战略》中称："美国和印度正在建立一种战略伙伴关系，其基础是美印的共同利益，作为世界两个最大民主国家的共享价值观，以及美印两国人民之间的密切联系。""通过战略对话和高层互访，美国寻求与印度建立一种基础广泛的关系，印度可对全球反恐努力、防扩散和促进消除贫困、教育、健康和可持续农业的发展做出贡献。美国重视印度在二十国集团等多边机制中为解决众多全球性问题的领导作用不断增强，寻求与印度共同致力南亚及世界其他地区的稳定。"① 该报告虽将印度与中国均列入 "与 21 世纪其他力量中心增进合作" 部分，但其中谈及中国的言辞明显带有防范性和不确定的假设，对印度的作用却给予了积极评价，称印度的发展是负责任的，为发展中国家树立了一个正面典型。奥巴马在印度议会两院的讲演中，称美印关系是 21 世纪伙伴关系的典范，表明美国支持印度成为安理会常任理事国，"在未来时期，我期待联合国安理会进行改革，使印度成为常任理事国"。他还表示："无论在亚洲还是全世界，我认为印度并不仅仅是正在崛起，她已经崛起。"此后不久，美国正式解除了对印度国防、航天领域的高科技制裁，奥巴马并明确表示将支持印度加入核供应国集团、导弹技术管理制度、澳大利亚集团和瓦森纳安排等多边军控机制。在 2010 年举行的印美战略对话中，双方强调增强亚洲的安全与稳定是两国的共同目标，尤其是推动建立一种开放、均衡和包容性的区域合作机制。美国称欢迎印度在促进亚洲的稳定、和平与繁荣中发挥主导作用。印美双方表示对南

---

① "National Security Strategy," May 2010, p. 43, www. whitehouse. gov/.../national _ security _ strategy. pdf.

亚、中亚、东南亚、中东和印度洋地区存在共识，将就共同关心的地区问题增强高层交往互动。

在取得重大进展的同时，印度在某些涉及重要利益的问题上对美国的政策不满，这突出了印美关系中继续存在的障碍和矛盾。首先，在南亚反恐问题上，印度认为美国的支持力度不够，要求美国进一步加大对巴基斯坦的压力。其次，印度对其他大国插手印巴关系极为敏感。尽管美国一直否认直接干预印巴关系，但美国在印巴关系幕后发挥的重要推动作用毋庸置疑。随着近年来美国向巴基斯坦提供军事援助的力度加大，印度的不满情绪也在累积。此外，在阿富汗安全形势、伊朗核问题、缅甸政局等地区热点问题上，印度也与美国存在分歧。

中国同样是印度推动大国外交中的重要对象之一，印度意识到中印关系的健康稳定发展对自身的特殊意义，而且印度对中国也同样重要，印美战略关系的走向与中国的国家利益间存在明显关联。然而，与印美战略合作相比，印度与中国关系的发展相对缓慢，始终存在一些无法漠视却又不易跨越的障碍。首先，边界问题困扰两国关系的发展。已经开展 14 轮的关于边界问题的磋商未能取得突破性进展，而印度近年来持续增强在边境地区的军力部署使得局势更加紧张。其次，受地缘政治的影响和制约，中印在南亚、印度洋等共同周边地区的战略竞争呈日渐升温的态势，印度对华外交并未完全摆脱"中国威胁"和"联美制华"的惯性思维。再次，中印经贸关系存在一些不可忽视的问题，包括印度对华贸易逆差近年来不断攀升（2011 年达到 160 亿美元），中印贸易摩擦日渐增多，两国关于建立自由贸易区的谈判因印方缺乏积极性而进展缓慢。从现状来看，中印关系所面临的问题中，既有双边性质的问题，也有牵涉复杂的地区和多边因素的问题。解决这些问题需要双方的高度重视，探索共同推动战略互信建设，为现有战略伙伴关系注入更实在的内容。

近年来美国正大力推动在亚太地区建立一个类似北约的、包括美日印澳在内的"四角同盟"，后三国中也有一些军政要员及战略学者积极回应美国的主张。2007 年，在美国的大力推动下，日澳签署安全联合宣言，启动"2＋3"战略安全对话机制，随后该机制扩大为美日澳印参与的四国战略对话机制。近年来美国不断要求印度"在亚洲事务中发挥更大的作用"，2011 年 4 月，日本启动了日美印三边对话。随后时任美国国务卿希拉里在访印时鼓励印度应该在亚洲事务中"更加自信",澳大利亚国防部长在布鲁金斯学会演讲时重复了这一观点。舆论认为,中国最近与越菲等国在南海问题上的对峙,似乎使美日澳印的所谓"四方倡议"复苏了。

三 印度亚太区域合作战略的目标与内涵

不论从政治还是从经济利益的诉求上看,印度作为发展中大国,参与亚太区域合作的好处显而易见。在政治利益方面,成功的亚太区域合作战略首先有助于塑造印度的大国形象与地位,直接服务于印度建设"21世纪有声有色的大国"的战略目标;其次,现行南亚合作机制虽不完善,却给印度主导南亚事务提供了有效平台;最后,与亚太其他大国的合作(尤其是安全合作)是印度制衡中国的重要手段。从经济利益来看,一是印度国内市场规模大,劳动力成本低,亚太区域合作对吸引地区内其他国家的投资十分有利;二是印度的工业发展实力不断增强,制造业不断壮大,其产品需要从国外寻找市场;三是与亚太发达国家和地区合作不仅可以拓展出口产品市场,而且其他国家可以将生产转移到印度,提升印度产业竞争力;四是印度与亚太地区其他大国(如美国、日本)开展海上安全合作,以确保能源海上运输线的安全。

1. 政治利益诉求

(1)塑造大国地位与形象。

20世纪70年代,随着国际与地区形势的变化,印度逐渐疏远了与发展中国家的关系,走上了与苏联结盟的道路,在南亚地区发起称霸行动。这一战略转向损害了其在发展中国家中的地位及形象。印度一直宣称其符合安理会常任理事国的所有标准:印度是世界最大的民主国家、经济快速增长的经济大国、维和行动的主要贡献者等。但20世纪90年代,印度在与日本竞争非常任理事国席位时输给日本,使印度意识到实现大国地位不能仅仅依靠与某个大国结盟,还需要广大发展中国家的支持。正是出于这一考虑,印度改变了对邻近国家的政策,不仅加强发展与亚太地区发展中国家的政治关系,而且在经济上也不断提供援助。21世纪以来,印度通过"东向"战略的实施,加快与东盟国家开展合作的步伐。建立自由贸易区、深化经贸合作关系的战略意图正是为塑造大国形象，实现世界大国地位，获得发展中国家支持服务。印度积极开展亚太区域合作的战略目标之一就是为了争取区内国家支持，以获得更高的国际政治威信，并争取获得联合国安理会常任理事国席位。

（2）主导南亚地区。

应当承认，印度独立后相当长时期的南亚政策表现为干涉邻国的政治稳定，阻碍他国经济自主发展，这种政策既不利于南亚地区国家间关系，也对印度本国的利益造成了损害[1]。冷战结束后，印度政府意识到有必要转变主导南亚地区的方式与手段，重视南亚地区的经济合作，为印度成为世界大国创造有利的外部环境，用经济合作手段实现印度主导南亚地区的战略目标。冷战时期及20世纪90年代初，印度认为南盟是其他小国联合限制自己的组织，只允许南盟在小事情上发挥功能。每当印度感到自己的利益可能受到损害时，就会采用不参加首脑峰会等方式进行抵制。进入21世纪以来，印度对南盟的态度发生变化，成为南盟自由贸易区的积极推动者。这种转变使得一些对印度怀有疑虑的国家开始希望同印度发展某种形式的经济一体化。1998年斯里兰卡与印度签署了自由贸易区协定。21世纪初，印度与孟加拉国开始进行自由贸易区谈判。通过自由贸易区的方式，印度与南亚国家加强了经贸合作关系，以经济手段逐渐实现主导南亚地区的战略意图。印度分析人士认为，新德里想在自己的领导下使这个地区实现一体化，把各大国排除在外，实现主导南亚地区的战略目标。

（3）制衡中国。

在对中国的认知上，印度一直存在着较为矛盾的观点，这决定了今天中印关系既要相互合作又要相互防范的特点。现阶段印度对中国的认知有两种趋势，一是努力试图了解中国，强调中印的历史联系和经贸合作的重要性；二是印度国内仍然存在"中国威胁"的强大声音，使中印关系发展面临复杂局面。2010年9月，印度总理辛格表示，印度应当准备好应对中国新的自负行为以及在南亚谋求立足之地的渴望[2]。他的讲话再次表明"中国威胁"在某种程度

---

① 李涛、荣鹰：《南亚区域合作发展趋势和中国与南盟合作研究》，四川出版集团巴蜀书社，2009。

② Rajesh Rajagopa lan, Vaun Sahni, "India and the Great Powers: Strategic Imperatives Normative Necessities," *South Asian Survey*, 2008（1），p. 15.

上仍是印度政府的担心，尤其以"新"标明中国的自负行为，表明印度认为中国历来就自负。从 20 世纪 90 年代起，中国就成为印度发展军事力量的借口，例如 1998 年核试验用"中国威胁"作为挡箭牌。随着印度经济发展逐渐起色，印度喜欢事事与中国进行比较，对中国的经济发展成就表现出既羡又妒的矛盾心理。而且随着印度大国战略的不断推进，中国被视为其实现大国地位的直接竞争者。印度战略学者认为，考虑到中国的力量及战略文化体现的是一种"备战范式"，印度的战略重心应当是制衡中国[①]。印度的这种战略意图充分体现在其亚太区域合作战略当中，印度不仅已经与韩国、日本、越南等签署了自由贸易区协议，部分美印两国学者还就印度与美国建立自由贸易区的可行性进行了研究[②]。相比较而言，中印自由贸易区早已完成联合研究，但长期处于停滞状态，在发展与中国自由贸易区问题上，印度持消极态度。而近年来印度与亚太国家积极开展军事安全合作，更是被看作其制衡中国战略意图的直接表现。从印度亚太区域合作的具体策略上看，制衡中国显然是目标之一。

2. 经济利益诉求

（1）实现贸易增长。

随着印度国内经济实力的不断增强，削减或取消关税、扩大市场准入条件成为印度参与更广泛国际经济合作最直接的目标与利益。1988 ~ 2010 年，印度出口贸易总额从 6010 亿卢比增长到 115526 亿卢比。在此期间，印度出口贸易除了 2009 年以外，其余年份均为正数增长。同期，进口贸易增长幅度非常明显，从 7418 亿卢比增长到 141819 亿卢比。从印度进出口贸易的增长情况可以看出，随着印度广泛参与对外经济合作，其进出口贸易也呈大幅度增长趋势，"贸易创造效应"效果明显（见图 1）。在出口贸易中，印度的 IT 产业出口成就显著。2009 年印度 IT 服务出口 497 亿美元，包括软件和服务外包在内的外包产业印度创造就业岗位超过 230 万，产值占印度国内总产值的 7%，占印度出口总额的近四成。迄今为止，印度已经承接全球 65% 的离岸软件外包

---

① Rajesh Rajagopa lan, Vaun Sahni, "India and the Great Powers: Strategic Imperatives Normative Necessities," *South Asian Survey*, 2008 (1), p. 15.

② Robert Z. Lawrence and Rajesh Chadha, "Should a U. S – India FTA Be Part of India's Trade Strategy?" http://www.hks.harvard.edu/fs/rlawrence/ – Lawrence.pdf.

（a）

（b）

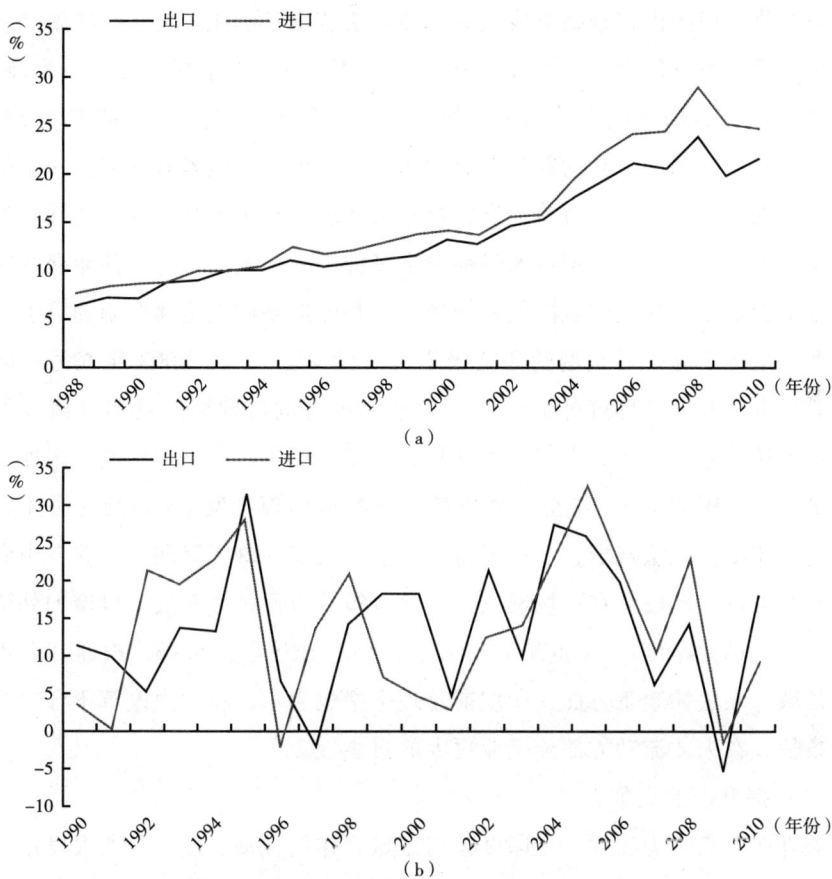

图1 印度进出口占 GDP 比重（a）与进出口增长率（b）变化

数据来源：亚洲开发银行（ADB）数据库。

业务和46%的服务外包业务①。可以预见，随着对外经济合作规模的不断扩大，印度对外贸易还将进一步大幅度增长。

（2）吸引投资。

发展中国家参与区域合作的重要目标之一就是获取区域内较发达国家和地区的资金与技术。作为亚太地区第二大发展中国家，虽然印度经济增长率呈高

---

① WTO，"Regional Trade Agreements Notified to the GATT/WTO and Inforceby Country," http：// rtais. wto. org/UI/publicPreDefRepByCountry. aspx.

速增长态势，但国内资金缺乏成为制约经济快速增长的瓶颈之一。实施经济改革开放以后，虽然印度加大了吸引投资的力度，但总体来看，发展较为缓慢。1997～2007年，印度吸引外国直接投资累计372.38亿美元，每年平均37.24亿美元，不足中国一个月的数目。制约印度吸引外资的因素有很多：一是受国内社会安全形势影响。从政治上讲，近年来印度表现出了高度的稳定性，但从社会安全方面来看，印度国内的恐怖袭击事件不断，武装暴力事件频繁，在一定程度上影响了外国投资者的偏好选择。二是印度基础设施薄弱制约吸引外资的能力。基础设施落后是制约印度吸引外资的重要障碍。2007年6月，印度工商业联合会开展"印度外资调查"发现，仅有电信领域的基础设施被外国企业认为达到平均水平或良好。尤其是在支撑工业生产的电力领域，印度总装机容量不到中国的1/3，甚至新德里都时有断电的现象发生①。三是法律因素的制约。印度劳工法规定，企业不得自主解雇员工。毫无疑问，随着自由贸易区的不断推进，印度将在市场准入、法律政策等方面扩大开放，以增加外资的吸引力度。例如印度在21世纪的电力法案中，开放电力市场，欢迎外资进入电力领域。在法律政策方面，印度前总理辛格也表示，将大力改革不合时宜的法律条款，在人才流动方面给企业更大的自主性。

（3）提升产业竞争力。

提升产业竞争力实际上是印度参与区域合作的被动功能。与亚太发达国家和地区合作不仅可以拓展出口产品市场，而且也意味着印度国内市场竞争压力的加剧。同时，其他国家可以将生产转移到印度，为其实现产业升级创造条件。区域合作制度的确立（例如自由贸易区）意味着市场的进一步扩大，也意味着其他国家和地区更强有力的竞争对手将冲击到国内相对弱势的产业群体。为了在更大市场中胜出，弱势产业不得不加快企业改革以提升产业的竞争力，否则将面临被淘汰出局的局面。所以客观上，印度参与亚太区域合作将一方面迫使印度政府必须改革国内的企业管理制度及其法律制度，提高管理效率；另一方面国内的许多弱势产业不得不进行改革、重组或转产，从而提高国

---

① 刘晗：《60亿美元：印度吸引外资的启示》，http://finance.sina.com.cn/review/20051231/15552243323.shtml。

内产业的竞争力。

（4）维护能源（通道）安全。

随着经济不断增长，印度对能源的需求也在大幅度增加。印度是世界第五大煤炭储藏国，占全球储量的 7.3%，同时也是世界第四大煤炭生产国，产量占全球产量的 6.3%。但是对于战略性能源，即油气资源来说，印度的储量非常有限。2010 年印度油气资源探明储量仅分别为 58 亿桶和 1.12 万亿立方米，分别仅占全球储量的 0.4% 和 0.6%。近年来，印度能源供需矛盾越来越突出。1999～2010 年，印度原油日产量从 73.6 万桶增加到 75.4 万桶，日消费量却从 213.4 万桶增长到 318.3 万桶。日均原油净进口从 139.8 万桶增加到了 242.9 万桶。2010 年，印度原油产量仅占世界 0.9%，消费量却占到全球总量的 3.8%。同期，印度的天然气产量从 251 亿立方米增长到 393 亿立方米，但消费量从 251 亿立方米增长到了 525 亿立方米，2010 年净进口量达到 132 亿立方米[①]。严峻的能源形势对印度经济的可持续发展是个巨大的挑战。因此，印度利用与东盟国家建立自由贸易区的机会，不仅与印度尼西亚、缅甸等能源资源丰富的国家进行合作，而且积极插手中国南海领土争议地区的能源资源开发，并在印度洋地区与日本、美国展开海上安全合作，确保能源海上运输线的安全。

四　印度亚太区域合作战略的走向

1. 印度推进亚太区域合作战略的有利因素

（1）国家实力提升是印度推进亚太区域合作战略的基础。

印度是亚洲第二、南亚地区首屈一指的地区发展大国，人口合计 12.1 亿（2011 年）。近年来印度经济发展成就显著，是世界上仅次于中国的世界第二增长引擎（见图 2）。在过去 20 年中，印度不仅找到了适合自己国情的经济增长方式，而且使大型私有企业在经济发展中大放异彩，在信息技术、电信、电力、石油化工等领域获得了巨大的成功，许多大型的印度公司正走向世界。

---

① "BP Statistical Review of World Energy," June 2011, http://www.bp.com/.

2009 年，美国《福布斯》杂志发表的 16 亿美元以上富豪榜，印度有 53 人列入其中。虽然受到世界经济与金融危机的影响，2008～2009 年度印度经济的增长率仍然达到 6.7%，且在其后两年内迅速恢复，根据印度政府估计，2012年印度经济增长率将达到 6.9%，使得 2003～2004 年度至 2011～2012 年度期间实现 GDP 持续高增长，年均达 7.6%。预计 2011～2012 年度印度国内生产总值有望达到 84 万亿印度卢比，约合 16400 亿美元。

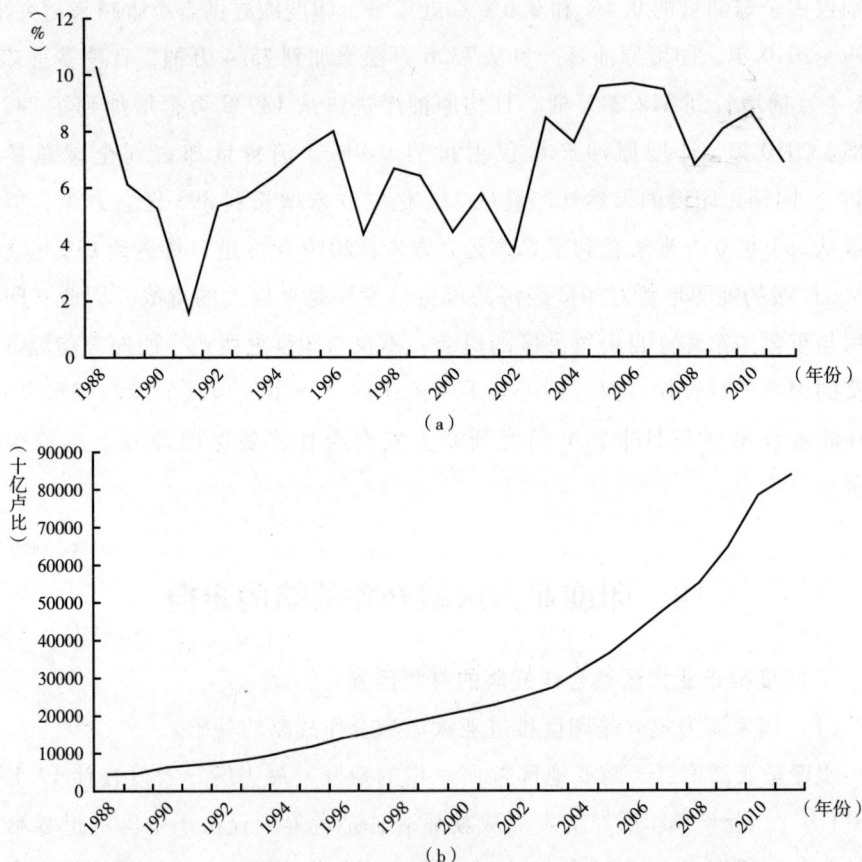

（a）

（b）

图 2　印度经济增长率（a）与国内生产总值（b）变化

数据来源：亚洲开发银行（ADB）数据库。

经济实力的快速增长给印度加大军事建设投入力度创造条件，使其在参与地区及国际事务时"底气"更足。从 20 世纪 90 年代以来，印度军费支出一直呈增长态势。根据2012年年初提交印度国会的预算案显示，2012～2013财年预算，印度军费开支将比上一财年增加17%，将提升至1.93万亿卢比（近450亿美元）。2012年年初，印度同法国达索航空签署军购合同，斥资110亿美元购买126架"阵风"多用途战机，这成为近15年来世界上最大的一笔航空武器购买合同。近年来实力明显增强的印度军队参与地区联合军事演习与安全合作的积极性明显提高，其在各个领域介入东南亚、东亚与西太平洋的事务的态度愈发明确。

（2）国际环境有利于印度亚太区域合作战略的实施。

经济发展速度较快的中国被美日等国家视为对现行世界秩序的威胁与挑战，不仅在经济上紧盯中国，而且在政治战略上广结盟友，牵制中国。而印度恰巧被美日等视为是最可以用来制衡中国的重要力量。因此，国际环境对印度与亚太地区国家开展合作较为有利。从印度的角度来看，其大力参与亚太地区合作本身就有"中国因素"的促动作用。由于中印两国社会制度、意识形态的差异，在国家利益和地缘政治利益上存在矛盾和分歧，印度一直对中国崛起心存疑虑，视中国为主要竞争对手和国家安全的主要威胁之一。近年来，中国—东盟自由贸易区的快速发展使印度决策者感到了危机和压力，也增加了他们的担心，印度认为中国与东盟接近，南下印度洋是对自己的威胁，为了削弱中国在东南亚地区的影响，扩大印度的影响，促进与东盟的合作是印度的必然选择①。实际上，"中国因素"不仅仅存在于东南亚地区，在非洲、中亚、中东及拉美等地区，印度决策者均把"中国因素"放在了重要位置。从印度未来区域合作发展战略可以看到，印度专门制订了针对独联体国家、非洲和拉美等地区的经济合作促进计划②。在中国快速崛起的背景下，心存疑虑的印度与美日等国找到了共同的利益结合点，即避免为中国快速崛起和发展创造有利的机会与环境。这种形势下，作为美国与日本用来牵制中国影响的重要力量，印度在亚太地区开展区域合作时必然更容易受到青睐。

---

① 王小敏：《东盟—印度自由贸易协议》，载《亚太地区发展报告（2010）》，社会科学文献出版社，2010，第285～286页。

② "Trade Promotion Programmes and Schemes," CIS, http://www. comm erce. nic. in/trade/international_ tpp. asp? id ＝3&trade.

2. 印度亚太区域合作战略的制约因素

（1）南亚各国缺乏政治互信且对合作存在矛盾心理。

印巴分治给南亚地区的政治互信留下了难以弥补的裂痕。就南亚区域合作而言，印巴政治互信缺失是其发展的主要障碍。迄今为止，印度与巴基斯坦之间并没有正式的贸易协议，虽然两国在南盟自由贸易体制下，相互给予最惠国待遇，但让步幅度较小。自 2006 年以来，印巴之间进行了多轮对话，双方也表示在对话体制下加强经济合作，但到目前为止，两国之间的贸易安排机制尚未实现。第三次印巴战争使巴基斯坦一分为二，虽然在很大程度上改善了印度的地缘战略环境，却并未因此赢得一个在南亚地区的可靠盟友。孟加拉国虽然在独立之初对印度怀有感激之情，而印度也以"解放者"的姿态处理与孟加拉国的关系。但不久以后，孟加拉国就对强大的印度表现出了疑虑，双方关系跌入低谷。此外，印度利用各种政治经济手段打压南亚各国，如关闭贸易通道以威逼尼泊尔、不丹，且公然出兵干涉斯里兰卡与马尔代夫内政。称霸行动使印度付出了代价，南亚小国在与印度开展合作上都表现得非常小心，对自身安全缺乏信心，极大地制约了他们参与印度主导的地区合作制度建设的信心，这也是南盟在推进实质性合作方面难以取得显著进展的重要原因之一。

20 世纪 90 年代以来，世界范围内区域合作的发展浪潮愈演愈烈，各种双边或多边经贸协定成为国家参与区域合作的主要形式，众多发展中国家对出口导向型产品的重视引人关注。正是在此背景下，印度开启了经济改革。但印度的经济改革并未使印度政府完全从心理上认可完全开放式的发展。应该说，印度政府在经济领域接受了以更积极的对外开放促进国家经济发展的观点，但在实际的政策制定与执行中，有意无意地拒绝自由贸易的理论和观点。拒绝的原因多为政治和社会原因，尤其是国家安全成为印度拒绝推进一些自由贸易区的重要借口，例如印度与中国自由贸易区就属于这种类型。政府抵制自由贸易的因素还有很多，例如公众福利、道德考虑、国内产业（农业及小型工业）等。这些担心不仅印度政府有，南亚其他国家几乎都有这种担心，因为他们面对的印度是南亚地区的大国。20 世纪 90 年代末期，不丹就曾经因为害怕开放使国内人民道德堕落而一度抵制印度，拒绝印度的影像产品进入不丹。2010 年 5 月，正当印度与斯里兰卡准备签署《区域全面经济伙伴关系协议》时，斯里兰卡国内爆发了抗议活动，抗议人士认为协议对斯里兰卡不公平，会对斯里兰卡国内的经济造成冲击。抗议行动迫使两国协议签署不得不暂时搁浅，斯里兰卡总统还表示绝不会签署对斯里兰卡不公平的协议。

（2）国内政治环境制约合作的推进。

近年来，印度经济增长速度确实令人瞩目；但其可持续发展也面临着基础设施落后、农业发展缓慢、财政赤字居高不下、能源安全形势不容乐观、国有企业改革困难重重、就业状况不断恶化以及贫困问题未能解决等挑战。而且国内的安全形势也使印度投资环境恶化，2008年的孟买大爆炸又使南亚成为了世界的"恐怖热点"，在其国内活动着众多反政府组织及武装，透视出印度经济社会不容忽视的脆弱性。不仅如此，印度在经济合作协议的执行效率上还受到其国内政府体制的制约。2004年选举时，辛格把改革政府机构效率作为其执政的重要内容之一，但是到2009年，他也无可奈何地指出："我们承认有时候，在执行所采用的政策时会出现问题。我们必须看到一个像印度这样巨大而又多元的国家的复杂性，不同阶层的人民有着不同的需要和渴望达到的目的。"①

国内利益集团对试图扩大对外开放程度的改革的阻挠产生了一系列不利后果。以印度零售业改革的挫折为例，当印度政府在2011年11月宣布将对外资开放本国零售业时，国际资本一度大受鼓舞，认为这是印度市场在对外开放历程中的"具有历史性意义的一步"。《华尔街日报》在2011年11月25日刊文指出："印度为外国超市和百货公司在国内建立合资企业扫清了道路，作为最后一批对世界上很多大型零售企业紧闭大门的广阔消费市场之一，印度迈出了开放的重要一步。"时任印度总理辛格也在媒体上公开表示，会全力促成相关法案的通过，孟买股票指数在发案抛出的一周内上涨超过5%。然而，仅仅在几天之后，印度政府的这一决定就在国会遭到了全面反对。反对者对小商贩的处境和就业情况表示担忧。英国《金融时报》认为，"政界对零售业自由化的强烈反对，凸显亚洲第三大经济体在推行经济改革以促进投资和增长时面临的

---

① Mannmohan Singh，"Visit of Prime Minister of Japan Mr. Shinzo Abe，Pm's Address to Japanese Business Delegation，"http：//meaindia. nic. in/.

巨大困难"。印度在对外开放政策上的摇摆不定挫伤了国际资本的热情，其后果却不仅体现在资本市场上，有不少分析都认为，2012 年年初以来的印度经济"下滑"与国内政治环境的制约也密切相关。在这些因素的制约下，印度推进亚太区域合作战略的努力也必将受到挑战。

3. 印度亚太区域合作战略的未来走向

（1）政治利益诉求与经济利益诉求并重的特点仍将保持。

印度亚太区域合作战略有其自身的发展逻辑。从 20 世纪 80 年代之前纯粹以政治安全利益为导向的合作，逐步发展到今天政治利益与经济利益并重的阶段，其亚太区域合作战略始终围绕着国家战略总目标而展开。从目前看，实现"政治大国与经济强国"的总目标，仍有赖于一系列政治与经济子目标的实现，例如在政治上塑造大国形象、主导南亚地区以及制衡中国，在经济上寻求贸易增长、吸引投资以及提高产业竞争力等，都需要体现在印度的亚太区域合作战略当中。因此，有理由相信政治利益诉求与经济利益诉求并重的特点仍将得到保持。

（2）南亚区域合作短期内难有突破。

在分析南亚区域合作的现状及前景时我们已经提到，南亚区域合作的开展受地区权力结构不平衡的制约，而南亚地区权力格局短期内不会被打破，因而在南盟框架内推动实质性合作在短期内较为困难。从印度加入南盟后的表现来看，作为南亚地区的首要大国，印度本应在区域合作进程中发挥主导作用，但是相反，印度却一贯热衷于推动与其他区域合作组织（如欧盟和东盟）的合作关系。究其原因，可以归结为以下几点：第一，印度虽然加入了南盟，但心存疑虑。南盟是由孟加拉国、尼泊尔、斯里兰卡等南亚小国发起建立的，其初衷是平等合作，不希望印度取得支配地位。这使得印度认为南盟有可能成为南亚其他国家联合起来对付自己的一个论坛，也客观上决定了印度不会付出很大努力来推动南盟的区域合作。第二，印度一直是宗教原教旨主义者和其他极端主义行动袭击的目标。随着边境的开放、区域一体化空间的加大，印度担心安全问题会出现恶化。第三，鉴于巴基斯坦等成员国的不妥协立场，印度认为推进南盟发展所耗费的政治成本过大，不如将精力投入区域内双边合作，或者干脆将目光转向南亚以外。印度已与不丹、尼泊尔和斯里兰卡签署了双边自由贸易协定，而其与亚太其他国家的合作更是开展得有声有色。因此，以经济合作为宗旨而建立的南盟难以取得突破的重要原因在于区内权力结构的矛盾，成员国之间缺乏政治互信，主导大国印度基于政治、外交和安全考虑没有发挥积极的作用，这一趋势在短期内难以改变。

（3）"东向"战略伴随印度崛起加速发展。

中印快速崛起改变了亚太地区的权力结构，而这一改变则给印度的"东向"战略提供了实现空间。进入21世纪以来，印度在国际层面的崛起态势开始凸显，亚太合作战略带来的收益随之增加。印度在国际多边机制中扮演更重要角色、致力跻身重要大国之列的步伐加快。鉴于主要大国目前的态度日趋积极，随着联合国尤其是安理会改革提上日程，印度的"入常"将只是一个时间问题。国家实力的快速增长为印度扩大"东向"战略的涵盖范围创造条件。在亚太权力结构变化的大背景下，印度与东盟、日本甚至美国的"相互需要"增强，战略合作空间扩大。同时，与南亚合作不同，印度在"东向"战略的推进过程中能够寻求到更多的经济合作空间。南亚各国间存在的比较优势趋同的特点在"东向"战略中并不存在。由此判断，伴随着亚太地区权力结构的改变以及印度自身的快速崛起，其"东向"战略有望在经济、政治、安全等领域加速发展。

（4）中美印三角、印美关系与印度的TPP对策。

从前景看，如果中国快速崛起的势头不变，则美印相互靠拢的速度可能会加快。从印度的角度看，对美关系具有特殊地位。印美双方在亚太地区稳定、阿富汗重建与地区反恐、印度洋安全等问题上存在共同利益，均有密切战略关系的需求。但与此同时，印美在反扩散、地区安全、印巴关系等问题上仍存在矛盾，印美民用核能合作是否顺利推进也还是未知数。在经贸合作领域，印度对发展对美贸易，特别是扩大对美出口具有浓厚的兴趣，但对由美国发起的跨太平洋战略经济伙伴关系协议（TPP）却抱有一种"事不关己"的心态。印度学者倾向于认为TPP是中美竞逐亚太地区经济秩序主导权竞争的一部分，而受国内复杂政治环境的强力制约，印度在未来加入该协定的概率非常小。

澳大利亚的亚太经济合作战略

自 20 世纪 80 年代以来，伴随世界经济重心向亚太地区转移，澳大利亚经历了 30 多年强有力的经济增长，成为全球发达经济体中唯一获得持续经济增长的国家。在这一过程中，澳大利亚的"面向亚洲"政策扮演着至关重要的角色①。澳大利亚认识到，澳大利亚的命运注定要与亚洲紧紧拴在一起，确保与亚洲尽可能保持良好关系关乎澳大利亚的核心利益②；这也是澳大利亚一直把亚太地区作为其区域经济合作战略重心的关键因素。几十年来，澳大利亚以其国家利益为基本导向，采用多层次、多途径的区域经济合作战略，积极参与亚太地区经济合作机制的建设。目前，澳大利亚的中心目标是如何在当今及未来与亚洲的联系当中取得最大成果，而与亚太国家加强双边和地区经济合作则是强化彼此联系的最具活力的手段。作为一个中等开放体，澳大利亚在地区经济合作问题上有着自身的利益诉求和战略取向，并因此对亚太地区经济合作的整体进程有着不容忽视的影响。

---

① 澳大利亚与亚洲的关系经历了隔绝、逐步认识、面向和融入的过程。20 世纪 80 年代末到 90 年代初，冷战结束，国际形势趋于缓和，全球经济一体化、集团化步伐加快，国际经济重心向亚太地区转移。在这种背景下，澳大利亚日益意识到与其相邻的亚洲地区的重要性。1989 年 12 月，澳大利亚外长埃文斯首次使用了"全面融入"一词来描绘澳大利亚对东南亚地区的政策。1991 年 12 月基廷政府上台后，进一步提出了"澳大利亚的未来在亚洲"的战略思想，在经济、外交、军事、文化和移民等方面采取了一系列切实的行动和措施，从而把澳面向亚洲的政策推向一个新的高峰。自此以后，虽然澳亚关系历经波折，但澳大利亚"面向亚洲"的战略并没有根本逆转。参见张秋生《澳大利亚与亚洲关系史：1940～1995》，北京大学出版社，2002，第 1～2 页；王传剑：《澳大利亚与东亚合作：政策演进及发展趋势》，《世界经济与政治论坛》2007 年第 1 期。

② 〔澳〕彼得·纽金：《澳大利亚与未来亚洲》，《当代亚太》2000 年第 6 期。

一　澳大利亚经济合作战略的历史演进

冷战结束后，澳大利亚积极参与多层面的国际经济合作，尤其把亚太区域经济合作战略作为其区域经济合作政策的基本导向。积极参与亚太区域经济合作，是澳大利亚"面向亚洲"外交政策在国际经济合作领域的具体体现，尽管在不同时期区域经济合作路径的选择不尽相同：工党政府试图寻求多边的途径，自由党政府则偏好强调同亚太地区国家发展双边经贸合作关系。

就历史经验来看，澳大利亚的国际经济合作战略有着多边主义的传统①。澳大利亚偏好多边主义的一个重要原因是，它在多边组织的运作上可以利用自身中等强国的影响力来发起倡议，与其他国家建立联合阵线，以增进彼此的共同利益。澳大利亚政府清楚地意识到，作为一个开放的经济体，任何形式的贸易自由化都能使它从中受益。全球多边贸易体制一直是澳大利亚十分看重的工具和舞台，因为多边贸易体制的目标和澳大利亚的最高利益是一致的，也只有通过多边贸易体制才能迅速、全面、深入地实现全球范围内的贸易自由化。

冷战结束前后，霍克和基廷的工党政府（1983～1996年）沿袭了这一传统，并成为全球多边贸易体系的实际倡导者，为促进多边贸易谈判不遗余力，尤其是1986年成立的以其为首的凯恩斯集团，在乌拉圭回合谈判中与欧盟、日本等农业保护主义成员国坚决斗争，才使得历时长久、艰苦卓绝的乌拉圭回合谈判得以结束，并成立了约束性更强的世界贸易组织（WTO）。澳大利亚认为，WTO的成立能够更有效地约束各成员方忠实履行他们对WTO的承诺，更有效地促进全球贸易自由化。此外，较少为人所知但同样重要的是，澳大利亚在乌拉圭回合《服务贸易总协定》谈判过程中也发挥了重要的领导作用。

在地区多边合作方面，霍克和基廷政府希望在亚太地区建立一个更为广泛

---

① 澳大利亚是少数几个加入第二次世界大战后重建的全球贸易体系的国家之一、GATT 的 23 个创始国之一、WTO 的成员。

的机制框架，以适应日益密切的澳亚经贸关系和全球区域集团化趋势的需要①。20 世纪 80 年代后期蓬勃发展的区域集团化趋势，特别是欧洲单一市场和北美自由贸易区的形成，给澳大利亚造成很大的压力。澳大利亚担心被排除在这些主要的区域集团之外，希望通过建立一个地区经济合作机制为其提供保护伞。经过霍克总理的倡议和努力，1989 年 1 月亚太经济合作组织（APEC）正式成立，成为亚太地区重要的经贸论坛。APEC 成立后，为确保澳大利亚能够借助这一机构更好地融入亚洲，为澳大利亚带来实实在在的经济成果，澳大利亚继续付出努力以推动这一多边机构的进一步发展。1990 年新加坡会议、1991 年汉城会议和 1992 年曼谷会议对于推动 APEC 的发展起到了相当重要的作用。在基廷政府的努力下，APEC 成功地把中国、香港地区和中国台湾带入了这一进程之中；不仅如此，APEC 也达成了管理这一机制运行的一系列目标、原理等协议，确立了 APEC 秘书处，对亚太地区贸易自由化进行了探索，并成立了一个杰出人物小组为 APEC 未来的发展方向提供建议。这些发展为此后举行的西雅图会议和曼谷会议奠定了基础。西雅图会议和曼谷会议是 APEC 早期发展过程中重要的里程碑，特别是曼谷会议设定了发达国家于 2010 年、发展中国家于 2020 年实现贸易投资自由化的目标。这样，贸易投资自由化与堪培拉和新加坡会议确立的经济技术合作共同成为 APEC 经济合作的重要组成部分。此外，基廷政府还建议把 APEC 会议由部长级升格为领导人级，其目的就是把 APEC 由一个经济合作论坛转变为一个拥有真正政治权威、有着明确的并且可实现的议程的组织。这一建议后来框定了一个更为广泛的动机，这就是 APEC 应该成为更为战略性的而不单单是经济超级结构的组织。基廷政府之所以希望抬高 APEC 的级别并赋予其更为战略性的意义，其一个重要的考虑是：美中日领导人聚会有利于框定决定亚洲未来的政治和安全关系，而以这种方式，亚太地区大国能够在制度、经济和战略上加强联系和合作；同时澳大利亚也能够在这一广泛和强有力的地区合作机构中获得一席之地。

---

① 在澳大利亚的外交议程中，在亚太地区建立一个更为广泛的机制框架的思想早已存在。1968 年澳大利亚开始研究亚太多边经贸合作的可行性，与日本、美国和加拿大创立了太平洋贸易与发展会议。1979 年，澳大利亚与美国共同提出太平洋贸易与发展会议的构想。1986 年澳大利亚与日本共同组建太平洋经济合作理事会。

澳大利亚大力推动 APEC 向组织化、制度化方向发展，把 APEC 当成其开展地区外交的一个主要工具，其间需要克服一系列挑战。其中一个主要挑战是马来西亚前总理马哈蒂尔提出的创立东亚经济集团（EAEG）的主张。这一建议强化了东盟与东北亚国家的合作，把北美、澳大利亚和新西兰排除在外，从而使东亚经济合作的地理范畴仅局限于亚洲区域而不是整个亚太地区。马哈蒂尔的建议无疑是向积极融入亚太地区的澳大利亚泼了一盆冷水，因为这一建议一旦付诸实施，澳大利亚以前所做的融入亚洲的努力将付诸东流，所以澳大利亚极力抵制这一建议。最后，由于美国的抵制和东盟成员国内部的分歧，马哈蒂尔成立东亚经济集团的主张并没有成为现实，取而代之的是东亚经济论坛（EAEC）这样一个非正式的安排。

澳大利亚的多边主义贸易政策在 20 世纪 90 年代中期开始转向。1996 年霍华德联合政府上台后，在推动多边贸易自由化的同时，更侧重采取具有"积极性"和"结果导向"的双边自由贸易政策。霍华德政府明确表示，加强双边关系将是未来澳大利亚贸易政策的重点之一，追求特惠贸易协定（PTA）是其最重要的官方贸易议程。事实上，在霍华德政府执政初期，澳大利亚在寻求与主要贸易伙伴达成 PTA 方面的反应非常迟钝①；反而更热衷寻求在澳大利亚—新西兰紧密经贸关系协定（CER）和东盟自由贸易区（AFTA）之间达成协议，但遭到东盟一些贸易保护主义成员国的拒绝。这部分地导致澳大利亚的贸易政策发生明显转变：政府开始积极寻找 PTA 的潜在伙伴。

到 2006 年，霍华德政府已经制定了一个非常积极的 PTA 议程；同时也为 PTA 设立了明确标准，即必须"带来可观的经济效益""比通过多边努力更快带来可能的效益""在贸易范围内更具全面性""与澳大利亚加入世贸组织的承诺和目标相一致""大大加强更广泛的经济和外交政策并大力改善战略利益"等。这些标准背后彰显了霍华德政府追求 PTA 的防御性、政治性和战略性的动机。首先，这一政策无疑受到防御性利益的驱使，主要体现为必须维护现有的市场准入。例如，保护澳大利亚最重要的载客汽车出口市场是澳大利亚

---

① 霍华德政府曾回绝了加拿大、智利和美国的主动要求。这些国家都对 PTA 谈判感兴趣，希望与澳大利亚直接达成双边协议，或者通过与澳大利亚—新西兰紧密经贸关系协定（CER）相衔接进行谈判。

与海湾合作委员会（GCC）开展谈判的重要动机；澳大利亚与韩国缔结PTA的兴趣也是受到韩国与美国双边贸易协议的激励，后者可能对澳大利亚对韩国的牛肉出口产生不利影响。同样，澳大利亚和东盟的自贸协定谈判也是受到中国—东盟自由贸易区的刺激①。其次，积极追求PTA，也是迫于当时强大的国内政治需求的压力。在霍华德政府执政时期，亚太地区国家纷纷追赶PTA的潮流，当时有80多个涉及东亚国家的PTA正在实施、谈判或者研究之中。其中，日本是亚洲第一个付诸行动者，希望利用PTA打开主要的出口市场，同时保护其农业部门；中国一直在利用PTA来维护其在东亚的领导地位；新西兰公开明确地以PTA作为"保险政策"，以防范今后其主要市场和整个贸易体系发生不稳定的风险；美国也在利用PTA达到政治与战略目的；东盟也成功地与澳大利亚的主要贸易伙伴谈判了若干个协议，并在一些扩大区域贸易安排的提案中处于核心地位，而澳大利亚则可能被排除在外。面对双边协议在亚太地区扩散的压力，霍华德政府希望通过加快PTA谈判步伐，向国内各种政治力量传达出澳大利亚也在"跟上邻居"、积极"参与游戏"的信号。最后，澳大利亚希望利用双边贸易协定为武器，加强外交政策和战略利益。霍华德政府加强澳、美政治和战略联系的愿望，大大推动了澳—美自贸协定的谈判，因为霍华德政府将澳—美自贸协定看作把澳美两国捆绑得更紧的一种手段。澳大利亚前贸易部长马克·维尔对此直言不讳，声称澳—美自贸协定就是"澳—新—美条约在商业上的翻版"。总体来看，霍华德政府的双边自贸协定谈判始终存在着很大的防御性成分，同时也利用这些协定去争取非经济的目标，比如推进其外交政策和维护安全利益等。

2007年11月，陆克文工党政府上台伊始，对澳大利亚的贸易政策进行重大调整，放弃霍华德联合政府双边贸易政策优先于多边贸易政策的主张，把推动全球贸易改革和世贸组织多哈回合谈判列入其贸易政策"第一优先"的位置。事实上，这种政策的转变极具传统的、澳大利亚政治摇摆不定的特点。自第二次世界大战以来，保守党政府往往倾向于用双边的办法处理贸易政策，其

---

① 在澳大利亚看来，东盟与中国自由贸易协定的签署，导致了澳大利亚对东盟国家蔬菜出口量的暴跌；而与东盟签订自由贸易协定则是恢复澳大利亚在东盟市场竞争力的关键。

理论前提是与"朋友"做交易最符合澳大利亚的利益；与之相反，工党政府一向认为，多边贸易体系为澳大利亚提供了追求自身经济利益的最好机会。在工党看来，澳大利亚不具备牺牲其他国家的利益而从主要贸易伙伴手中获取大笔交易的规模、影响和国力，而这恰恰是双边 PTA 的固有特征；充其量，澳大利亚只能就"防御性"的双边 PTA 进行谈判，在贸易伙伴已经以优惠条件进入其他国家的情况下，借此进行"公平的竞争"。但是，在"进攻性"利益（即改善出口的市场准入）方面，工党历来的观点是：多边贸易谈判最有利于保障澳大利亚的利益，因为在多边贸易谈判中，手中筹码更多，更有可能实现重大的利益交换；而且，在许多部门和不同对手之间进行全面的谈判意味着可能得到更好的结果；此外，多边贸易体系还有其他重大的好处，包括：提供保护像澳大利亚这样小国的国际贸易规则、提供让澳大利亚影响该体系规则的机会以及促进经济与政治的分离①。

作为陆克文政府贸易政策的首要任务，通过 WTO 改革全球贸易和取得多哈回合谈判的成功并不是一件容易的事，因为这期间多边贸易体系正面临巨大的挑战，这些挑战包括世界各国与多边主义渐行渐远，特别是北半球富国对多边贸易自由化的支持正在下降，这带来了削弱 WTO 作为国际合作核心机构作用的风险；美国和西欧主导的两极贸易体系向包括新经济大国（如中国、印度和巴西）在内的多极体系的转变；以及动摇非歧视原则和多边主义的 PTA 的扩散。因此，无论在形式还是在效果方面，陆克文工党政府在决定其贸易政策的全球多边主义导向时，面临着十分艰巨的两难处境。

正是这种困境，促使陆克文政府更加注重亚太区域的多边经济合作。陆克文强调澳大利亚应全方位融入亚太地区，并在该地区事务中发挥更大的作用；决心将澳大利亚打造成为西方世界中最精通亚洲文化的国家，以顺应正在出现的亚洲世纪。陆克文最重要的思想是仿效基廷政府成功推动创建 APEC 的先例，积极倡导创建新的亚太地区机制。2008 年 6 月，陆克文在亚洲协会澳亚中心发表演讲，主张在全球经济重心东移和亚洲面临安全、能源、资源等巨大

---

① Ann Capling, "Australia's trade policy dilemmas," *Australian Journal of International Affairs*, Vol. 62, No. 2, 2008, pp. 229 – 244.

挑战的形势下，亚太国家必须突破基于"脆弱的"双边或次区域组织的局限，着眼于整个地区，建立"亚太共同体"（Asia Pacific Community），以确保本地区的"开放、和平、稳定、繁荣和可持续性"。

在陆克文设想的亚太共同体中，他将澳大利亚定义为亚洲国家，希望在不影响澳美联盟的基础上，全方位融入亚太地区，被该地区的国家接纳和信任；同时希望在建立亚太共同体的过程中，获得主动权，积极主动参与区域合作，增强地区影响力。陆克文提出的"亚太共同体"的设想既是从 APEC 发展而来，又是其本人对亚太地区未来发展合作趋势的一种设想①。毋庸置疑，陆克文的这种设想符合澳大利亚的利益，但在错综复杂的亚太地区，各国政治经济制度、文化传统、经济发展水平的重大差异，一些国家的边界、领土领海争端以及历史遗留的纠葛，一些国家内部由于政治转型而引发的持续社会动荡，美国对东亚地区的牵制等，都决定着"亚太共同体"充其量只是一种美好的设想。特别对澳大利亚而言，其行动不仅取决于其他各国的合作，更取决于美国的态度。抛去中国、日本、东盟等国家和组织不说，没有美国的支持和参与，"亚太共同体"的设想也难以实现。澳政府发布的《在亚太世纪保卫澳大利亚：2030 年的国防部队》白皮书第十六条款承认："建立这样一个共同体的重要条件是美国在亚太地区持续的保持军事存在，本地区的战略稳定在很大程度上主要依托美国的持续影响力，这种影响力通过美国与日本、韩国和澳大利亚等国构建的同盟网络和安全合作伙伴关系发挥，通过美国在西太平洋保持的高度军事能力发挥出来。澳大利亚政府将继续加强与我们在本地区伙伴的防御和战略关系。"② 无论如何，即使"亚太共同体"已经成为一种"虚幻"，"亚太共同体"的倡议本身还是体现了陆克文政府的意图，那就是澳大利亚仍然积极追求融入和一体化于亚洲的政策（见表1）。

---

① 在陆克文看来，"亚太共同体"这一合作机制应汲取东盟经验，在亚太经合组织基础上建立，涵盖澳大利亚、美国、日本、中国、印度、印度尼西亚等所有本地区国家，使各国在政治、经济和安全等方面开展全方位的对话、合作和行动，建立真正的、全面的共同体意识，建立地区自由贸易机制，保障能源资源和粮食安全。

② Australian Government Department of Defence, "Defending Australia in the Asia Pacific Century: Force 2030," Chapter 5, p. 43, http://www. defence. gov. au/whitepaper/index. htm.

表1　后冷战时期澳大利亚经济合作战略的演进

时期	合作途径	战略重点
基廷政府 （1991～1996 年）	多边主义	●全球多边框架（WTO） ●在 APEC 框架内推动亚太地区贸易、投资自由化 ●抵制 EAEG 的建议
霍华德政府 （1996～2007 年）	双边主义	●特惠贸易协定 ●特惠贸易协定的防御性、政治性和战略性动机
陆克文政府 （2007～2010 年）	多边主义	●全球多边框架（WTO） ●区域多边框架（"亚太共同体"）

二　当前的澳大利亚区域经济合作

2010 年 9 月，澳大利亚工党领袖朱莉娅·吉拉德上台后，澳大利亚面临的经济和战略环境发生了新的变化，但其区域经济合作实施的仍是以亚太地区为主要方向的战略，而且由于受地缘政治、战略利益以及经济和贸易利益的影响，澳大利亚经济合作呈现更为复杂的发展动态。

1. 吉拉德政府贸易谈判的议程

虽然吉拉德政府并没有公开表述其全面的贸易政策战略，但通过多边、地区和双边推动自由贸易的三管齐下的官方贸易议程传统并没有改变，可称为亚洲地区主义和全球主义的混合战略①。其中，WTO 多哈回合谈判处于最优先的地位。吉拉德政府认为，成功完成多哈回合谈判将会创造新一波的全球贸易自由化，而且全球贸易规则的进一步完善能够带来更大的贸易利益。但在当前全球经济动荡时期，由于担心进一步的全球贸易自由化将对本来就脆弱的本国产业带来更大压力，世界主要国家对通过多哈回合多边谈判进一步促进贸易自由化的热情日益降低。这导致当前世界虽然没有退回到保护主义的藩篱之中，但也没有朝着自由贸易的方向前进。全球多边主义前景不明，使得偏好多边主义的吉拉德政府的谈判议程被迫选择一条中间路线：在继续倡导和推动多边体系

---

① Michael Evans, "US – Australia Relations in Asia," Woodrow Wilson Center Asia Seminar, June 1, 2005.

的同时，也积极寻求高质量的地区和双边贸易协定的谈判，只要这些协定支持而不是减损多边体系。

在地区多边主义方面，吉拉德政府继续致力于 APEC 的发展，尤其是通过与美国等发达成员保持极其紧密的关系，极力促进 APEC 各项贸易与投资自由化目标的达成与实施。如果这些目标实现，将大大改善澳大利亚在亚太市场的贸易和投资环境。同时，吉拉德政府也担心，APEC 的神话可能面临走向终结的命运。作为促进亚太地区贸易投资自由化的地区机制安排，自 APEC 成立以来，澳大利亚一直致力于确保 APEC 不会成为一个短视的、排外性的贸易集团，主张以"协调一致的单边主义"为基础的"开放的地区主义"。但是，目前 APEC 的意义和作用正在备受异议。一个重要的原因在于成员国对如何促进贸易投资自由化具有不同的看法；特别是美国一直不赞成单边自由化，而坚持互惠的贸易交易，这实质上是赞成一个歧视性的 APEC 自由贸易集团，这一集团将排除非 APEC 成员得到任何好处。成员国实现贸易投资自由化方式的不同偏好，导致 APEC 很难实现其预定的目标而面临被边缘化的危险，进而造成一些具有共同想法的成员国转而寻求签订自由贸易协定。特别对于美国，由于 APEC 不能带来其想要的自由贸易，目前正在试图按照自己的方式把 APEC 巧妙地改造成一个自由贸易集团。2006 年美国倡议建立的亚太自由贸易区（FTAAP）就是这种新趋势的体现。鉴于中日对这一倡议的疑虑，特别是美国国内反华、反自由贸易政治势力的存在等诸多障碍，FTAAP 充其量只能成为一个长期的愿望[1]；作为实现 FTAAP 的现实路径，第一步则是在一部分 APEC 成员之间成立跨太平洋战略经济伙伴关系协定（TPP）[2]。TPP 的中心目标是成为一个高品质的协定，能够进一步促进亚太地区的经济一体化。从经济层面看，TPP 是美国等一些国家认为短时期在亚太整个地区签订 FTAAP 尚不现实，希望在具有相同想法的成员国之间早日促进自由贸易协定的实现而做出的一项选择，最终还是为了促进 FTAAP 的签署；但在战略层面反映的却是，美国渴

---

[1]　Ann Capling and John Revenhill, "Multilateralising Regionalism: What Role for the Trans-Pacific Partnership?" *The Pacific Review*, Vol. 34, No. 5, 2011, pp. 553 – 575.

[2]　Malcolm Bosworth and Greg Cutbush, "Australia Slow to Realize that APEC's Fairytale is Over," http://www.eastasiaforum.org/category/countries/australia/.

望降低或躲避东亚地区日益上升的地区主义的伤害以及这一地区日益增长的影响特别是中国崛起的一种反应①；其目标就是通过在亚太地区建立一个新的经济框架维持其存在以避免被边缘化。

美国的 TPP 和 FTAAP 倡议违反了 APEC 的非歧视性、非约束性和自愿行动的原理，将会使 APEC 倒退到歧视性的区域集团，虽然可能符合美国的政治和贸易利益，但并不符合整个亚太地区和澳大利亚的经济利益。澳大利亚理应反对这些倡议，但吉拉德政府最终还是选择参与 TPP 谈判，并使之成为其地区贸易谈判的最优先议程。表面上，澳大利亚政府希望 TPP 谈判能够消除或者至少是实质性削减贸易、投资的壁垒，本质上却表明澳大利亚愿意在政治和军事方面加入遏制中国的美国阵营一边，即使这将会付出经济上的代价。

为了保持澳大利亚长期经济景气和在全球贸易体系中的竞争优势，吉拉德政府除积极参与全球和地区多边合作外，还积极致力于寻求其他促进贸易增长和扩大投资的机会。在当前 WTO 谈判陷入僵局和 APEC 进展缓慢的背景下，吉拉德政府更为重视通过其他方式和渠道加强与亚太地区特别是主要贸易伙伴的经济合作，双边自贸区建设便是基于这一思路的理性选择，并且成为其最具活力的发展手段。但选择这一战略也面临不少困难和挑战，其中一个制约因素是澳大利亚缺乏重要的"谈判筹码"。经过单边自由化政策多年的实施，澳大利亚经济已经非常开放，受保护产业和"敏感"部门相对较少，这一方面意味着澳大利亚在双边自贸谈判中承担的"政治"成本大大减少，另一方面也意味着澳大利亚政府几乎无法通过提供"让步"把潜在的合作伙伴引诱到谈判桌来，促使他们开出好价码。缺乏谈判筹码已成为澳大利亚的重大问题，可能使其无力通过双边自贸协定换取市场准入状况的改善②。另外一个挑战是，澳大利亚通常希望达成一个全面的、高质量的 PTA，这也是不现实的，因为许多谈判伙伴特别是发展中国家要与澳大利亚达成这样的协定需要做出政治上困

① Shujiro Urata, "The Huge Asia-Pacific Market Comes of Age: Japanese and US Strategies and APEC's Twentieth Anniversary," Japan Center for Economic Research, February 2009, pp. 1 – 22, http://www.jcer.or.jp/eng/pdf/asia08intro.pdf.

② Ann Capling, "Australia's trade policy dilemmas," *Australian Journal of International Affairs*, Vol. 62, No. 2, 2008, pp. 229 – 244.

难的决定。从这个角度看，吉拉德政府需要采取一个更为灵活的方式来开展贸易协定的谈判。比如，放弃对涵盖所有部门的"全面性"谈判的追求，对商品、服务和投资分别进行单个的协定谈判，延迟或排除敏感部门的谈判等。

需要强调的是，在吉拉德政府的贸易政策议程中，全球多边贸易体系一直处于最为优先的地位，而对双边和地区协定的追求则建立在支持多边贸易体系的前提之上，因为双边和地区协定毕竟是次优于全球多边贸易体系的选择（见图1）。在实践中，澳大利亚政府所倡导的双边和地区协定旨在提升商业机会和实现其更为广泛的经济、外交和安全政策的利益；其目标通常一直高于 WTO 的要求（超 WTO）或者至少是与 WTO 的要求一致，尽管本质上双边和地区协定与 WTO 核心的最惠国原则有着直接的冲突。当然，澳大利亚政府也承认本国已签署自贸协定的收益很小。2010 年澳大利亚政府的一份报告显示，迄今为止，澳大利亚自贸协定并没有带来重要的经济收益。由于缺乏强有力的经济或贸易收益，一些组织甚至把这些协定的性质描述为充其量是政治而非经济的协定[①]。

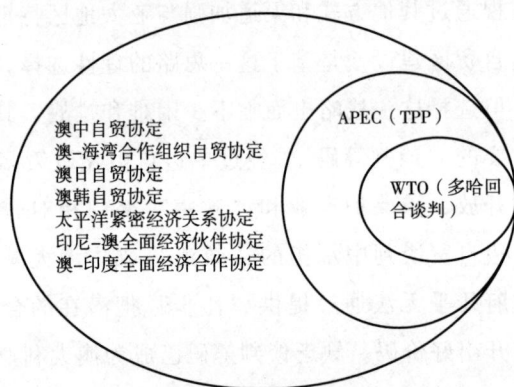

澳中自贸协定
澳-海湾合作组织自贸协定
澳日自贸协定
澳韩自贸协定
太平洋紧密经济关系协定
印尼-澳全面经济伙伴协定
澳-印度全面经济合作协定

APEC（TPP）

WTO（多哈回合谈判）

图1　吉拉德政府贸易谈判的议程

2. 吉拉德政府经济合作的地缘战略

与往届政府比较，吉拉德政府更加强调以亚洲为中心的区域经济合作战

---

① Australian Government Productivity Commission, " Bilateral and Regional Trade Agreements," http：//www. pc. gov. au/projects/study/trade agreements/report.

略。亚洲中心地位的确立，一方面是多年来重视亚洲的结果，另一方面，也是亚太地区形势变化的必然趋势。在政治、战略方面，随着中国、印度等大国经济力量的增长，美国主导的亚洲秩序正在步入历史，一个新的并且是相当不同的亚洲正在显现。美国也认识到了面临的这些挑战，认为其面临的最具有决定性的挑战是在亚洲而不是中东。美国希望亚洲其他国家能够保持强大并团结在美国周围，中国最终将会加入美国主导的阵营当中，这样就会恢复美国无可争议的主导地位。在美国的亚太政策中，澳大利亚是美国西太平洋安全的"南锚"，也是由南向北包抄东南亚乃至整个东亚的"桥头堡"①。在地区国际关系的这种调整过程中，作为中等国家，澳大利亚既希望维护和强化与美国的传统关系，也希望与亚洲特别是中国保持良好的关系。在经济上，随着中国、印度以及东亚地区的经济发展，亚洲已经逐渐成为全球经济增长的一个亮点。同时，由于东亚生产网络的存在，澳大利亚的中长期经济发展必须依靠或者分享亚洲经济成长，特别是目前受全球金融危机影响，欧美市场需求减少，经济增长乏力，澳大利亚的传统市场受到压缩；而亚洲经济的持续高速扩张，使澳大利亚在亚洲有越来越重要的经济利益。2010 年，在澳大利亚的前十大贸易伙伴中，亚洲地区占据了 7 个，占澳大利亚贸易总额的 50.8%（见表 2）。国际货币基金组织统计显示，澳大利亚对亚洲的出口已经从 2000 年占其出口总额的 40% 提高到 2010 年的 60%，仅对中国的出口就占据其出口总额的 1/4 ②。不仅如此，亚洲还是澳大利亚重要的外国直接投资的来源地和投资地。可见，推动澳大利亚确立以亚洲为中心的区域合作战略的主要力量在于亚洲提供的巨大的经济机会。面对 21 世纪世界经济中心东移的压力，澳大利亚希望通过加强与亚太地区的经济政治联系，融入亚太地区和实现共同的"身份认同"，以避免在全球新的地缘政治和经济格局调整中被弱化和边缘化③。

---

① 岳小颖：《冷战后澳大利亚为何追随美国？》，《国际政治科学》2009 年第 4 期。

② International Monetary Fund, "Regional Economic Outlook: Asia and Pacific: Managing the Next Phase of Growth," April 2011, http://www.imf.org/external/pubs/ft/reo/2011/APD/eng/areo0411. html.

③ 沈铭辉：《亚洲经济一体化——基于多国 FTA 战略角度》，《当代亚太》2010 年第 4 期。

表2　澳大利亚主要贸易伙伴（2010年）

金额单位：百万澳元

十大贸易伙伴			十大出口地			十大进口地		
国别/地区	贸易金额	占比（%）	国别/地区	出口额	占比（%）	国别/地区	进口额	占比（%）
中国	105306	19.1	中国	64356	22.6	中国	40950	15.3
日本	66088	12.0	日本	45666	16.0	美国	35273	13.2
美国	49771	9.0	韩国	22387	7.9	日本	20422	7.6
韩国	30102	5.4	印度	19568	6.9	新加坡	14144	5.3
英国	22641	4.1	美国	14498	5.1	泰国	12960	4.8
印度	22201	4.0	英国	12386	4.4	德国	11964	4.5
新加坡	21607	3.9	新西兰	11358	4.0	英国	10255	3.8
新西兰	21301	3.9	中国台湾	8934	3.1	马来西亚	10250	3.8
泰国	19829	3.6	新加坡	7463	2.6	新西兰	9943	3.7
马来西亚	15556	2.8	泰国	6869	2.4	韩国	7715	2.9
APEC	390505	70.7	APEC	208869	73.4	APEC	181636	67.8
东盟10国	80482	14.6	东盟10国	29867	10.5	东盟10国	50615	18.9
欧盟27国	77974	14.1	欧盟27国	27008	9.5	欧盟27国	50966	19.0
OECD	261114	47.3	OECD	126154	44.3	OECD	134960	50.4
全国总额	552351	100.0	总计	284579	100.0	总计	267772	100.0

资料来源：Australian Government Department of Foreign Affairs and Trade，"Composition of Trade Australia 2010 – 2011," http：//www. dfat. gov. au/publications/stats – pubs/cot – fy – 2010 – 11。

2011年9月，吉拉德发表了以"亚洲世纪的澳大利亚"为标题的讲话。在这次重要的讲话中，她分析了亚洲正在显现的经济和战略变化以及这些变化对澳大利亚的意义和机会。吉拉德认为，亚洲的增长和变化是一个具有"世界历史"意义的变化。她特别强调了重要的环境变化是中国和印度经济大国的崛起：

在我们改革驱动的繁荣的20年前，我们和中国经济规模按市场汇率衡量大致相当。自此以后，澳大利亚经历了20年的经济增长，然而，在同样的基础上，目前中国经济是我们的将近4.5倍。20年来，中国和印度经济增长如此之快，以至于它们在全球经济中的份额提高了几乎 3 倍——绝对规模提高了近 9 倍。正是这两个国家，仅仅用 20 年的时间，它们已从占全球经济的不到 1/10 增长到将近 1/5，并且在下一个 20 年里，预计将从 1/5 提高到 1/3。我们这一地区的这种令人难以置信的经济增长也正在驱动着我们这个世界经济和战略的变化①。

　　吉拉德显然认识到，21 世纪亚洲经济崛起带来的全球经济权力结构的转变是一种不可阻挡的趋势，是一种实质上的"风格"转换，而非仅仅"程度"上的变化。亚洲经济崛起将会改变全球社会、经济、战略和环境的秩序，为澳大利亚通过经济发展实现其强国之梦带来了巨大的机会，同时也带来了挑战。吉拉德的讲话表明，澳大利亚新政府对亚洲世纪的出现及其深远影响有了更进一步的认识。一位分析家对此做了中肯的评论，"迄今为止，澳大利亚对这些变化的反应一直是零散的、个案的，并且一直保持一个基本的假定，即我们战略环境的变化是程度上的而非本质上的事情。在过去 10 年或 20 年里，澳大利亚政府一直不愿意去接受和面对我们所面临的地区变化的现实。吉拉德正在改变这种现状，应对这种挑战。她对于澳大利亚融入亚洲应重新思考并制定一个新的战略的呼吁，是一个完全积极的发展，并且是当务之急的事情"②。

　　在吉拉德为澳大利亚描绘的前景中，澳大利亚应该成为亚洲世纪的强国，既与美国保持联盟关系，同时又尊重中国。在应对全球和地区变化的挑战方面，吉拉德政府强调确保经济开放对澳大利亚经济发展的重要性，并主张运用现存的国际机制和结构而非创立新的机制来解决全球和澳大利亚面临的问题。

　　在吉拉德政府以亚洲为中心的区域经济合作战略中，东北亚显然已经成为

---

① Julia Gillard, "Australia in the Asia Century," A Speech Delivered by the Australian Prime Minister, Ms. Julia Gillard, at Asialink and Asia Society lunch, 28 September 2011, http：//www. eastasiaforum. org/category/countries/australia/.

② Peter Drysdale, "Australia hasn't been here before," http：//www. eastasiaforum. org/category/countries/australia/.

其重点。东北亚是亚太地区最富经济动量的地方，也是亚太地区双边主义新趋势的中心，对澳大利亚的繁荣和安全至关重要。东北亚经济增长迅速，具有澳大利亚所需的资金、技术、市场、商品等经济发展要素；东北亚的成员几乎都是澳大利亚的重要贸易伙伴。2012 年 5 月，中日韩三国领导人宣布发起三国自由贸易协定的正式谈判，这意味着东北亚地区经济一体化的速度有可能加快，对于世界经济和东北亚和平都是一个十分重要的发展。在这种背景下，加强和东北亚国家的经济合作不仅有利于维护这一地区稳定，符合澳大利亚的安全利益，还为澳大利亚提供了一个巨大的市场，有助于确保澳大利亚的经济利益。在东北亚地区，澳大利亚与中国的关系至关重要。中国是正在崛起中的大国，将对亚洲乃至世界产生重大影响。澳大利亚在全球和地区发挥中等国家的影响力离不开中国的支持，而中国的经济力量也是吸引澳大利亚重视与中国加强双边关系的重要因素，因为中国显著的经济增长已使得澳大利亚为其自身繁荣而越来越依赖中国。当然，中国迅猛增长的财富和权力也引起了澳大利亚的安全担忧。2009 年 5 月发布的《澳大利亚国防白皮书》宣称中国是未来亚太地区可能的危机爆发点，表明澳大利亚对中国崛起的不适应感日益明显。正是由于中国在澳大利亚对外关系中占有重要地位，所以巩固并扩大对华关系自然成为吉拉德政府所关注的重点。

东南亚是吉拉德政府区域合作战略关注的地区。澳大利亚是东盟最早的外部伙伴之一，与东盟具有重要的、长期的发展合作关系。但长期以来，澳大利亚对东南亚地区的兴趣极大地被框定在与英国的古老的联邦关系以及第二次世界大战后与美国的联盟关系的背景之中。这种派生关系导致澳大利亚对东南亚的政策兴趣缺乏连贯性，并且主要强调对东南亚关系的军事方面。20 世纪 70 年代中期，随着全球和地区局势的变化，澳大利亚和东盟开始确立全面的伙伴关系，加强双方在政治、安全、经济、社会文化和发展合作等全面的合作关系。澳大利亚希望通过强化双边关系以确保这一地区的经济增长和政治稳定，并最终为其产品出口创造一个临近的市场[①]。但就贸易投资关系而言，这一时

① Takashi Terada, "The Australia – Japan Partnership in the Asia – Pacific: From Economic Diplomacy to Security Co – operation?" *Contemporary Southeast Asia*, Vol. 22, No. 1, 2000, pp. 175 – 198.

期澳大利亚并不是东盟主要的贸易伙伴，也不是东盟主要的投资来源地①。从 20 世纪 80 年代中期到 90 年代中期，东盟国家快速的经济增长使其逐渐成为澳大利亚的一个富有吸引力的经济伙伴。1993 年 11 月，在对澳大利亚的访问中，泰国副首相素帕猜建议把澳大利亚—新西兰更紧密经济关系协定（CER）与东盟自由贸易区（AFTA）联结起来。从 1995 年开始，东盟经济部长会议一直在与澳新举行非正式的共同磋商会议。关于东盟—澳新自由贸易协定的对话标志着双边经济关系的一个重要转折点。1997 年亚洲金融危机以后，东盟对内加强了自身一体化建设，对外则更加积极主动地寻求与包括澳大利亚在内的外部国家的经贸合作。2004 年 8 月，东盟经济部长会议同意与澳新开展自由贸易协定的谈判，并于 2010 年正式达成了协议。在澳大利亚看来，随着东盟一体化的深化以及其与中国、印度和日本等外部大国通过自由贸易协定或广泛经济伙伴关系而日益增强的联系，东盟将为澳大利亚提供一个巨大的市场；不仅如此，加强与东盟的经济联系也有助于缓解澳大利亚过分依赖中国市场的风险。同时，考虑到东盟十国中有 7 个国家是 APEC 成员国，有 4 个是 TPP 的成员，加强与东盟国家的关系也为澳大利亚在区域事务中发挥其中等国家影响提供重要的支持。此外，因其地缘的临近，加强与东盟的经济合作也有助于缓和这一地区正在显现的新的传统和非传统安全的威胁。鉴于澳大利亚已与东盟签署了自由贸易协定，所以与包括印度尼西亚在内的东盟主要成员国进行双边经济合作成为目前吉拉德政府考虑的重点。

　　南亚正日益引起吉拉德政府的重视。传统上，南亚地区并不是澳大利亚区域经济合作的战略重点。近年来随着印度经济的快速崛起、澳大利亚与印度经济关系的日益密切以及南亚地缘战略位置的显现，吉拉德政府上台后，开始重视同南亚的经济合作关系，并视之为强化双边关系的重点之一。在澳大利亚看来，印度是南亚最具实力的国家，通过 20 世纪 90 年代的经济改革和冷战结束后外交政策的调整，印度在亚洲和国际社会中的重要性日渐增

---

① 1981 年，澳大利亚仅占东盟出口的 2.5%、进口的 2.9%，对东盟的投资仅占澳大利亚对外投资总额的 11.3%。而且，这一时期澳大利亚与东盟的双边经济关系也遭受贸易摩擦的干扰，比如 20 世纪 70 年代中期到 80 年代早期，澳大利亚的民用航空政策以及对东盟劳动密集型产品进口的限制，激发了双边的贸易摩擦。

长。因此，加强与印度在政治经济领域的互动，符合澳大利亚的利益。在经济方面，作为人口大国，印度经济发展潜力巨大，这对需要超越传统的利益范围、开拓新的市场和投资场所的澳大利亚有着很强的吸引力。印度已经成为澳大利亚的第五大贸易伙伴，澳大利亚则是印度的第六大贸易伙伴。2009～2010 年度，双边贸易额为 200 亿澳元，印澳双方还表示将在今后五年内使两国的贸易额增加一倍，达到 400 亿澳元①。此外，印度还是澳大利亚最重要的能源出口地，对澳大利亚经济发展和能源安全具有重要意义。目前，印澳两国已经开启自由贸易协定的谈判，这预示着双方的经贸关系很快进入一个新的发展阶段。澳大利亚前贸易部长艾默森指出，澳印"一份真正的自由贸易协定将有助于扩大贸易基础，消除阻碍服务贸易、鼓励投资和处理边境内限制贸易的非关税壁垒"②。除了经济因素外，印澳两国战略安全利益互有交集，也是澳大利亚重视同印度关系的重要原因。对澳大利亚而言，加强与印度的关系是实现其亚太外交战略的重要一环。随着国力的提升，澳大利亚不再满足于偏居一隅，希望在更广泛的亚太地区发挥显著作用，以亚太地区作为澳大利亚开展多边外交、构建国际机制的起锚点。在这一过程中，"中国因素"已经成为推动澳重视与印度发展关系的力量之一。澳大利亚希望借助一个不断强大的印度，防止中国在亚太地区的崛起。伦敦国际战略研究所2010 年年度报告曾指出，澳大利亚显然希望得到亚洲另一个大国印度的支持，形成对中国的制衡③。

　　值得注意的是，尽管印澳关系向纵深方向发展，但仍有一些因素对双边关系的发展产生一定的负面影响。例如，澳印对彼此在印度洋地区的未来影响心存疑虑。一些分析家甚至预言澳印在战略安全方面存在激烈竞争的风险，未来两国可能出现对印度洋主导权的争夺，一个关键因素是印澳两国的战略互信依然处于低层次。虽然近年来澳大利亚有借助印度平衡中国的用意，但对澳大利

---

① "Australia and India Talk up Free Trade Deal," *The Sydney Morning Herald*, May 13, 2011, http://www.smh.com.au.

② "Australia, India Start Free Trade Talks," *Sky News*, May 12, 2011, http://www.skynews.com.au.

③ "Asia's 'Middle Powers' Seek to Balance China," *Defence Talk*, September 8, 2010, http://www.defencetalk.com.

亚来说澳中关系的重要性远胜澳印关系①。

3. 区域经济合作中的美国因素

澳大利亚和美国有着密切的历史、文化、政治和安全联系。美国不仅是澳大利亚主要的经济伙伴，而且是最重要的战略伙伴，特别是澳美同盟一直是澳大利亚外交与贸易政策的基石。澳大利亚认为，与美国保持紧密的同盟关系和维护美国在亚太地区的军事存在，能为本国提供有效的战略安全保障，对本国的经济繁荣也至关重要。澳大利亚忠于澳美同盟，实施追随美国的政策，无论是联盟党还是当前执政的吉拉德工党政府并无二致。近一段时期，美国在亚太地区重新进行了战略调整。美国一方面强调经济因素是驱动其"重返亚太"的最重要因素，希望以一个参与者的身份借亚太地区的发展动量来发展自身②；另一方面，美国通过在亚太不断强调在军事战略上的"重返亚太"——增加在澳大利亚的驻军，增派定期前往新加坡港的军舰，进一步增强同菲律宾、越南等国的军事关系，试图维护其在这一地区的霸权地位③。随着美国不断加大"重返亚太"的力度，澳大利亚将会越来越强烈地感受到对外政策选择的压力。正如东盟许多国家一样，澳大利亚在外交政策上奉行高度的"实用主义"。作为一个中等国家，澳大利亚自然而然地希望寻求军事安全，而美国则可以为其提供军事庇护。因此，吉拉德政府积极支持美国参与亚太地区的事务，鼓励美国在亚太驻军，欢迎美国在澳大利业进行"前沿部署"，促进双边的军事交流和训练，就成为自然的逻辑。

另外，虽然澳大利亚和美国是联盟关系，但澳大利亚与美国在战略上的立

① 刘思伟：《后冷战时期印度澳大利亚关系新发展》，《南亚研究》2011年第4期。

② 沈铭辉：《东亚合作中的美国因素——以"泛太平洋伙伴关系协定"为例》，《太平洋学报》2010年第6期。

③ 美国以"航行自由"为由，不断介入南海领土主权争端就是一个典型的例子。不久前，美国智库——新美国安全中心在华盛顿举行了南海战略报告发布会。会上发布的《南海战略报告》称，南海系西太平洋和印度洋之间的"咽喉"，是全球化和地缘政治的"冲突点"，美国能否在21世纪领导亚太，决定性因素就要看处于战略领头地位的南海。报告建议，应当着力于建立以美国为主导的多边机制。为应对中国在南海问题上的"霸权"，美国可以在南海问题上编织新的安全伙伴网。这种新安全伙伴网应该是"轴—辐"式的，一种围绕"美日韩澳菲"的联盟模式。这些建议突出显示了美国要给亚洲发展定规则、树旗帜的冲动。参见《亚洲需要美国怎样的"重返"》，《人民日报》2012年4月23日，第23版。

场并非完全一致，尤其体现在对中国崛起的看法上。澳大利亚和美国对中国崛起的挑战做出了截然不同的反应。美国对中国经济的崛起持有敌对的立场，把中国更多地看作一个商业和军事的威胁，指责中国与美国巨额的贸易赤字，寻求使用各种各样的报复措施；与之相反，作为一个相对较小的经济体，澳大利亚对中国的崛起抱着欢迎的态度，认为自身能够从中国崛起中获得更多的经济利益以促进本国经济的繁荣。经济立场的迥异可能会对澳美双边联盟关系造成负面的影响，因为中国经济对澳大利亚日益增强的影响使澳大利亚陷入困境，即澳大利亚必须在与中国日益重要的商业关系以及同美国长时期的安全联系之间采取一种平衡。

吉拉德政府在对待中国问题上，试图努力把经济战略和政治安全战略明显地区分开来。安全战略上仍强调保持澳美联盟的重要性，追随美国遏制中国的战略；经济上则倾向于与中国开展广泛的经济合作①。澳大利亚试图在北京和华盛顿之间保持平衡，即借助中国发展自身经济，借助美国来保持亚洲的战略平衡，而不希望出现需要在美国和中国之间做出选择的情况。这种平衡战略对于吉拉德政府是一个艰难的选择，而如果出现中美对抗的情况，将对澳大利亚来说更是个"噩梦"。这是美国"重返亚太"带来的一个麻烦②。

三　主要的区域经济合作框架进展

作为一个非歧视性、单边自由化和开放地区主义的倡导者，自 1947 年关贸总协定成立以来，澳大利亚国际贸易关系的发展主要是在多边的关贸总协定或 WTO 的框架下进行的。虽然澳大利亚于 1983 年同新西兰签署实施了紧密经济关系协议（CER），但在此后的 20 年间澳大利亚贸易政策的总体趋势是多边导向的。21 世纪初期，澳大利亚的贸易政策战略发生了重要转变，其标志是 2003 年澳新自贸协定和 2005 年澳美自贸协议的达成。

---

① Jeffrey D. McCausland, Douglas T. Stuart, William T. Tow and Michael Wesley ed. ,"The Other Special Relationship: The United States and Australia at the Start of the 21st Century," February 2007, pp. 189 – 212, http: // www. StrategicStudiesInstitute. army. mil/.

② 参见《亚洲需要美国怎样的"重返"》，《人民日报》2012 年 4 月 23 日，第 23 版。

自此以后，澳大利亚先后与泰国（2005 年）、智利（2009 年）、东盟、新西兰（2010 年）、马来西亚（2012）签署了自贸协定。当前，澳大利亚正与中国、日本、韩国、印度和印度尼西亚进行双边自贸协定谈判。同时，澳大利亚还同太平洋岛国邻国、海外合作理事会、TPP 进行地区协定谈判。迄今为止，澳大利亚已签署或实施了 7 个自由贸易协定，正在谈判的协定有 8 个（见表 3）。

表 3　澳大利亚的自由贸易协定

现状	协定名称
已签署或实施	澳大利亚—新西兰更紧密经济关系协定（1983 年 1 月 1 日生效）
	新加坡—澳大利亚自由贸易协定（2003 年 7 月 28 日生效）
	泰国—澳大利亚自由贸易协定（2005 年 1 月 1 日生效）
	澳大利亚—美国自由贸易协定（2005 年 1 月 1 日生效）
	澳大利亚—智利自由贸易协定（2009 年 3 月 6 日生效）
	东盟—澳大利亚—新西兰自由贸易协定（2010 年 1 月 1 日生效）
谈判中	澳大利亚—马来西亚自由贸易协定（2005 年启动谈判，2012 年 5 月签订协议）
	澳大利亚—中国自由贸易协定（2005 年启动谈判，2012 年开始第 18 回合谈判）
	澳大利亚—海湾合作组织自由贸易协定（2007 年 7 月启动谈判，2009 年 5 月开始第 4 回合谈判）
	澳大利亚—日本自由贸易协定（2007 年启动谈判，2012 年 4 月开始第 15 回合谈判）
	太平洋紧密经济关系协定（2009 年 9 月开始第 40 次会议，2010 年 4 月召开经贸官员会议）
	澳大利亚—韩国自由贸易协定（2009 年 3 月启动谈判，到 2012 年 3 月已举行 16 次会议）
	印度尼西亚—澳大利亚全面经济伙伴协定（2010 年 11 月开始倡议，2012 年拟举行首轮谈判）
	跨太平洋战略经济伙伴关系协定（TPP）（2012 年 7 月开始第 13 回合谈判）
	澳大利亚—印度全面经济合作协定（2010 年 5 月完成联合可行性研究，2012 年 5 月开始第 3 轮谈判）

资料来源：http：//www. dfat. gov. au/fta/index. html. http：//www. bilaterals. org/。

澳大利亚已签署的协定涉及广泛的议题范围，除了商品贸易的自由化外，还不同程度上包括服务贸易、投资、知识产权、政府采购和竞争政策等条款。虽然不同协定涉及的议题范围具有广泛的相似性，但仍存在一些差异，这些差异体现了谈判国家的目标和敏感性（见表 4）。

表4　澳大利亚自贸协定的议题范围

	澳新自贸协定	澳美自贸协定	澳泰自贸协定	澳大利亚—智利自贸协定	东盟—澳新自贸协定
商品	●	●	●	●	●
农业		●			
原产地规则	●	●	●	●	●
海关程序	●	●	●	●	●
卫生和植物检疫措施	●	●	●	●	●
技术贸易壁垒	●	●	●	●	●
贸易救济		●	●	●	●
服务	●	●	●	●	●
投资	●	●	●	●	●
电信	●	●	●	●	
金融服务	●	●	●	●	
自然人流动	●	●	●	●	●
竞争政策	●	●	●	●	
政府采购	●	●		●	
电子商务			●	●	●
知识产权	●	●	●	●	●
教育	●				
劳工		●			
环境		●			
透明度		●	●	●	
经济合作					●
合作				●	
制度安排	●	●	●	●	●
争端解决	●	●	●	●	●

注：圆点表示协定文本中章节的主题。

资料来源：Australian Government Productivity Commission, "Bilateral and Regional Trade Agreements," p. 56, http://www. pc. gov. au/projects/study/trade agreements/report。

　　澳大利亚希望通过这些协定获得主要市场全面的市场准入，尤其是农业和服务业。从已签订的协定看，澳大利亚也确实获得了一定的利益。例如，从澳美自贸协定中澳大利亚获得的主要利益有：①制造业方面，97%的制造业产品可免关税、开放地进入美国市场。②澳农产品对美出口的市场准入条件获得改善。66%的农产品立即获得免关税对美出口，牛肉的进口配额将逐年取消。③澳服务贸易提供商进入美国专业服务、教育、环保、金融和运输服务市场的条件将获得改善①。但是，澳美贸易谈判也表明，澳大利亚并没有影响力去撬开高度保护的美国农业市场，或迫使对方政府减少国内保护性补贴，结果导致实施的效果并不理想。统计显示，在2005年10月之前的12个月中，澳对美贸易赤字已上升到13亿美元；澳对美出口下降了4.7%，而美对澳出口则提高了5.7%。事实上，澳大利亚国内普遍认为，同美国签署双边自贸协定并不是一个好的交易。但尽管存在国内广泛的反对，澳政府还是签署了澳美自贸协定，其原因不仅在于澳政府受国内政治的约束，特别是政治上具有关键影响力的持赞同态度的产业利益集团的支持，也在于澳政府把澳美经贸合作作为巩固双边安全关系的途径。澳大利亚政府2003年白皮书对此直言不讳："澳大利亚与美国长久的伙伴关系是至关重要的。我们与美国在安全、经济和政治联系上的深化使得两国关系成为一个关键的关系。"不仅对美国是这样，政治和战略利益也是澳大利亚追求与其他国家谈判贸易协定的重要动机。例如，澳中自贸协定谈判就包含澳大利亚政治和战略的考虑。在澳大利亚看来，中国是促进亚太地区和平和安全的一个关键伙伴，"中国日益上升的经济、政治和战略影响是框定亚洲未来的最为重要的因素"，"同这样一个上升中的、更为国际化的中国建立一个强有力的伙伴关系，是澳大利亚政策的重要目标"。

1. 跨太平洋战略经济伙伴关系协定

跨太平洋战略经济伙伴关系协定（TPP）是奥巴马政府主要的贸易政策倡议和美国经济融入亚洲的主要支柱。它是美国用来锁定重要的亚洲经济和政治关系的工具，也是避免被排除在东亚经济一体化进程之外的途径②。从根本上讲，美国积极推动和主导TPP谈判的经济收益相当有限，但其意义远不止于此。事实上，与其说参与TPP是美国的短期经济行为，不如说是其战略性选

---

① 许梅恋、黄若容：《多边自由化？双边自由化？——对澳大利亚的贸易自由化策略评析》，《亚太经济》2007年第3期。

② 中国—东盟自由贸易协定的达成以及东盟"10+3"和东盟"10+6"的进程，导致美国担心被排除在亚洲一体化进程之外。美国的一个反应是参加东盟首脑会议，另一个反应是加入TPP谈判。参见Fred Bergsten and Jeffrey Schott，"Submission to the USTR in Support of the Trans-Pacific Partnership Agreement," 25 January, 2010, http：//www.piie.com/publications/papers/。

择更具有说服力。TPP 政治和战略的动机是更为复杂的，本质上，TPP 只是美国应对东亚合作、获得非传统经济利益的工具①。美国通过 TPP 维持或加强与新加坡、韩国、日本以及其他部分东盟国家的经济政治安全联系，"对冲"或平衡中国崛起的影响，延长美国霸权的时间。应该说，TPP 是作为一个政治和安全的工具，用来增强美国与该地区盟国的联系，核心是强化美国在亚洲的持续存在，美国选择 TPP 是其针对亚洲地区主义而采取的一个分而治之的战略。美国的这种政治和战略意图已经成为 TPP 的最大风险。

当前 9 个国家参与了 TPP 谈判，即澳大利亚、文莱、智利、马来西亚、新西兰、秘鲁、新加坡、美国、越南（TPP 9），墨西哥和加拿大不久也要参与谈判（TPP 11）。在 2011 年 APEC 会议期间日本曾表达了加入谈判的意愿，但迫于国内农业部门等强大的政治势力的抵制，2012 年年初日本野田佳彦政府表示将放弃加入 TPP 的申请。2012 年 7 月，TPP 开始了第 13 轮谈判，美国希望能够达成管理亚太地区贸易和商业的规则，但是否能够取得一些实质性的进展仍有待于观察。

TPP 是吉拉德政府最为优先的地区贸易谈判议程，但澳大利亚对 TPP 的发展前景还是充满了疑虑。首先，虽然 TPP 是由美国发起的，但美国可能也会成为任何实质性 TPP 谈判的障碍。传统上，美国一直致力于构建一个自由贸易的秩序，但总体而言美国对自由贸易秩序的构建有着一个曲折的历史。例如，虽然澳美签署了自贸协定，但并没有像澳大利亚最初希望的那样，能够自由化美国的农业市场。事实上，涉及 TPP 谈判的众多国家都对与美国当局的任何自由贸易谈判持有相当怀疑的态度。其次，TPP 的谈判议程，诸如农业开放、知识产权、劳工和环境标准、国有企业改革等，以及由美国主导的谈判将使日本、中国、韩国、印度尼西亚等东亚重要经济体很难加入。因为，如果满足美国的要求，这些国家将面对一些另外的问题，会潜在地损害它们自身

---

① 中国学者万璐认为，美国加入 TPP 只能拉动其 GDP 增长 0.05% ~ 0.06%，出口增加 0.24% ~ 1.1%。美国学者佩特里同样认为，美国从 TPP 中获得的经济收益有限，仅能使其 GDP 增加 0.03% ~ 0.07%，出口增加约 2.0%。参见万璐《美国 TPP 战略的经济效应研究——基于 GTAP 模拟的分析》，《当代亚太》2011 年第 4 期。Peter A. Petri, Michael G. Plummer and Fan zhai, "The Trans-Pacific Partnership and Asia-Pacific Integration: A Quantitative Assessment," *East-West Center Working Papers, Economics Series*, No. 119, October 24, 2011, pp. 29 – 37.

的关键政治集团的利益。如果 TPP 的目的在于整合亚太地区的经济，锁定跨太平洋地区经济关系的发展，那么，作为推动全球经济增长的主要力量的这些重要经济体的缺位，特别是中国不加入 TPP 谈判，将成为 TPP 的中心战略挑战，这是导致人们质疑 TPP 成功可能性的重要因素。最后，参与国家在经济发展水平、发展路径和利益诉求的差异导致对 TPP 的议程范围和设计具有多样性的要求。要在涉及众多国家的 TPP 谈判中达成一致的协议，将会是非常困难的事情。

对于澳大利亚而言，当前的 TPP 11 框架绝非澳大利亚参与 TPP 谈判的目的，这是因为通过 TPP 11 澳大利亚所能获得的福利收益非常小。不仅如此，出于自身利益考虑，澳大利亚并不打算把自身的医疗福利计划、知识产权、投资者—国家争端解决纳入本国贸易协定谈判的议程，而这三个方面则是美国在 TPP 谈判中的主要诉求①。在此背景下，如果美国不能满足澳大利亚在蔗糖和奶制品等澳美自贸协定下敏感商品项下的利益，却强迫澳大利亚接受医疗福利计划、知识产权、投资者—国家争端解决等规则，那么澳大利亚的成本收益将变得不平衡，除非今后 TPP 谈判成员范围得以扩大，否则澳大利亚参与 TPP 是没有经济意义的。一个可能的结果是，出于战略和政治原因，澳大利亚或许可以加入一个经济上虚弱的 TPP。同时，鉴于澳大利亚与中国日益增强的经济关系，澳大利亚也不希望 TPP 演变成为一个美国主导的遏制中国的政策。澳大利亚明确表示，如果出现这种情况，将会退出 TPP 谈判。

2. 澳大利亚—中国自由贸易协定

2002 年，在中澳建交 30 周年之际，澳大利亚总理霍华德与中国总理朱镕基同意就一个新的双边贸易与经济框架协议进行磋商。此后，中澳两国政府有关部门就促进贸易与投资的行业战略、加强经济合作对话机制，以及确认经济互补和开发方式三个方面的共同研究开展了联合行动，并在很多方面取得了共识。2003 年 10 月，中澳两国正式签署《中国澳大利亚贸易与经济框架》。该框架不仅明确了中澳两国经贸合作的长期发展方向和基本原则，

---

① Patricia Ranald, "The Trans-Pacific Partnership Agreement: Contradictions in Australia and in the Asia Pacific Region," *The Economic and Labour Relations Review*, Vol. 22, No. 1, 2011, pp. 81 – 98.

还提出了两国共同关注的重点合作领域。以此框架为基础，中澳两国从 2004 年 12 月开始双边自贸区的可行性联合研究，并在 2005 年开始首轮谈判①。

澳大利亚发展与中国的自贸协定主要是为了实现贸易和投资的进一步增长，以及改善包括农副产品和服务在内的更大范围的出口产品的市场准入条件的目标。澳大利亚对中国的农产品和服务出口能力已经成为谈判中的利益焦点。对于中国而言，与澳大利亚开展自贸区的谈判既具有重要的战略性，又具有复杂性。一方面，澳大利亚在亚太地缘政治、外交以及资源和经济方面的特殊地位，与中国有明显的互补性。如果建立自贸区，有助于帮助中国缓解经济的快速增长与能源、原材料等战略资源不足的矛盾，双方经贸合作也有很好的基础。另一方面，澳大利亚属于西方发达国家，又是凯恩斯集团的主要代表，希望从自贸区谈判中获得更多的贸易、投资市场准入机会，同时对国内的农产品市场实行严格的进口质量安全标准，对纺织品、汽车等制造业产业采取高关税手段予以保护，对外国在本国的矿业投资施加严格的审批程序。而中国也面临着扩大开放与确保粮食安全、农民生计安全、农村发展的矛盾，仍然存在对国家经济安全等方面的考虑②。

这种复杂性使得农业、服务业、投资及知识产权成为当前谈判的焦点，也使得自 2005 年开始的两国自贸协定谈判步履艰难。目前，中澳自贸协定已经进行了第 18 轮谈判。究其原因，除了受到澳大利亚国内利益集团的压力，如遭到日益衰退的制造业的反对之外，另外一个重要原因是政治上的而非经济上的。中国经济的崛起，使得澳大利亚的经济和安全利益发生了冲突。一方面，澳大利亚希望中国乃至亚洲保持强有力的经济增长，以使其成为这一增长过程的一部分；另一方面，澳大利亚也害怕本国经济发展过度依赖于中国会带来安全隐患。同时，在澳大利亚看来，中国不是其联盟体系内的成员，所以，澳大利亚希望美国继续保持其在亚洲的存在以防止中国的主导。虽然吉拉德公开表

---

① 张海森：《中国与澳大利亚建立自由贸易区研究》，对外经济贸易大学出版社，2007，第 40 页。

② 张海森：《中国与澳大利亚建立自由贸易区研究》，对外经济贸易大学出版社，2007，第 40 页。

示不会参与遏制中国的行动，但实际情况相反，她在很大程度上顺应了国内亲美主义者的诉求①。澳大利亚的亲美主义者认同"中国威胁论"，对中国的经济和贸易增长充满戒心，这对中澳关系具有深远的影响，也必然影响到双边自贸协定的谈判。

事实上，在经济上不疏远中国与维护和美国的长时期的联盟关系之间，吉拉德政府正面临严峻的选择。也正是这种矛盾心态，使得澳大利亚与中国的自由贸易区谈判少有进展。2011 年 9 月，澳大利亚总理吉拉德为国家未来 15 年的发展制定了一份战略性蓝图，提出：澳大利亚需要深化与中国、印度和印度尼西亚的关系，从繁荣发展的亚洲经济中受益；在安全领域，澳大利亚仍将充当美国的"亚太战略之锚"。这个兼顾两头的权益之策，被澳大利亚媒体批评为"隐患无穷"。《悉尼先驱晨报》称，美国一系列政策的目的在于牵制中国，澳大利亚在军事上追随美国，只会加剧与中国的紧张关系，经济利益受损将不可避免。

中国应使澳大利亚认识到，随着中国—东盟自由贸易区的成功推进和东亚区域经济合作的进展，澳大利亚面临着被排除在地区经济的危险；同中国这一东亚地区最大的经济体达成自贸协定，是澳大利亚整合其与东亚联系的最好方式。同时，也应使澳大利亚认识到，任何一个国家，如果希望受益于中国独一无二的经济机会，就必须认真考虑中国的政治和战略利益。一个追随美国对抗中国的政策并不会为其带来任何益处，而只会损害其经济利益。

3. 澳大利亚—日本自由贸易协定

澳大利亚和日本是亚太地区的发达经济体，又都与美国拥有互相的联盟关系。澳大利亚和日本在许多关键的政策问题上具有共同的利益。澳大利亚前首相霍华德曾把日本描述成澳大利亚在亚洲最好的朋友。在过去，澳大利亚和日本通过紧密合作，有力地推动了东亚和太平洋地区机制的建设。近年来，服从于美国的战略需要，澳日加强了防卫和安全事务的双边合作和联系。另外，两国之间的贸易和经济关系对于两国而言也是极为重要的。长期

---

① M. Wesley, "Rise of China Seen as a Concern," *Sydney Morning Herald*, 2011.

以来，日本是澳大利亚的主要出口市场；澳大利亚则是日本最大的能源供应来源地和其他重要矿产资源的最大供应商，同时也是日本所需农产品的主要供应商。从经济结构看，澳日具有经济的互补性而非同质性。因此，无论在政治、安全还是经济意义上，澳大利亚与日本谈判自贸协定都具有现实的基础。

两国自贸协定谈判始于2007年4月。如果澳日自贸区成为现实，将把两国本来就存在的很强的商业和经济关系推动到一个新的、更高的水平。一项估计表明，如果自贸区建成，2020年日本对澳大利亚GDP的贡献将介于0.66%和1.79%之间[①]。但是，良好的政治安全关系和相互获益的经济效应并不意味着两国自贸协定能够很快成为现实。双边贸易和投资自由化需要消除影响两国之间贸易和投资流动的一些障碍。例如，澳大利亚在投资领域仍保留一些特定的限制和要求。作为农产品出口大国，澳大利亚一直要求日本消除农产品关税。虽然澳大利亚的粮食出口有助于日本实现其粮食安全的目标，但日本对其农林渔业是高度敏感的，担心关税削减将会对本国农业部门造成潜在的负面影响。正因为如此，日本一直不愿意向澳大利亚开放农业领域，尤其是牛肉、小麦、乳制品和糖等农产品市场。此外，担心双边贸易谈判会影响日后在多边贸易体制下的谈判筹码，也是日本不愿意在农产品开放问题上做出让步的另一个原因。日本担心一旦降低澳农产品进入本国市场的标准，同样作为对日农产品出口大国的美国也将争取同样的权益，使日本国内市场遭受巨大冲击；而澳大利亚则因有巨大的农产品生产潜力和优势渴望全面打开日本农业市场。这些因素使得农业在澳日自贸区谈判中成为最为敏感的领域和难点之一。

2010年11月，作为促进经济复苏的方式，日本政府发布了一项新的"关于全面经济伙伴的基本政策"[②]。这一基本政策做出的一个主要承诺是对国内农业部门进行根本改革，这为像澳大利亚这样的一些希望出口农产品到日本的

[①] Lalith Shanaka de Silva, "A Macro Analysis of Japan-Australia Bilateral Trade Relations: Present Status and Future Trends," *The Otemon Journal of Australia Studies*, Vol. 34, 2008, pp. 37 - 54.

[②] Australian Government Department of Foreign Affairs and Trade, "Australia-Japan Free Trade Agreement Negotiations," http://www.dfat.gov.au/fta/ajfta/index.html.

农业生产国提供了新的机会。日本政府已经向澳大利亚政府提出建议，两国自贸协定的谈判应该重新开始，如果可能的话，希望 2011 年达成协定。考虑到日本农业改革的新举措，吉拉德政府已经同意加速谈判过程。遗憾的是，到 2012 年 4 月，澳日自贸协定已经进行了第 15 轮谈判，但仍未达成最终协议。事实上，虽然日本把同澳大利亚建立自由贸易区作为一个重要的对外政策目标，但本国根深蒂固的农业保护主义、国内政治的阻碍以及几近停滞的经济增长，使得短期内要在地区市场一体化方面与澳大利亚建立一个伙伴关系几乎是不可能的。

4. 澳大利亚—韩国自由贸易协定

自 20 世纪 60 年代以来，建立在互补经济基础上的贸易机会一直驱动着澳韩经贸关系。一方面，澳大利亚向韩国出口农、矿产品，同时韩国也是澳大利亚教育和旅游服务出口的重要市场；另一方面，澳大利亚从韩国进口制造业产品，最初是纺织、服装，后来是汽车、电子设备、通信装备和办公机械产品，特别是近年来澳大利亚快速的经济增长已经提升了其对韩国生产的消费品的需求。尽管如此，两国间的双边贸易占各自国家全球贸易的比重仍较小。因此，澳韩之间存在众多有利于贸易扩展和投资流动的潜在机会，是签署自贸协定的理想伙伴。

类似于澳大利亚，多年来韩国始终强调多边主义原则，对区域经济合作非常冷淡。从 21 世纪初开始，韩国政府开始实施积极的自由贸易区战略，着力追求涉及货物贸易、服务、投资以及政府采购、知识产权和技术标准等内容广泛的超 WTO（WTO plus）的"全面的、高水准的"的自贸区战略，特别确立了优先推进与大型、先进经济体缔结自贸区的目标。这一战略的转变为澳大利亚和韩国双边自贸区谈判奠定了良好的基础。

2000 年 5 月，澳大利亚总理霍华德在访韩期间，倡议形成一个自贸协定以进一步深化双边贸易和投资联系。2009 年 3 月，陆克文政府和韩国李明博政府同意开始双边自贸协定谈判。澳大利亚与韩国签署自贸协定将会为其带来众多利益：为其传统出口产品确保进入韩国市场，为其他商品和服务出口扩展提供机会；鉴于韩国已经或正与许多国家签署自贸协定，特别是进行东盟"10＋3"和中日韩自贸区的谈判，澳大利亚通过与韩国签署自贸协定，也可以韩国为基地进入东北亚和其他东亚国家市场①。在谈判过程中，澳大利亚的目标是希望本国出口商能够获得像已经获得优先进入韩国市场的美国和欧盟竞争者一样的地位。该协定也将包括韩国对其国内服务业的强有力的自由化承诺，澳大利亚则将消除仍然存在的对来自韩国汽车进口的关税，以及自由化其对外来投资的要求。

吉拉德政府曾经希望在 2011 年年底完成韩澳自由贸易协定的谈判②。然而，至少到目前为止，协定谈判尚未有完成的迹象。其中一个重要原因是韩国农产品开放问题，来自政治上强势的农业部门的抵制已成为双边自贸谈判的主要障碍。韩国的另一个担心是，一旦对澳大利亚实行农产品开放，限制来自其他国家的农产品进口将非常困难。与此同时，澳大利亚拒绝削减韩国汽车进口关税以及竭力把投资者—国家争端条款列入谈判议程，也是阻碍谈判顺利进行的重要因素。

5. 澳大利亚—印度全面经济合作协定

近年来，印澳政治经济关系发展迅猛，特别是伴随 2009 年 11 月印澳战略伙伴协定的签署，两国在外交、教育、能源和矿产、战略和经济领域的合作日益加强。澳印两国经济具有很强的互补性，2010～2011 财年，澳印双边贸易额达到 178 亿澳元。印度已经成为澳大利亚第三大出口市场和第七大贸易伙伴。在这一背景下，2008 年 4 月，为寻求建立更为紧密的经济和贸易关系，印澳两国同意开展双边自由贸易协定的可行性研究。2010 年 4 月发布的研究结论主张两国应开始自由贸易协定的谈判。

与印度开展全面经济合作协定谈判能够为澳大利亚商业，尤其是农业、能源和矿产、制造业以及服务业提供重要的机会。同时，发展与澳大利亚的双边经贸关系也符合印度"东向政策"和"争做世界大国"的国家战略目标。长期以来，印度政府都以"称霸南亚、控制印度洋、争做世界大国"作为国家战略目标。澳大利亚以其独特的地理位置，成为印度走出南亚战略、改善周边安全环境的重要关切。在经济方面，发展与澳大利亚的经贸关系，也能够为印

---

① Charles Harvie, "The Australia-Korea Economic Relationship and Prospects for an FTA," *University of Wollongong Economics Working Paper Series*, 2004, http://www.uow.edu.au/commerce/econ/wpapers.html.

② http://www.dfat.gov.au/fta/akfta/index.html.

度争取更多的资金、技术和贸易机会。所有这些都为澳大利亚与印度开展谈判奠定了良好的基础。2012 年 5 月，澳大利亚和印度举行了第三轮谈判。澳大利亚试图寻求与其贸易政策相一致的全面和真正自由化的协定，但这一努力不会一帆风顺，一个重要障碍是印度长期以来对国内市场的过度保护，特别是回避开放国内幼稚产业并加以保护成为印度对外谈判 FTA 的重要考虑因素。但一个有利条件是，澳大利亚对印度经济崛起的反应并没有像对中国崛起那样的焦虑。

6. 印度尼西亚—澳大利亚全面经济伙伴协定

印度尼西亚既是澳大利亚的一个重要战略伙伴，也是一个极具吸引力的市场。印度尼西亚作为澳大利亚最大的邻国，在澳大利亚的东盟政策中占据突出位置。1997 年澳大利亚政府的外交贸易白皮书，将同印度尼西亚的关系置于与美日中三个世界大国关系同等重要的地位，显示了对印度尼西亚的高度重视。澳大利亚重视与印度尼西亚的关系，主要出于地缘政治和防务因素。地缘政治上，印度尼西亚素来被看作东盟的"政治领袖"，在东盟内有较大的政治影响力。澳大利亚认为同印度尼西亚的关系不仅关系到国家安全，而且对澳大利亚成为在本地区具有独特地位并发挥影响力的区域性大国有重要意义。在许多方面，由于印度尼西亚对于澳大利亚在东亚的更多的外交一体化具有一个强有力的、部分的否决权，所以良好的双边关系对于澳大利亚的国际政策利益更为重要。如果没有印度尼西亚的强有力支持，澳大利亚的悉尼不会成为 2007 年 APEC 的承办地，澳大利亚也不会成为东亚峰会的成员。从安全上看，印度尼西亚是澳大利亚的北方防卫屏障，且拥有上亿的穆斯林人口，这样的邻国给只有两千多万人口且主要信奉基督教的澳大利亚带来了心理上的不安全感。在澳大利亚看来，如果印度尼西亚局势动荡，势必对澳大利亚带来直接的安全隐患；反之，如果印度尼西亚国力增强，对澳大利亚也有潜在的威胁。澳大利亚国家安全战略的目标是要在周边地带培育一个稳定、完整的安全环境，而这个战略目标的实现无论如何离不开印度尼西亚。所以说，尽管日本和中国都是东亚地区的大国，但由于地缘政治等方面的原因，在澳大利亚的安全考虑中印度尼西亚却是该地区最重要的国家。一位评论家对此做了中肯的评价，"只要澳大利亚想在这一地区扮演更加积极重要的角色，印度尼西亚是堪培拉无法回避且必须要应对处理的一个国家"①。

在经济上，印度尼西亚对于澳大利亚是越来越重要的国家。近年来印度尼西亚经济的高速发展，可能使印度尼西亚成为一个比澳大利亚拥有更大经济规模的国家。印度尼西亚是澳大利亚的第十一大贸易伙伴，2010～2011 财年，澳—印尼两国双边贸易额达到 118 亿美元，比 2010 年增长了 29%。在澳大利亚看来，一个积极致力于强化东盟的稳定和繁荣的印度尼西亚对澳大利亚是有益的；但同时，正如中国一样，印度尼西亚的繁荣也将带来一系列挑战，因为一个经济上繁荣的印度尼西亚毫无疑问会提升其军事能力，而这将引起澳大利亚的担忧。

2010 年 11 月，澳—印尼两国领导人同意发起全面经济伙伴协定的谈判。这些谈判将建立在已经实施的东盟—澳新自由贸易协定以及 2009 年 4 月两国共同完成的澳印自由贸易协定可行性研究报告的基础上。在一定程度上，澳—印尼全面经济伙伴协定代表着两国朝着实现一个更高水平和相互受益的经济伙伴的进一步努力。它将建立在三个支柱之上，即商品和服务贸易的自由化和便利化、投资的自由化和便利化以及经济合作；谈判议程可能涉及商品贸易的进一步自由化特别是降低非关税壁垒，包括技术人员流动在内的服务贸易的自由化、双向投资流动的更大的便利化、标准的协调及相互认证、合作供应链的发展等。2012 年 7 月，两国领导人承诺发起首轮正式谈判。由于澳—印尼两国并不是主要的贸易伙伴，文化、经济、历史和地缘上也具有根本不同的特点，澳—印尼全面经济伙伴关系协定的谈判仍充满不确定性。

四　挑战与未来

澳大利亚是典型的外向型经济国家，始终与国际市场保持着联系，处于世界经济大循环之中。作为一个在多边贸易体制下受益的外向型国家，澳大利亚一直是全球多边贸易体制的积极推进者，追求全球多边主义是澳大利亚过去、

---

① Peter Chalk, "Australian Foreign and Defence Policy in the Wake of the 1999/2000 Easter Timor Intervention," Rand Corporation, 2001, p. 19.

现在以至未来国际经济合作的战略核心。

进入 21 世纪后，在 WTO 多边谈判停滞不前以及主要贸易伙伴纷纷开启区域或双边合作战略的压力下，作为一种次优选择，澳大利亚不得不调整其国际经济合作战略，更为主动地参与到亚太地区合作进程之中。在地区多边层面，虽然吉拉德政府希望通过积极推动 APEC 进程，实现亚太地区的贸易投资开放，但澳大利亚也清醒地认识到，APEC 的神话可能正在走向终结。其结果是，澳大利亚政府也在更为积极地参与到 TPP 的谈判之中。除了积极推进区域多边合作外，在未来相当长时期内，澳大利亚还将把积极开展与亚太地区主要国家的双边合作作为其重要的战略选择。

澳大利亚希望通过区域多边和双边经济合作，在部门开放或区域经济合作深度方面能有所突破，并以此推动或影响全球多边贸易体制进程。同时，澳大利亚也希望通过经济合作，加强与谈判对象之间的政治互信，达到维护稳定和促进经济发展的多重目的。但澳大利亚能否实现其预期的结果，以及在亚太区域合作中能够扮演怎样的角色，在很大程度上取决于如何解决澳大利亚对外关系所面临的三个基本的困境：文化上澳大利亚主要认同于欧洲人的身份；军事和政治上，澳美联盟作为其外交政策的基石；经济上，澳大利亚同亚洲尤其是中国具有强有力的联系。

第一，澳大利亚国家定位的挑战。澳大利亚面临的一个主要问题是如何定位自己的国家身份，而寻求这种定位是影响其亚洲政策的性质以及在地区合作中发挥何种作用的重要因素。迄今为止，澳大利亚仍然没有找到解决其面向亚洲和背靠欧美之间矛盾的药方。澳大利亚始终为自己是"亚洲国家"还是"西方国家"而纠结，朝野上下在国家定位方面意见不一，时有变化[①]。虽然它已明确放弃了具有种族歧视性质的"白澳政策"，并曾尝试向亚洲国家转变，但其民族心理仍然是以西方的价值观念为主体的，它希望"融入亚洲"

---

① 地缘现实要求澳大利亚强化与亚洲的联系。当澳大利亚与亚洲联系紧密时，总有政治势力提醒要保持与欧美的传统关系，做西方价值观在亚洲的代表；当澳大利亚放缓靠近亚洲的步伐时，又有政治力量批评这是在错失机会。这使得澳大利亚的亚洲政策总是处于不断地调整之中。从传统的"澳大利亚是西方一分子"，到 20 世纪 80 年代的"澳大利亚是亚洲一分子"，20~21 世纪之交的"澳大利亚是西方一分子"，再到今天的"澳大利亚是亚洲一分子"，澳大利亚在不长的时间内，对自己的区域认同经历了反复轮回。

的动机主要是出于经济利益方面的考虑，而不是民族文化观念自然演变的结果。事实上，澳大利亚社会中的这种源于"白澳政策"、社会达尔文主义和"黄祸论"的种族主义现在是甚至今后仍将是影响澳大利亚亚洲政策的重要因素。澳大利亚与亚洲国家文化价值观的这种差异将阻碍双方在经济领域进一步的合作。如果澳大利亚以其文化价值观为标榜，对其他亚洲国家指手画脚，很难想象亚洲国家会与其开展深入的合作。这也是澳大利亚难以完全融入亚洲的一个症结所在。

　　第二，澳美联盟问题。当前，面对亚太地区地缘政治格局的变化，澳美联盟作为美国控制西太平洋地区的重要一环，对维持美国在西太平洋地区的利益和地位具有重要的作用，是美国奥巴马政府实现其所谓再平衡战略的一个关键环节。适应美国的"重返亚太"战略需要，近时期澳大利亚与美国的联盟关系有所加强，澳大利亚在美国全球战略中的地位也由此大为提升。澳大利亚一直以来都把美国作为亚太地区稳定的一个关键来源，希望能够维持澳美这一关键的联盟和战略伙伴关系。由于澳美联盟关系的存在，澳大利亚政府支持美国继续主导亚太秩序，欢迎美国保持在该地区的军事存在，并在一系列国际问题上唯美国马首是瞻，以美国的政策变化为转移。这种状况虽然在某种程度上满足了澳大利亚的自我需求，却招致了亚洲国家的普遍质疑，加重了亚洲国家对澳大利亚的不信任感。与此同时，澳美联盟的强化使得澳大利亚欲在该地区发挥更大作用的企图正受到来自各个方面的抵制和约束。这不仅使亚太地区难以形成真正的互信，而且极有可能会造成一种澳美联盟愈是加强、澳大利亚与其亚洲邻国的关系就愈是疏远的恶性循环。"澳大利亚正处于十字路口"。如果澳大利亚确实有意更深入、更持久地与亚洲打交道，必须尽快从目前的政策误区中走出来，一方面需要在外交政策及其与美国的同盟关系上保持平衡，不要把自己置于美国在本地区利益代理人的地位；另一方面需要重视本地区国家安全、经济和政治利益的关切。澳大利亚只有把自己作为亚太地区多样性中的一种而不是西方阵营的一员积极参与东亚合作进程，澳亚关系才能更好地发展，也才能在亚太地区合作进程中发挥更多的积极作用①。显然，这不是一个容易

---

　　① 王传剑：《澳大利亚与东亚合作：政策演进及发展趋势》，《世界经济与政治论坛》2007 年第 1 期。

的选择，但舍此，可能结果更糟。当前，澳大利亚面临的一个主要外交政策挑战是如何协调澳美联盟和越来越重要的中澳贸易伙伴关系①。澳大利亚必须致力于建立一种稳定的和建设性的中美澳三角关系，但遗憾的是，吉拉德上台后，虽然澳大利亚的政治格局正在走向多元化，其对华政策也在发生微妙的变化，但在对华政策上，依然没有一个明确的战略，不知道要采取怎样的措施来处理双边关系。

第三，贸易政策和对外政策的关系。自冷战结束以来，美国日益强化了其贸易政策和外交政策的联系。美国的贸易政策正充当着一种政治"回报"，用来奖励安全合作关系中的小伙伴；特别是 2001 年 "9·11 事件" 以后，美国政府很明显地加强了对外贸易协定与军事联盟的关联性，贸易协定日益被用来强化战略关系。美国贸易代表罗伯特·佐利克递交给参议院的一封主张美国应与澳大利亚签署自由贸易协定的信中谈到，签署这样一个协定能够 "增强我们安全联盟的基础"，"有利于共同价值的促进以便我们能够携手、更为有效地应对第三国"。贸易专家已经观察到一种趋势，即像美国一样，不少国家也在纷纷利用贸易合作安排 "形成新的地缘政治联盟和巩固的外交关系"。吉拉德政府显然也没有逃脱这一发展趋势。尽管吉拉德政府声称，贸易政策和对外政策的分离是指导澳大利亚贸易政策的一项基本原则：决定是否参与谈判及签订自贸协议只是基于协议的品质，而非基于地缘政治的考虑；政府希望与任何愿意签署高品质和全面的双边或地区贸易协议的国家签署贸易协定，只要这项协定与全球贸易规则相一致②。但无论是过去还是现在，地缘政治和战略因素都是澳大利亚贸易政策的重要驱动力，澳美、澳日自贸协定以及澳大利亚参与TPP 都是这方面鲜明的例证。这种情景令人不安，因为把区域经济合作作为实现外交政策和战略目标的工具是有风险的，它可能带来负面的政治反应，加剧目前的紧张局势，成为国际和区域（特别是亚太地区）关系中潜在的不稳定

---

① Hugh White, "Obama and Australia's Vision of Asia's Future," http：//www. eastasiaforum. org/category/countries/australia/.

② Australian Government Department of Foreign Affairs and Trade, "Gillard Government Trade Policy Statement：Trading our Way to More Jobs and Prosperity," http：//www. dfat. gov. au/publications/trade/trading – our – way – to – more – jobs – and – prosperity. pdf.

因素①。

第四，国内政治的挑战。澳大利亚从事双边和地区贸易协定谈判需要克服国内政治的障碍。在澳大利亚国内，认为已签订的贸易协定并没有为澳大利亚带来预期的经济效应，特别是反对同地区大国开展贸易谈判已经演变为一股政治势力。一些富有影响的评论家强烈主张，澳大利亚与大的经济体之间签署双边协定具有内在的不平等性，应该被拒绝。澳大利亚国立大学亚洲太平洋政府学院的彼得·德赖斯代尔（Peter Drysdale）就断定："除一些商品外，这些自由贸易协定的性质使得它们不可能对澳大利亚的贸易绩效具有任何重要的影响。更为重要的是，如果我们与中国的双边贸易谈判像先前与美国所做的那样，澳大利亚将处于最为糟糕的景况。"澳工人党前顾问迈克尔·科斯特洛（Michael Costello）同样认为，"当一个大经济体与小经济体谈判此类的协定时，小经济体通常会损失更多"，"即使澳政府从这一事件中什么也没学习到，我们也希望工党应该拒绝任何未来的与诸如日本和中国这些大经济体的自由贸易协定"。这些广泛的争论无疑会影响到澳大利亚未来的贸易政策。从发展趋势看，未来澳大利亚对外贸易协定谈判特别是与大国的谈判将会引起更多的国内争论，这意味着澳大利亚政府在从事这类谈判时的立场将更为慎重，协定的达成也更为困难②。

---

① Ann Capling, "Preferential Trade Agreements as Instruments of Foreign Policy: An Australia – Japan Free Trade Agreement and its Implications for the Asia Pacific Region," *The Pacific Review*, Vol. 21, No. 1, 2008, pp. 27 – 44.

② Patricia Ranald, "The Australia – US Free Trade Agreement: A Contest of Interests," *Journal of Australian Political Economy*, No 57, June 2006, pp. 30 – 56.

俄罗斯的亚太区域合作战略

冷战后随着俄罗斯国家定位的变化，其对外战略发生相应调整。作为横跨欧亚大陆的大国，俄罗斯致力于保持"东西兼顾、欧亚平衡"的"双头鹰政策"。俄罗斯在欧洲面临的区域合作困境及亚太本身的重要性，提升了亚太维度在俄罗斯区域合作战略中的地位。通过整合后苏联空间构筑自己作为欧亚大国的支点，同时积极参与亚太地区的多边机制和双边合作，俄罗斯推行务实、多样的亚太区域合作战略。以下，我们将首先回顾俄罗斯亚太区域合作战略的演变过程及发展现状，继而考察其亚太区域合作战略的具体动机，最后对该战略的未来前景做出分析和判断。

一 历史回顾

俄罗斯横跨欧亚大陆的地理特征决定了其在区域合作上面临多重选择。这种区域合作战略的多维性主要包括以下三个方面：①融入相对成熟的欧洲一体化进程。②整合后苏联空间，进而在独联体内部形成共同体。③参与亚太地区的一体化，尤其是正在勃兴的东亚合作进程。俄罗斯区域合作战略中亚太维度的拓展，不仅是其自身实现国内地区均衡发展的迫切需要，而且是其在融入欧洲一体化进程受阻后的现实选择。

1. 从亲西方的单向政策向"新欧亚主义外交"的战略调整（1991~2000年）

1991~1993年是俄罗斯历史上非常特殊的一段时期。苏联解体的震荡使俄罗斯面临重新制定外交政策的任务。为了摆脱严重的经济衰退、实现从计划向市场的转轨，俄罗斯迫切需要获得政府间援助和吸引外国直接投资。因此，这一时期俄罗斯对外政策的首要任务是亲近美国和欧洲国家，从而进入"民主国家共同体"。叶利钦政府制定并实行了亲西方的大西洋主义外交政策。该政策的鲜明特点是回归欧洲，希望在共同价值的基础上建立俄罗斯与欧洲的新型国家关系。欧盟是当今世界最大的区域一体化组织，拥有雄厚的资金和先进技术，自然成为俄罗斯推行区域合作的首选对象。可以说，俄罗斯当时把恢复经济的全部希望都寄托在与欧盟的区域经济合作和获取欧盟的经济援助之上。

尽管俄罗斯与欧洲的经济合作取得初步进展①，但它很快发现这种畸形、单向的亲西方政策严重削弱了自己的国际地位，不符合其国家战略利益。尤其是来自西方的援助不仅数量非常有限，而且附加各种苛刻条件。由此，俄罗斯开始转向欧亚主义的平衡外交并在整合后苏联空间上采取了积极的区域合作战略。

1993～2000年是俄罗斯对外政策逐步成型的阶段，同时也是其区域合作方向出现转折的重要时期。由于认识到独立初期奉行"一边倒"外交政策的严重错误，俄罗斯扬弃了亲西方的单向政策，转而提出"以西为主、兼顾东方"的双头鹰战略。尽管俄罗斯外交重心仍放在欧洲，但这一时期的亚太外交相对解体之初在俄罗斯整个外交格局中的地位明显上升、不断加强。俄罗斯在亚太地区的区域合作方向主要是发展与该地区主要国家的双边关系。与此同时，俄罗斯开始通过整合后苏联空间恢复并巩固独联体内部的经济联系，使之成为构建其亚太区域合作战略的重要支点。

根据1993年4月发布的首个《俄罗斯联邦对外政策构想》，俄罗斯对外政策的总体目标是树立俄罗斯大国新地位，为国内改革创造有利的外部条件。为了实现这一战略目标，俄罗斯外交活动的基本方向是，发展与原苏联地区国家的"特殊关系"，加强在独联体中的主导国地位；与美国和西方国家建立

---

① 这一时期，俄罗斯与欧洲的关系得到显著改善。1992年5月，俄罗斯提出加入欧洲委员会的申请。欧盟从其战略需要出发对俄罗斯的要求给予积极回应。1993年，为方便俄罗斯进入欧洲市场，欧盟赋予其向市场经济过渡国家的特殊地位。同年12月，欧盟和俄罗斯在布鲁塞尔签署《关于建立伙伴和合作关系的联合政治声明》。

"平等伙伴关系"，逐步加入欧洲一体化进程；与亚太国家发展"平衡与稳定的关系"，成为亚太事务的"全权参与者"。加强亚太外交可以在"实现同西方关系方面取得均衡的可能性"，这样便能体现俄罗斯的欧亚大国地位①。叶利钦总统在1994年国情咨文中指出：俄罗斯独一无二的欧亚地位决定了它与世界的关系，必须利用新的可能来发展与亚洲主要国家——印度、中国、日本的双边合作。由此可见，利用欧亚大国"独一无二的地位"是俄罗斯对外政策的重要导向。

在与亚太国家的双边关系上，俄罗斯优先巩固和发展同中国的关系。1992年12月，俄罗斯总统叶利钦访华，把中俄关系的发展推向新阶段。作为中俄最高级会晤的结果，双方发表了《关于中华人民共和国和俄罗斯联邦相互关系基础的联合声明》。1994年，中俄签署旨在进一步发展两国长期稳定的睦邻友好和互利合作关系的《中俄联合声明》，并确定了"新型的建设性伙伴关系"。1996年，中俄两国宣布发展"平等信任的、面向21世纪的战略协作伙伴关系"②。同时，俄罗斯积极谋求改善对日本的关系，主张扩大与日本的政治对话，协商解决领土争端。1993年10月，俄日两国签署《东京宣言》和《经济宣言》。

在南亚地区，俄罗斯积极恢复和发展同传统盟友印度的双边关系。随着国际格局的变化，俄印关系重新密切起来。1993年1月，俄罗斯总统叶利钦访印，俄印签署友好合作条约及一系列政治、经济和军事协议。1993年和1994年俄印两国高层互访使双边关系进入了"建设性合作"的新阶段。1998年5月印度核试爆引起国际社会的强烈反应后，俄罗斯出于自身利益仍与印度签署了一揽子颇具影响力的联合文件，包括把军事和技术合作关系持续到2010年的协议。此外，俄罗斯还表示俄印关系牢不可破并支持印成为安理会常任理事国③。

① Основные Положения Концепции Внешней Политики Российской Федерации, *Дипломатический Вестник*, Специальное Издание, 1993.
② 《关于中华人民共和国和俄罗斯联邦相互关系基础的联合声明》（1992年12月）、《中华人民共和国和俄罗斯联邦联合声明》（1994年9月）、《中华人民共和国和俄罗斯联邦联合声明》（1996年4月），新华网，http://www.xinhuanet.com。
③ 谢代刚：《跨世纪的印俄战略伙伴关系及其对我国的影响》，《南亚研究季刊》2000年第3期；马嬿：《俄印关系的发展及其特点》，《西伯利亚研究》2004年第2期。

在与东南亚各国的双边关系层面上，俄罗斯首先恢复与该地区国家一度冷淡的传统关系。1993 年，俄罗斯与柬埔寨恢复外交关系。1995 年，两国签署《友好合作协定》，俄罗斯同意对柬埔寨进行援助。俄罗斯特别重视恢复与越南的传统关系。为适应冷战后发展新型关系的需要，1994 年，俄罗斯与越南签署新的《友好关系基础条约》，越南同意与俄罗斯继续合作使用金兰湾海军基地。此外，俄罗斯还注意到，发展与老东盟成员国关系对于改善俄罗斯形象的重要性。1997 年，俄罗斯总理普里马科夫访问马来西亚和泰国，同年，菲律宾总统拉莫斯应邀访俄[①]。

在东北亚区域合作方面，俄罗斯参与图们江区域开发项目[②]。为落实联合国开发计划署的开发计划，1995 年 12 月，中俄朝韩蒙五国在联合国总部正式签署《关于建立图们江经济开发区及东北亚开发协调委员会的协定》《图们江地区经济开发区及东北亚环境谅解备忘录》。中俄朝三国还签署了《关于建立图们江地区开发协调委员会的协定》。上述文件的正式签署标志着图们江地区的国际合作开发进入新的阶段。

在发展与亚洲国家双边关系和参与东北亚区域合作的同时，俄罗斯也开始重视与东盟的合作关系[③]。1992 年，俄罗斯成为东盟磋商伙伴国，这标志着冷战后俄罗斯对东盟外交的重新起航。1994 年，俄罗斯参加了首届东盟地区论坛。在俄罗斯看来，东盟地区论坛是该地区在亚太安全与稳定问题上进行对话并做出决定的最适用机制。1995 年，俄罗斯主办了东盟地区论坛的第二轨道会议。俄方积极参与亚太安全合作理事会等机构的活动，这显示出俄罗斯在亚太地区安全方面已扮演建设性角色。1996 年 7 月，在第 29 届东盟部长级会议上，俄罗斯又与中国、印度一起由东盟的磋商伙伴国升级为全面对话伙伴国，这标志着俄罗斯与东盟的整体性交往进入一个新阶段[④]。

与此同时，面对美国及其盟国加紧实施旨在挤压俄罗斯势力范围的北约

---

① 宋效峰：《亚太格局视角下俄罗斯的东南亚政策》，《东北亚论坛》2012 年第 2 期。

② 1992 年，联合国开发计划署提出用 20 年时间筹资 300 亿美元，在中朝俄三国毗邻的三角洲地区兴建一个多国经济技术合作开发区。

③ С. Лузянин, *Восточная Политика Владимира Путина*, Москва: Восток – Запад, 2007, с. 314.

④ 宋效峰：《亚太格局视角下俄罗斯的东南亚政策》，《东北亚论坛》2012 年第 2 期。

东扩计划，俄罗斯将整合后苏联空间作为支撑自己欧亚平衡战略的支点①。具体来看，1995 年，俄罗斯颁布《俄罗斯对独联体国家战略方针》，宣布俄对独联体政策的主要目标是建立有助于在国际社会中占有应有地位的政治和经济一体化的国家联合体②，这表明俄罗斯不再将独联体视作"包袱"，而把它当作恢复大国地位的战略依托加以经营。1995 年，俄罗斯、白俄罗斯和哈萨克斯坦三国签署《关税同盟协定》③。该协定的目标是消除商品自由交换的障碍；为正当竞争制定统一的游戏规则；协调成员国的经济政策，包括保护它们在国际市场的利益。由此，西面以俄白联盟为样板，东南以俄哈一体化带动，构成了俄罗斯实施独联体一体化战略的两个支点④。1999 年2 月，俄白哈三国又签署《关税同盟和统一经济空间条约》⑤，后来吉尔吉斯斯坦加入。上述文件确立了关税同盟的目标、原则、运行机制和组建步骤。显然，俄罗斯已经勾画了以俄白哈"三驾马车"带动独联体一体化乃至支撑"新欧亚主义"外交的战略构想。但由于自身经济发展困难，俄罗斯对独联体一体化缺乏实质性投入。因此，这一时期的俄白哈关税同盟实际上只是一个空转的概念。

2. 2000 年后推行以欧亚平衡为目标的全方位区域合作战略

进入 21 世纪，普京总统确定了全方位的外交政策，由此，俄罗斯外交政策出现实质性调整。这一时期，欧亚平衡的外交政策特别是区域合作战略中的亚太维度实现突破性进展。一方面，俄罗斯积极发展与亚太地区主要国家的双边关系并参与该地区的多边机制；另一方面，后苏联空间不断深化的区域合作逐渐表现出俄罗斯主导的突出特征，这增强了俄罗斯以欧亚大国身份参与亚太地区合作的实力。

---

① 苏联解体之初，俄罗斯对独联体基本上采取了"甩包袱"的政策，而独联体其他国家对俄罗斯的政策导向则是与其保持距离，其结果是独联体的经济功能日渐萎缩。

② Стратегический Курс России с Государствами – участниками Содружества Независимых Государств, *Российская Газета*, 23 сентября 1995 г.

③ 该协议规定了关税同盟的实现步骤及机构设置。第一阶段取消所有成员国间的关税及国家间贸易的数量限制，第二阶段将建立统一的海关区域。

④ 杨雷：《俄哈关系论析》，世界知识出版社，2007，第 197 页。

⑤ Договор о Таможенном Союзе и Едином Экономическом Пространстве от 26 февраля 1999 г.

随着俄罗斯经济走出 1998 年经济危机的低谷并日趋稳定，俄罗斯开始将恢复欧亚大国的作用和地位作为自己对外战略的重要目标。2000 年 6 月，俄罗斯发布了第二个《俄罗斯联邦对外政策构想》。根据该构想，多维性成为其外交的重要原则[①]。其中，欧、亚两个维度的任何相互排斥或补充都将不被接受[②]。俄罗斯外交政策的平衡性是由其作为欧亚大国的地缘政治地位决定的，这要求俄在各个方面最合理地分配力量[③]。

俄罗斯亚太外交的重要目标是融入正在勃兴的亚太地区一体化进程。为了稳定地参与亚太地区事务，俄罗斯积极参与亚太地区国际组织和多边机制的对话与合作。1998 年 11 月，俄罗斯正式加入亚太经合组织，并从 1999 年开始参加每年举行的亚太经合组织领导人会议和外长会议。作为亚太经贸体系的一员，俄罗斯的主要任务是利用亚太经合组织的条件最有效、最积极地融入亚太一体化进程[④]。2000 年 9 月，在伊尔库茨克举行的"西伯利亚与远东展望 21 世纪"的贝加尔湖经济论坛通过了《21 世纪俄罗斯在亚太地区发展战略》。该战略的核心思想是俄罗斯应从本国地缘条件的"欧亚两极性"出发建设和发展欧亚经济[⑤]。2000 年 11 月，普京总统在《关于俄罗斯：新东方的前景》讲话中强调，俄罗斯对外政策将坚定不移地向亚太地区倾斜，积极发展与东盟的关系，参与亚太事务，努力推进与东盟国家的"共同家园"建设，进而保持该地区的和平与稳定[⑥]。

在与东北亚各国的双边关系方面，俄罗斯首先在政治和外交上深化与中国的战略协作伙伴关系。2001 年 7 月，根据《中俄睦邻友好合作条约》，中俄两

---

① Концепция Внешней Политики Российской Федерации, *Независимая Газета*, 11 июля 2000.

② С. Лавров, "Подъем Азии и Восточный Вектор Внешней Политики России," *Россия в Глобальной Политике*, 2006, № 4, с. 130, 131.

③ 伊万诺夫：《俄罗斯新外交——对外政策十年》，陈凤翔、于洪君译，当代世界出版社，2002，第 107、152、160 页。

④ 普京：《普京文集（2002～2008）》，张树华、李俊升、许华等译，中国社会科学出版社，2008，第 522 页。

⑤ 建设欧亚经济是使俄罗斯经济和经济政策既适应与欧盟国家经济合作的需要，也适应与东北亚和亚太地区经济合作的需要。在发展与欧盟国家合作的同时，充分利用东部地区的各种资源优势，积极参与亚太区域经济一体化。

⑥ 赵欣然：《俄罗斯与亚太经合组织关系述评》，《西伯利亚研究》2009 年第 3 期。

国由"相互友好邻邦"关系发展到"建设性伙伴"关系，随后又发展到"战略协作伙伴"关系①。普京任总统后，俄日关系出现新变化，尤其是在经济合作方面。日本主动提出加强能源合作，把共同铺设东部地区石油管道作为俄日经济合作的重点，并列入"日俄行动计划"之中，这与俄罗斯"扩大能源出口、带动经济发展"的战略不谋而合②。在对韩关系上，2004年9月，韩国总统卢武铉访问俄罗斯。根据双方发表的《联合声明》，韩俄关系将从"建设性互补伙伴关系"提升到面向未来的"全面合作伙伴关系"③。在对蒙关系上，2000年11月，普京总统率先对蒙古国进行国事访问。访问期间，两国总统签署了具有划时代意义的纲领性文件《乌兰巴托宣言》。该宣言不仅确定了两国21世纪全面发展双边关系的方针，同时也明确了两国睦邻友好合作长期、稳定发展的方向。2006年，俄蒙签署的《莫斯科宣言》明确两国根据战略伙伴关系原则发展合作关系，这将两国关系提升到新的高度④。

发展与东盟的对话伙伴关系是俄罗斯亚太区域合作战略的又一优先方向。东盟在亚太地区一体化进程中的重要地位，使其成为俄罗斯参与亚太地区一体化的重点。2004年，俄罗斯加入《东南亚友好合作条约》。2005年4月，俄罗斯加入由泰国倡议成立的泛亚经济合作机制——"亚洲合作对话"。同年12月，首届俄罗斯—东盟首脑峰会在吉隆坡举行，双方签署《关于发展全面伙伴关系的联合宣言》，并达成《2005～2015年推进全面合作行动计划》。2007年7月，俄罗斯—东盟对话伙伴财政基金（DPFF）成立，首批启动资金为50万美元，俄罗斯政府还承诺向该基金每年注入150万美元。2008年7月，俄罗斯与东盟发表联合公报，强调继续落实2015年前发展全面合作的阶段性计划。此外，俄罗斯还积极参与东盟地区论坛（ARF）、东盟后部长级会议（PMCs）和东亚峰会。在俄罗斯看来，它与东盟的关系达到允许入盟的水平，自身已具备正式加入东亚合作进程的条件⑤。

---

① 《中俄元首联合声明和宣言汇编（1992～2001）》，世界知识出版社，2002，第1～30页。

② 高连福：《东北亚国家对外战略》，社会科学文献出版社，2002，第145页。

③ 徐宝康：《韩俄提升两国关系》，《人民日报》2004年9月23日。

④ 范丽君：《新世纪俄蒙关系与东北亚区域合作》，《东北亚论坛》2012年第4期。

⑤ L. Buszynski, "Russia and Southeast Asia," in Hiroshi Kimura, ed., *Russia's Shift toward Asia*, Tokyo: The Sasakawa Peace Foundation, 2007, pp. 195–197.

在对东南亚国家的双边关系上，传统盟国越南成为俄罗斯与东盟发展关系的重要立足点。2001年2月，普京总统首次访越，双方签署《战略伙伴关系联合声明》及油气、军事和科技等领域的一系列合作协议。俄罗斯成为第一个与越南建立战略伙伴关系的大国。2002年3月，俄罗斯宣布撤出金兰湾基地，但俄越关系并未受到太大影响，双方专注于经贸合作。俄罗斯与马来西亚的关系也值得关注。2003年8月，普京总统访问马来西亚，双方在防务、经贸、航天等领域达成一系列合作协议，这标志着两国关系进入新阶段①。在马来西亚的积极推动下，2005年，俄罗斯被伊斯兰会议组织接纳为观察员。除向马来西亚出售战斗机外，2007年10月，俄罗斯用联盟号飞船把首位马来西亚宇航员送入太空。2009年6月，俄罗斯又为马来西亚发射了一颗商业通信卫星。此外，2007年9月普京总统访问印度尼西亚并推动了俄罗斯能源企业对印度尼西亚油气开发项目的参与。同年，俄罗斯宣布帮助缅甸进行核能开发，两国签署相关合作协议，具体包括在缅甸建立一座10兆瓦的轻水反应堆，并向后者提供核燃料及在缅甸成立核研究中心②。

在与南亚大国印度的双边关系上，随着俄罗斯的复兴和印度的崛起，双方开始重新审视彼此在各自外交棋盘上的分量。2000年10月，俄印两国签署并发表《战略伙伴关系宣言》，这为21世纪俄印关系的发展确立了框架和原则。在该宣言中，双方保证不参加任何军事或政治集团，不签署会损害各自国家安全利益的条约；俄罗斯再次明确支持印度成为联合国安理会常任理事国的要求。为进一步落实战略伙伴关系，2002年，普京总统再次访问印度，俄印双方就进一步巩固战略伙伴关系发表了《德里宣言》，这将两国关系提升至一个新的高度。2007年，普京总统率庞大代表团再次访问印度，这标志着俄印两国关系进入了一个全新的历史时期。在普京总统访印的成果中，最引人注目的有三个：一是双方签署《俄印和平利用核能协议》；二是大力推进军事领域的合作；三是强调中俄印三方在反恐、经济等领域的合作，并表示俄印将致力于三方合作机制③。

---

① 张学刚：《大国的东南亚战略及其影响》，《亚非纵横》2008年第1期。
② 宋效峰：《多重安全视角下的东南亚核问题》，《东南亚研究》2007年第5期。
③ 马加力：《印俄战略伙伴关系的新发展》，《当代亚太》2009年第1期。

　　进入 21 世纪，通过主导独联体一体化构筑欧亚大国支点的战略构想在俄罗斯对外政策中占据优先地位。整合分散的后苏联空间力量，最大限度地推动以俄罗斯为主导的区域一体化是俄罗斯一贯推行的方针政策。考虑到独联体各国政治经济发展水平的差异和原苏联地区不同层次、不同速度的一体化状况，俄罗斯在多边层面经营欧亚经济共同体、集体安全条约两个机制的同时，在双边层面有选择地加强与后苏联空间中具有影响力的国家间的关系[①]。具体来看，2000 年 10 月，俄白哈吉塔五国总统在阿斯塔纳签署《关于建立欧亚经济共同体条约》[②]。欧亚经济共同体的成立标志着俄罗斯主导的地区一体化从自由贸易区、关税同盟迈向共同市场。乌克兰、摩尔多瓦和亚美尼亚随后取得观察员资格。2002 年 5 月，独联体集体安全条约理事会会议通过决议，将"独联体集体安全条约"改为"独联体集体安全条约组织"，当时其成员国包括俄罗斯、白俄罗斯、亚美尼亚、哈萨克斯坦、吉尔吉斯斯坦和塔吉克斯坦。同年 10 月，在摩尔多瓦举行独联体国家首脑会议期间，独联体集体安全条约组织成员国签署了该条约组织章程及有关该组织法律地位的协议。2006 年 1 月，俄罗斯与哈萨克斯坦签署了关于设立欧亚开发银行的协议，亚美尼亚（2009 年 4 月）、塔吉克斯坦（2009 年 6 月）、白俄罗斯（2010 年 6 月）、吉尔吉斯斯坦（2011 年 8 月）相继加入欧亚开发银行。2007 年，在欧亚经济共同体首脑峰会上，俄罗斯正式提议建立关税同盟并由超国家主权委员会进行管理，会议通过了俄白哈组建关税同盟的决定[③]。同年 10 月，俄白哈三国签署成立关税同盟委员会的协定和建立统一关境及建立关税同盟的协定，这表明三国在欧亚经济共同体框架内重启建立关税同盟的进程[④]。

---

① 郑润宇：《海关同盟：俄哈促进的欧亚一体化的起点》，《国际经济评论》2011 年第 6 期。

② 具体目标是全面实现自由贸易制度，保障资本自由流动，建立共同金融市场，制定统一商品和服务贸易规则及市场准入规则，形成共同运输服务市场和统一运输体系，建立共同能源市场、共同劳动市场、统一教育空间和法律空间等。

③ 王厚双、王兴立：《俄罗斯区域经济一体化战略的调整及其前景分析》，《东北亚论坛》2006 年第 7 期。

④ Договор о Таможенном Кодексе Таможенного Союза от 27 ноября 2009 г.

二 现状

2008 年全球金融危机对资源出口型经济造成巨大外部冲击，这促使俄罗斯在区域合作战略上采取实质性举动，即将区域合作的战略调整与国内的经济现代化需要紧密结合。在俄罗斯当前的外交政策构想中，欧亚平衡的外交思想仍是贯穿其中的主线。在亚太地区一体化方面，东亚合作在俄罗斯亚太战略中占据了重要地位。同时，俄罗斯的"东向政策"又从依靠双边关系的东北亚地区转向东北亚与东南亚并重。而美国倡导的跨太平洋战略经济伙伴关系协定（TPP）对亚太区域合作走向的影响，也是俄罗斯亚太区域合作战略形成中被纳入考虑的重要因素。

积极应对 2008 年全球金融危机是梅德韦杰夫总统面对的重大挑战。2008 年 7 月，俄罗斯发布了最新版的《俄罗斯联邦对外政策构想》。由于俄罗斯的亚太属性及加快远东和西伯利亚地区经济发展的迫切需要，亚太在俄罗斯多维外交政策中占据越来越重要的地位[1]。2008 年 11 月，在亚太经合组织第 16 次领导人非正式会议上，梅德韦杰夫总统发表了《巩固亚太地区蓬勃发展的平等伙伴关系》一文，阐述了俄罗斯与亚太国家开展金融、能源、粮食和气候变化等领域合作的基本政策和主张[2]。作为世界上最大的石油天然气供应国之一，俄罗斯将促进亚太地区能源保障体系的建立。在亚太经合组织框架内，俄罗斯将与亚太国家就贸易制度自由化、相互投资等问题进行多方面的对话与合作。为了加强俄罗斯特别是远东和西伯利亚地区与亚太地区的合作，俄罗斯于 2012 年在符拉迪沃斯托克举办了亚太经合组织第 20 次领导人非正式会议。

随着亚太地区在俄罗斯区域合作战略中占据越来越重要的地位，俄罗斯对亚太地区一体化的新动向保持密切关注，特别是 2009 年后美国倡导的 TPP 对亚太地区一体化未来走向的影响。在俄罗斯看来，美国推行 TPP 的根本目的是引导亚太地区一体化的规则形成并使其符合美国的国家利益；亚太地区一体

---

① Концепция Внешней Политики Российской Федерации 2008 года, http：//kremlin.ru/acts/785.

② 李兴：《论上海合作组织的发展前途——基于中俄战略构想比较分析》，《东北亚论坛》2009 年第 1 期。

化的前景取决于中美两国的力量博弈，也就是美国在规则形成中将有影响力的亚太国家吸纳到 TPP、中国与亚太国家签署符合自己经济发展利益的自贸协定之间的实力对比①。面对中美主导的不同地区合作机制，俄罗斯仍持观望态度。它既没有加入 TPP 的意图，也没有与中国签署双边自贸协定的打算。

在东北亚地区，俄罗斯与中国就发展次区域合作进行国家级战略对接。为协调实施中国《东北地区振兴规划》与俄罗斯《远东及外贝加尔地区 2013 年前经济社会发展联邦专项规划》，中俄两国于 2009 年签署了《中华人民共和国东北地区与俄罗斯联邦远东及东西伯利亚地区合作规划纲要（2009～2018年）》②。2010 年 1 月，俄罗斯政府正式批准《俄罗斯联邦远东及贝加尔地区 2025 年前发展战略》，这意味着东部的开发与开放已成为俄罗斯目前国家战略的最重要内容之一。该战略的基本构想是以能源合作为基础，注重发挥俄罗斯横跨欧亚大陆的地缘优势，加强高科技领域合作，促进俄罗斯与亚太地区国家的全方位合作与交流③。在对蒙关系上，2008 年是俄蒙两国签署《友好关系与合作条约》15 周年，两国政府借此机会积极发展双边关系。2009 年梅德韦杰夫总统访蒙期间，俄蒙签署《发展战略伙伴关系宣言》等多项协议。由此，俄蒙关系从"睦邻传统伙伴关系"提升至"战略伙伴关系"，这是两国外交取得重要进展的标志④。

与此同时，俄罗斯继续积极参与东盟主导的东亚地区一体化进程。考虑到东亚地区大国间的复杂关系，俄罗斯的东亚外交政策将不会定位在一个或两个国家，而是推行多方面、多元素的政策⑤，参与东亚地区的政府间多方合作⑥。

---

① A. Федороский, Эволюсия АТЭС и Перспективы Региональных Интеграционных Процессов, *Мировая Экономика и Международные Отношения*, 1, 2012, c. 48.

② 《中华人民共和国东北地区与俄罗斯联邦远东及东西伯利亚地区合作规划纲要（2009～2018年）》，振兴东北网，http://www.chinaeast.gov.cn。

③ Страгетия Социально-экономического Развития Дальнего Востока и Байкальского Района на Период до 2025 года, http://www.government.ru/gov/results/9049/.

④ 范丽君：《新世纪俄蒙关系与东北亚区域合作》，《东北亚论坛》2012 年第 4 期。

⑤ Т. Бордачёв, "Будущее Азии и Политика России," *Россия в Глобальной Политике*, 2006, № 4, c. 125.

⑥ С. Севастьянов, "Регионализм в Восточной Азии и Россия," *Мировая Экономика и Международные Отношения*, 2008, № 12, c. 102.

2009 年 4 月，第 6 届俄罗斯—东盟政府部门副部长级会谈在马尼拉召开。双方就政治对话、经济、科技、能源合作等议题进行了广泛讨论，并就克服全球金融危机交换意见。同年 7 月，俄罗斯外长拉夫罗夫参加了在泰国普吉岛举行的第 16 次东盟地区安全论坛，该论坛通过了《东盟地区安全论坛愿景声明》。俄罗斯把东盟地区安全论坛看作亚太地区安全对话的重要平台[①]。2010 年 7 月，俄罗斯与东盟在越南岘港举行能源高官会，制订了 2010～2015 年能源合作工作计划。该计划旨在加强双方在电能建设项目、替代和可再生能源开发、能源基础建设、和平利用核能以及能源勘探等领域的合作与政策协调。2010 年 10 月，第 5 届东亚峰会同意吸收俄罗斯和美国，并扩大为"10＋8"机制，这意味着俄罗斯与东盟的关系已涵盖现有各个层次。同年 11 月，俄罗斯参加了在印度尼西亚巴厘岛举行的第 6 届东亚峰会，并对东亚地区事务产生更直接的影响[②]。

在与东南亚国家发展双边关系方面，2010 年 10 月，梅德韦杰夫总统访问越南，俄越两国达成灵活使用金兰湾等军事基地的协议，这意味着俄罗斯在东亚安全问题上仍占有一定的主动权。2010 年 12 月，越苏石油公司期满后，俄越双方同意将联营时间延长 20 年。近年来，俄罗斯天然气工业公司还参与了越南在中国南海区域的油气开发项目，这将增强俄罗斯自身在中国南海问题上的影响力。此外，为了增强战略互信，2011 年 5 月，俄罗斯太平洋舰队先后访问新加坡和印度尼西亚。此外，俄罗斯与柬埔寨、老挝、泰国之间的高层往来也较为密切[③]。

同为"金砖四国"的俄罗斯和印度在政治、军事、经贸以及反恐方面具有共同的利益。2008 年，梅德韦杰夫总统访问印度取得多项成果，具体包括扩大相互投资、深化经济合作，加大核能领域的合作力度，在反恐领域向对方提供反恐设备和情报，签署太空合作协议[④]。2010 年，梅德韦杰夫总

---

① 在亚太地区的安全问题上，俄罗斯主张东盟地区安全论坛实现从信任措施向预防性外交的过渡；在集体原则、国际法准则与原则以及同时考虑地区各国合作利益基础上，建立没有分界线的透明、平等的安全体系。

② 自 2005 年"10＋6"框架下的东亚峰会机制开始运作以来，俄罗斯一直以观察员身份参与东亚峰会，并要求成为正式成员。

③ 宋效峰：《亚太格局视角下俄罗斯的东南亚政策》，《东北亚论坛》2012 年第 2 期。

④ 马加力：《印俄战略伙伴关系的新发展》，《当代亚太》2009 年第 1 期。

统率庞大代表团访问印度，双方进一步加强了高科技、民用核能等领域的合作。

后危机时代俄罗斯主导的独联体地区一体化进程取得实质性结果。俄白哈关税同盟的重启为俄罗斯开启了与欧洲（通过白俄罗斯）和亚洲（通过哈萨克斯坦）进行经济合作的新可能[①]。而以俄白哈三驾马车为核心不断推进欧亚经济共同体、欧亚联盟的提升是俄罗斯整合后苏联空间的优先方向。俄白哈关税同盟及统一经济空间是俄罗斯及周边地区首个最务实的经济一体化组织，这为欧亚经济联盟的形成开辟道路[②]。而更高层次一体化形式欧亚联盟的建立将是俄罗斯实现"欧亚强国"梦想的基础。这实际上因循了欧洲一体化的传统模式，即从关税同盟过渡到统一经济空间，然后上升为欧亚经济联盟，最终实现欧亚联盟。

2008年全球金融危机后，共同保护内部市场免受外部商品冲击成为独联体国家的共同愿望，这也直接促使多年来毫无进展的关税同盟开始实质性运转。2008年12月，在俄罗斯政府工作会议上，普京强调"在这个非常时期，俄罗斯应当成为后苏联空间经济稳定的主要担保方"，俄罗斯应加快建立新市场机制的步伐，并将高度重视与白俄罗斯、哈萨克斯坦建立"欧亚空间名副其实的关税同盟"，使之成为克服全球金融危机的杠杆。

继2007年10月签署新的《关税同盟条约》后，2009年，俄白哈签署《关税同盟海关法典》。根据该法典，从2010年1月起，俄白哈三国正式实行统一关税税率、关税限额使用机制、优惠和特惠体系及对第三国禁止或限制进出口的统一商品清单，成员国在对外贸易的非关税调控方面统一规则[③]。2010年3月，三国就关税同盟进口关税征收与分成机制达成一致。2011年7月，统一关税空间成立，这标志着关税同盟开始实际运行。由此，一个拥有1.7亿人口、石油储量900亿桶、GDP总量2万亿美元的经济组织诞生。随着吉尔吉

---

① П. Мозиас, "Экономическое Взаимодействие России и Китая: От Двустороннего Формата к Региональноми," *Мировая Экономика и Международные Отношения*, 11, 2011, с. 46.

② 李新:《普京欧亚联盟设想：背景、目标及其可能性》，《现代国际关系》2011年第11期。

③ 在俄白哈关税同盟中，俄罗斯拥有57%的投票权，白俄罗斯和哈萨克斯坦的投票权为21.5%。见 В. Оболенский, "Россия в Таможенном Союзе и ВТО: Новое в Торговой Политике," *Мировая Экономика и Международное Отношения*, 12, 2011, с. 23.

斯斯坦和塔吉克斯坦加入关税同盟谈判的积极开展，关税同盟即将扩大至整个欧亚经济共同体。

在扩展关税同盟规模的同时，俄罗斯将后苏联空间的合作层次提升为统一经济空间，并确定了欧亚经济联盟的目标。2011 年 11 月，俄白哈三国总统在莫斯科通过欧亚经济一体化宣言，同时签署《欧亚经济委员会条约》及《欧亚经济委员会工作章程》，以实现最终建立欧亚经济联盟。根据协议，统一经济空间从 2012 年 1 月 1 日开始生效并全面运作。时任俄罗斯总统梅德韦杰夫还表示，欧亚经济联盟可能在 2015 年之前建立起来。届时，俄白哈三国不仅要实现商品、资本和人员的自由流通，而且将建立协调各成员国宏观和微观经济政策的超国家协调机构，建立统一的中央银行，实行统一货币，建立共同能源市场。三国一体化合作的最终目标是建立统一的政治、经济、军事、海关和人文空间的欧亚经济联盟；同时与区域外大国建立平衡关系，即与其在具有共同利益方面进行合作，但不能容忍其插手地缘战略周边国家的事务①。

就欧亚联盟建设来看，2010 年 12 月，欧亚经济共同体莫斯科元首峰会就如何在统一经济空间基础上建立欧亚联盟达成一致。2011 年 10 月，普京撰文《欧亚新的一体化计划：未来诞生于今天》②。该文提出在俄罗斯及周边地区建立欧亚联盟把欧洲与亚太地区联系起来的设想。由此，勾勒了从欧亚经济联盟迈向欧亚联盟的更高水平一体化的蓝图。具体来看，欧亚联盟的终极目标是除经济联盟外实现政治联盟和军事联盟；把欧亚联盟打造成当代多极世界中的一极，与欧盟、美国和中国共同主导全球的可持续发展；使欧亚联盟成为连接欧洲和亚太地区的有效纽带和坚实环节③。欧亚联盟是全球化背景下俄罗斯为自己勾勒的发展前景，是俄罗斯恢复大国地位、对盟国发挥影响的关键一步④。

---

① 李新：《俄罗斯经济现代化战略评析》，《俄罗斯中亚东欧研究》2011 年第 1 期。

② В. Путин, "Новый Интеграционный Проект для Евразии—Будущее Рождается Сегодня," Известия, 3 октября 2011.

③ 李新：《普京欧亚联盟设想：背景、目标及其可能性》，《现代国际关系》2011 年第 11 期。

④ 欧阳向英：《欧亚联盟——后苏联空间俄罗斯发展前景》，《俄罗斯中亚东欧研究》2012 年第 4 期。

三　动机

由于全球多边贸易自由化进程受阻，区域经济集团化趋势日趋加强。日益盛行的地区主义给游离其外的俄罗斯造成很大压力①。近 10 年来，俄罗斯外交的平衡性和多维性不断加强，特别是其对外政策的重心出现大幅东移，即从亲西方的"一边倒"转向欧亚兼顾的"双头鹰政策"，在巩固东北亚双边合作的基础上力求深度融入东盟主导的东亚合作进程。与此同时，以俄白哈关税同盟为"三驾马车"的独联体一体化在深度和广度上得到拓展。俄罗斯区域合作战略的演变既是其对全球区域一体化趋势及世界经济格局调整做出的政策应对，也是基于国家利益视角重新审视自己传统对外政策的结果。而俄罗斯亚太区域合作战略的形成与扩展又取决于其区域合作战略不同维度下经济利益与政治考量的权衡。

从传统上讲，俄罗斯一直将自己定位为欧洲国家。出于地缘政治和经济发展的需要，俄罗斯高度重视与欧洲各国发展合作关系②。可以说，回归欧洲始终是俄罗斯的梦想③。但融入欧洲一体化的进程却缓慢而充满挫折。苏联解体后，为了获取西方的政治支持和经济援助，俄罗斯将西方制度和价值观作为其改革方向和发展目标，奉行避免对抗、谋求合作的对欧政策。然而，西方并未按照承诺提供大规模援助，甚至一些援助还附加苛刻条件。其结果是俄罗斯的经济形势未见好转、政治地位一落千丈。

与此同时，西方国家加紧了对俄罗斯传统势力范围的渗透和瓦解。北约和欧盟的强劲东扩严重挤压了俄罗斯的传统战略空间。美国通过"大中亚计划"引导该地区走向"去俄化"、亲西方的发展道路。俄罗斯面临着地缘政治上被孤

---

① М. Потапов, "Куда Идет Экономическая Интеграция в Восточной Азии?" *Мировая Экономика и Международные Отношения*, 2006, № 9, с. 73.

② 欧盟是世界上最大的区域经济一体化组织，拥有雄厚的资金和先进的技术，产业和技术的地区转移潜力巨大。俄罗斯与欧洲国家发展经贸关系具有地缘上得天独厚的优势，而且二者的经济互补性很强。目前，欧盟已成为俄罗斯第一大贸易伙伴。俄罗斯绝大多数的进出口贸易是与欧盟进行的，俄罗斯的技术和资金也主要来自欧盟国家。

③ 邢广程：《俄罗斯的欧洲情结和西进战略》，《欧洲研究》2011 年第 5 期。

立、国际地位被削弱的现实威胁。显然,在融入欧洲一体化方面,俄罗斯面临两个不可克服的难题。一是俄罗斯无法达到欧洲设定的标准,二是俄罗斯本身的国家规模令欧洲无法容纳。一旦建立了全欧统一空间,俄罗斯就会占据重要一席,而这是欧盟和北约无法接受的。尽管欧盟是俄罗斯最大的贸易伙伴[①]、俄罗斯又是欧盟最重要的能源供给国,二者经济上的相互依赖却无法弥合政治上的巨大分歧[②]。更重要的是,欧洲一体化的扩张与俄罗斯维持独联体这一传统势力范围之间存在根本性冲突,而后者无疑是俄罗斯对外战略的重中之重。倘使推行一种平行路线,即与独联体国家构建优惠关系体系,同时寻求与欧盟之间的最优合作模式,那么,俄罗斯又将无法融入传统式欧洲一体化之中[③]。

为了加强自己在传统势力范围内的主导地位、避免传统势力范围被西方分化瓦解,俄罗斯首先调整对独联体的政策,通过加强该地区的一体化进程巩固自己作为欧亚大国的基础。整合后苏联空间是俄罗斯区域合作战略的核心利益、恢复大国地位的基石。首先,独联体地区直接涉及俄罗斯的国家安全。北约和欧盟的东扩吸纳了许多中东欧国家,使俄罗斯经济政治安全受到空前威胁。独联体作为俄罗斯传统势力范围的最后安全屏障,势必成为俄罗斯力保的对象。另外,俄罗斯不满足于地区性大国身份,仍致力于恢复和巩固自己的大国地位并在国际事务中成为世界多极中的一极[④],而独联体地区则是俄罗斯走向世界、发挥大国作用的重要依托[⑤]。

尽管独联体地区一直被俄罗斯视为"战略缓冲区"和外交"最优先方向"[⑥],但是,作为俄罗斯战略重点的独联体国家总体上经济实力较弱[⑦]。就经

---

① 2010 年,对欧盟贸易占俄罗斯外贸总额的 49%。见 Федеральная Таможенная Служба, *Внешняя Торговля Российской Федерации по Основным Странам*, февраль, 2011。

② Dmitri Trenin, "Russia Leaves the West," *Foreign Affairs*, Vol. 85, No. 4, 2006, p. 87.

③ А. Байков, "'Интеграционные Маршруты' Западно - центральной Европы и Восточой Азии," *Международные Процессы*, 2007, т. 5, №. 3, с. 5.

④ O. Oliker, K. Crane, L. Schwartz and C. Yusupov, *Russian Foreign Policy: Sources and Implications*, Rand Corporation, 2009, p. 116.

⑤ 李兴:《北约欧盟双东扩:俄罗斯不同政策及原因分析》,《俄罗斯中亚东欧研究》2005 年第 2 期。

⑥ 王郦久:《试析俄罗斯外交政策调整》,《现代国际关系》2010 年第 12 期。

⑦ 2009 年,独联体国家的国内生产总值(以购买力平价计算)占世界国内生产总值的份额为 4.26%。见 IMF, *World Economic Outlook Database*, April 2011。

济规模而言，它既远远落后于欧盟和北美自贸区，又不可与崛起中的东亚相抗衡。再者，独联体本身一体化的进程更是困难重重。许多国家在资源、产业结构、外贸商品等方面具有很强的相似性，这导致它们在经济上的竞争关系占主导地位，而互补关系则比较弱，很难形成高层次的区域经济集团①。同时，独联体内部的分裂倾向也愈发强烈。一些国家竭力减少对俄罗斯的经济依赖，积极转向美国和欧盟②。

与此同时，亚太地区在俄罗斯区域合作战略中的权重迅速提升。一方面，俄罗斯在欧洲所处的区域合作困境，使其"东向"需求变得格外迫切。另一方面，随着亚太在世界经济中地位的提升，俄罗斯通过参与合作能够分享的经济收益大幅增加。特别是 2008 年全球金融危机后亚太地区保持稳定高速增长，这促使俄罗斯寄望于搭乘"亚太经济快车"带动远东和西伯利亚地区乃至整个俄罗斯的经济增长和结构转型。

俄罗斯 2/3 的领土位于亚洲，但欧洲部分一直是其政治、经济和文化中心。尽管近 10 年的"石油红利"使俄罗斯实现高速增长，但其欧洲部分与亚洲部分的发展失衡日益严重。俄罗斯远东和西伯利亚地区拥有丰富的自然资源，但由于基础设施落后和资金短缺，该地区经济发展严重滞后、人口持续减少，这已成为俄罗斯经济发展和社会稳定的制约因素。加速发展东部地区的经济已成为俄罗斯面临的长期战略性任务。

俄罗斯远东和西伯利亚地区的经济发展，很大程度上依赖于其与亚太地区国家的经济合作。该地区丰富的自然资源对经济飞速发展的亚太国家具有巨大吸引力。这就找到了解决双重任务的突破口，即利用远东和西伯利亚地区的禀赋优势与亚太地区国家发展合作关系，同时加强俄罗斯在正在形成的亚太地区格局中的优势地位。在俄罗斯看来，其东部地区不仅应在地理意义上成为亚太地区的一部分，而且在经济上也应拥有同样的地位。

由此可见，俄罗斯亚洲部分在国民经济及国家安全方面所处的地位愈发重要。将具有丰富自然资源的远东和西伯利亚地区由战略资源的储备地带变成资

---

① 张弛：《独联体经济一体化问题的若干分析》，《俄罗斯中亚东欧研究》2005 年第 1 期。
② 尽管俄罗斯竭力拉拢乌克兰加入由俄罗斯、白俄罗斯和哈萨克斯坦组成的关税同盟，但乌克兰仍将同欧洲一体化作为自己外交的优先发展方向。

源开发区,是俄罗斯借以蓬勃复兴的巨大契机。显然,融入富有活力的亚太地区一体化进程,不仅将促进远东和西伯利亚地区的经济增长、降低其地域间的发展不平衡,而且可能对整个俄罗斯经济产生巨大的刺激作用①。反之,倘若一直被排挤在亚太合作进程之外,那么,这些经济落后地区将长期处于封闭状态,而俄罗斯整体上也将缺乏重要的增长动力。因此,随着亚太经济规模的扩大,俄罗斯必然会调整其偏向西方的传统对外政策,着力解决亚太重要性的提升与自己亚太政策严重滞后这一突出矛盾②。

在推行"东向政策"过程中,俄罗斯逐渐从偏重东北亚合作转向与东南亚多边合作并重。长期以来,俄罗斯一直将东北亚视为自己通向东亚乃至亚太地区的门户,远东和西伯利亚地区的发展也主要是寄望于依托与东北亚国家的合作而实现③。然而,无论是联合国开发计划署倡导的图们江次区域开发,还是日本积极推动的"环日本海经济圈"合作项目,都无一例外地一度趋冷甚至搁浅。鉴于东北亚复杂的地缘政治环境,特别是朝鲜半岛局势的起伏不定,东北亚区域合作在很长时间里未能取得实质性进展。与此相对,东南亚成为了东亚一体化的核心,而东盟则是推进该地区融合的重要机制。俄罗斯可以借助与东盟加强合作涉足东亚、跻身亚太,进而在一定程度上恢复其在亚太地区的影响力。因此,考虑到东北亚未能充分发挥通向东亚门户的作用,俄罗斯逐渐从依托东北亚转向重视东南亚、采取直接进入东南亚的"东向政策"④。

俄罗斯重视东盟的又一现实考虑是,试图采取一种均衡策略来降低远东和西伯利亚地区参与区域一体化的可能风险,即在与邻国扩大合作的同时促进对外经济关系的多样化⑤。远东和西伯利亚是俄罗斯国内的经济落后地区。这些地区与周边国家特别是与中国的经贸关系要比与俄罗斯欧洲部分的联系密切得

① М. Потапов, "Куда Идет Экономическая Интеграция в Восточной Азии?" *Мировая Экономика и Международные Отношения*, 2006, № 9, с. 72.

② М. Титаренко, *Геополитическое Значение Дальнего Востока*, Москва: Памятники Исторической Мысли, 2008, с. 25.

③ И. Целищев, "Восточная Азия: Перспективы Развития. Восточная Азия: Интеграция?" *Мировая Экономика и Международные Отношения*, 2003, № 8, с. 41, 42.

④ С. Лузянин, *Восточная Политика Владимира Путина*, Москва: Восток – Запад, 2007, с. 396.

⑤ А. Федоровский, "Возможности и Проблемы Регионального Сотрудничества в Восточной Азии," *Мировая Экономика и Международные Отношения*, 2010, № 1, с. 91.

多。在俄罗斯看来，远东和西伯利亚地区已经参与到由中国主导的一体化进程之中。因此，它不得不考虑自己亚洲部分转向区域经济合作的潜在危险①。再者，与东南亚国家开展油气开发合作，有利于解决俄罗斯油气工程投资不足的问题，带动相关产业的发展。同时，能源供给的多样化也有助于提高俄罗斯在能源出口价格上的讨价还价能力②。通过积极参与东亚合作、相对降低对中国的经济依赖，以一种均衡的策略来最大化地分享区域合作收益，这是经济上弱势地区参与区域合作的根本出发点。

由此可见，为了利用独一无二的地缘政治优势缓解自己在欧洲面临的合作困境、同时搭乘"亚太经济增长"的快车，俄罗斯确定了"欧亚平衡、东西兼顾"的全方位区域合作战略。俄罗斯对外政策的平衡性突出表现为依托欧亚、面向欧美的外交战略布局。也就是说，把欧亚作为自己的战略依托和战略后方，借助欧亚来应对和平衡欧美的外部压力。通过整合后苏联空间和推行积极的"东向政策"，俄罗斯在欧亚地区构筑了多层级的战略依托结构。具体来看，作为第一层次的独联体集体安全条约组织和欧亚经济共同体构成多层战略依托的内核。中俄战略协作伙伴关系和上海合作组织是其战略依托的第二层次③。而俄罗斯广泛参与的亚太地区多边机制和其与印度、越南等传统盟国的双边关系则是处于外围的第三层次。显然，俄罗斯已经意识到偏向西方的政策不符合俄罗斯的长远利益，要想获得西方的真正尊重、增强外交的独立自主性，需要同东方建立持久的密切联系。可以说，俄罗斯在东方的地位越巩固，就越有可能在西方扩大施展外交影响力的空间。

从根本上讲，俄罗斯是一个帝国思想根深蒂固的国家。它的区域合作战略布局主要由国内经济发展需要所决定，同时一定程度上受到外部力量的影响。面对日益增强的区域集团化趋势，俄罗斯既无法融入欧洲一体化进程，又无从在短期内实现整个独联体的一体化。俄罗斯面临的区域合作困境及亚太经济实

---

① Т. Бордачёв，"Будущее Азии и Политика России，"*Россия в Глобальной Политике*，2006，№ 4，с. 125.

② С. Севастьянов，"Регионализм в Восточной Азии и Россия，"*Мировая Экономика и Международные Отношения*，2008，№ 10，с. 105.

③ 赵华胜：《普京外交八年及其评价》，《现代国际关系》2008 年第 2 期。

力的增强，使得亚太在俄罗斯区域合作战略的权重迅速提升。远东和西伯利亚地区的经济增长需要依托更富效率的亚太多边合作机制，同时，区域经济关系的多样化又可以降低俄罗斯对欧洲的传统高度依赖，并平衡中国在东北亚地区迅速增强的影响力。特别是2008年全球金融危机促使俄罗斯实施经济现代化战略后，俄罗斯经济已呈现出立足能源和科技两大优势产业谋求经济的"赶超型"发展趋势①。同时，俄罗斯政府也已开始实施更为实用的外交政策来配合国内的经济现代化建设。俄罗斯区域合作的核心目标是促进俄罗斯对外经济关系的多元化，维护和拓展国家利益尤其是经济利益，服务于本国以技术和投资为导向的全面现代化。因此，俄罗斯与亚太国家的经济合作具有明显的战略性质，即搭乘"亚太经济增长快车"、带动远东和西伯利亚地区乃至整个俄罗斯的经济增长和结构转型；通过恢复其在亚太的影响力，谋求更大的地区议程和规则制定权；借助亚太制衡西方，重塑俄罗斯的亚太乃至世界大国地位。换言之，在分享经济收益的同时力求主导区域合作过程的规则形成、从而提升自己的国际影响力。

四　未来展望

从俄罗斯区域合作战略的演变来看，国内经济发展需要是决定其战略导向的直接因素。由于经济实力决定战略空间，俄罗斯自身的经济水平与其参与亚太区域合作的层次密切相关。苏联解体之初，在国内经济剧烈震荡的情况下，俄罗斯的亚太区域合作战略呈急剧收缩状态。俄罗斯经济实现恢复性增长的10年是其不断拓展亚太区域合作空间的重要时期。进入21世纪，为了实现本国亚洲与欧洲部分地区经济的均衡发展，俄罗斯与亚太国家的经贸联系不断深化。2008年全球金融危机后俄罗斯经济现代化战略的实施促使其推行更趋务实、多样的亚太区域合作战略。考虑到俄罗斯入世后其与亚太国家之间经济关系的日益密切，亚太地区在俄罗斯多维外交政策下的重要性必将不断提升。

为了实现经济现代化的战略调整，俄罗斯推行了以出口导向和进口替代为

---

① 李中海：《梅德韦杰夫经济现代化方案评析》，《俄罗斯中亚东欧研究》2011年第2期。

内容的对外贸易战略。这种战略调整的主要任务是保证对外贸易持续快速增长，实现出口商品的多样化和出口地区的多元化。随着欧债危机的愈演愈烈和亚洲经济的相对强劲增长，从地区结构上看，俄罗斯对外贸易战略调整的重要方向是加快俄罗斯特别是远东和西伯利亚地区融入亚太地区经济合作的进程。而俄罗斯参与亚太地区一体化的战略方针则是利用区域经济集团化趋势下国际分工的机遇进行生产要素跨国最佳组合，汲取亚太地区的资金和先进技术，开发远东和西伯利亚地区的丰富资源，以促进东部地区及全国经济的稳定和发展①。俄罗斯对亚太区域合作的参与程度及这种参与对该地区经济关系的影响，取决于俄罗斯自身经济优势与地区经济关系之间的互动可能。

一国在国际分工体系中的地位和作用依赖于其自身的比较优势。俄罗斯融入全球化的过程在很大程度上依靠其丰富的资源禀赋优势，而其在亚洲分工体系中的地位也主要体现在能源的出口方面。在垂直型分工体系下，俄罗斯属于生产并出口能源和原材料、进口工业制成品的下游国家。俄罗斯经济现代化战略的提出意味着俄罗斯将从工业化阶段向后工业阶段过渡。这种发展战略的调整将促使其未来的商品贸易结构发生改变，即具有高附加值的资源类产品的增长速度将快于燃料和原材料等初级资源型产品。俄罗斯产业结构调整与升级的过程，实际上扩展了其与亚太国家开展经济合作的空间。具体方式是吸引亚太国家的外国直接投资进入远东和西伯利亚地区，进行能源产品的初级加工和深加工，然后将具有高附加值的能源产品出口到亚太地区。一方面，这保证了俄罗斯对亚太地区的稳定原油供应，而成为亚太重要的能源供给国是俄罗斯参与该地区经济合作的重要途径。另一方面，亚太国家参与俄罗斯能源产品的加工将提升二者经济合作的层次和水平。由此，在保持资源出口导向的发展模式不变甚至可能更强的情况下，俄罗斯能够通过增加资源型产品的附加值和技术含量改善自身的出口商品结构。同时，俄罗斯能源出口向亚太地区的转移，也符合其追求能源输出多元化、利益最大化的政策目标。

俄罗斯于 2012 年正式成为世贸组织成员。俄罗斯的入世意味着长期受政府保护的农业、轻工业、机器制造业、银行业和保险业将逐步开放。亚太国家

---

① 顾志红：《评析普京在新任期内的独联体政策》，《俄罗斯中亚东欧研究》2004 年第 5 期。

对俄罗斯的商品和服务出口、对俄投资的格局将发生较大变化。总体关税的降低将促进亚太国家对俄罗斯机电、纺织、轻工、金属制品的出口。在服务贸易方面，亚太国家能够发挥在通信、工程承包等方面的比较优势，使其成为双方经贸合作的新增长点。同时，俄罗斯投资环境的改善将降低亚太国家对俄投资成本，促进这些国家在矿产资源开发、建筑业、加工制造业等领域的投资。

尽管俄罗斯经济现代化战略的提出和入世为其与亚太国家的地区合作提供了广泛的可能和机遇，但我们也应看到俄罗斯在深化与亚太国家合作方面仍面临诸多困境。首先，俄罗斯经济自身的结构性因素限制了其在生产和消费层面参与亚洲地区分工的能力。亚洲地区经济关系的演变实际上依托于以加工制造业为主的地区生产网络的发展。这是一种集合多国生产优势的分散化生产方式，即将制造业（特别是汽车和电子等行业）最终产品的整个生产链条分为若干环节，并分散在最具效率和成本最低的地方分别进行生产①。从理论上讲，俄罗斯融入亚洲垂直型分工体系的途径有两个：一是延伸东亚区域生产网络的生产链条；另一个是扩大最终消费市场的规模，从而吸纳亚洲地区不断膨胀的生产能力。

显然，俄罗斯经济的结构性因素决定了该国在国际分工格局中的定位困境②。一方面，在长期偏向发展重工业的畸形产业结构下，俄罗斯在技术创新和精密制造业方面落后于美国、欧洲和日本。另一方面，由于劳动力供给长期短缺，俄罗斯在承接亚洲的低端制造业转移上又缺乏劳动力成本的优势。这意味着俄罗斯难以通过区域生产链条两端的延伸融入这一垂直分工体系。同时，相对于欧美市场规模，俄罗斯市场的有限购买力也不足以成为消化亚洲巨大生产能力的最终消费市场。

在地区合作的机制化方面，对于经济结构单一、过度依赖能源出口的俄罗斯而言，亚太特别是东亚的自贸区建设显然是超出其参与能力的高水平合作方式。签署自贸区意味着相互开放，这必然伴随着来自外部的竞争，其结果是本国弱势产业的利益将受到损害。因此，当一国与其他国家间的产业内贸易比重

---

① Alan V. Deardorff, "Fragmentation in Simple Trade Models," *The North American Journal of Economics and Finance*, 2001, 12, p. 121.

② 关雪凌、程大发：《全球产业结构调整背景下俄罗斯经济定位的困境》，《国际观察》2005 年第 4 期。

很低时，该国面对降低关税、开放市场的国内阻力便会增大。就目前而言，俄罗斯与亚太的贸易方式是以能源及其制成品为主的产业间贸易。因此，俄罗斯对于亚太区域合作的主要需求并不是参与该地区的双边或多边自贸区建设，而是通过签署双边合作协议或特惠贸易安排，大量引进外资、加快能源产业部门的发展，从而带动远东和西伯利亚地区的经济增长。

显然，俄罗斯亚太政策的战略性弱点在于它对该地区生产网络和地区经济合作机制缺乏广泛参与的可能，由此制约了其与亚太国家提升区域合作层次的空间。亚太经合组织是俄罗斯在亚太地区成为完全意义上的成员国的唯一的地区性经济组织①。然而，俄罗斯成为亚太经合组织成员国，并未解决其与亚太国家合作机制构建的落后状况。尽管该组织存在诸多缺陷和不足，但由于自身在该地区经贸联系中微不足道的地位，俄罗斯对亚太经合组织的潜力利用不够。该地区经济关系的迅速演变导致各种合作机制层出不穷，这促使俄罗斯重新调整自己的亚太区域合作战略，从而在外交上服务于经济现代化战略。

关于美国倡导的跨太平洋战略经济伙伴关系协定对当前亚太经济合作机制的挑战，俄罗斯认为这是中美之间利益博弈的突出表现②。中国与美国在关键性经济问题上达成一致的能力，将成为决定亚太地区一体化内容和形式的重要因素。在这种情况下，俄罗斯的亚太区域合作战略将是推出与亚太伙伴国相一致的意见和想法，并使这些意见和想法最大限度地保留俄罗斯在亚太的战略利益③。面对亚太地区广泛兴起的自贸协定，俄罗斯积极与该地区国家进行双边自贸协定的可行性研究，即从双边自贸协定着手提升其参与亚太地区经济合作机制的水平。目前，俄罗斯与印度双边经济伙伴关系协定、俄白哈关税同盟与越南自贸协定、俄罗斯与韩国双边经济伙伴关系协定、俄罗斯与东盟的自贸协定正处于协商和研究之中④。

---

① К. Мурадов, Процесс Формирования АТЭС и Интересы России, Тихоокеанское Обозрение. 2008 - 2009 гг. М. , 2010, с. 89.

② С. Севастьянов, "Новые Проекты Азиатско - Тихоокеанской Интеграции," *Мировая Экономика и Международные Отношения*, 1, 2011, с. 52.

③ А. Федороский, "Эволюция АТЭС и Перспективы Региональных Интеграционных Процессов," *Мировая Экономика и Международные Отношения*, 1, 2012, с. 50.

④ ADB's Asia Regional Integration Center (ARIC) FTA Database, http: //www. aric. adb. org.

在俄罗斯亚太区域合作战略的实施中，远东和西伯利亚地区必将发挥重要作用，但是俄罗斯已经认识到，该地区自身的经济实力不足以支撑俄罗斯与其他亚太国家的深度合作。如果在与亚太国家建立双边或多边经贸关系时只依赖上述地区，那么，俄罗斯在未来很长时间将只能与亚太地区的伙伴国发展传统模式的对外贸易联系。更具前景的是逐步把俄罗斯欧洲部分的经济潜力通过其亚洲部分或直接进入亚太地区的一体化过程。由此可见，在俄罗斯未来的亚太区域合作战略中，俄罗斯将更加强调国家层面的合作，在发展与亚太国家的关系时加强欧洲部分的参与程度。

由于经济发展模式决定资源出口的外向型倾向更加明显，俄罗斯必将偏向于开放式区域主义的合作模式。在俄罗斯加入世贸组织后，俄罗斯与俄白哈关税同盟的伙伴国将通过探讨世贸组织的多边协定与地区贸易协定之间的相互关系，寻求多边主义与地区主义兼容的合作方式[①]。与此同时，俄罗斯关于独联体共同经济空间及加强以独联体—欧盟为形式的经济关系构想正在逐步形成。俄罗斯的亚太外交将更趋务实、进取和多样化，即在强调国家利益原则的同时，不局限于地区性大国身份，力图恢复俄罗斯的世界大国地位。俄罗斯的亚太属性将突出表现在其对该地区多边机制和双边合作的广泛参与。然而，我们同时也应看到俄罗斯在亚太地区一体化面临的"能源瓶颈"，这意味着其亚太维度的区域合作将处于浅层次的水平上。

作为欧亚大国支点的独联体一体化将沿循欧洲一体化从经济同盟上升为政治同盟的传统模式。这意味着欧洲一体化与俄罗斯主导的独联体一体化之间的固有矛盾将不断加深。由此可见，俄罗斯的亚太区域合作战略将不仅是应对西方战略挤压的权宜之计，更是俄罗斯实现欧亚大国夙愿的重要支撑。特别是当美国"重返亚太"对中国形成战略围堵后，中俄两国在应对西方战略挤压方面形成了共同的利益结合点。可以预见，随着中国崛起与美国"重返亚太"引发中美之间的竞争加剧，俄罗斯亟须深度融入亚太地区的一体化进程，从而在与亚太大国之间的战略利益互动中提升自己作为欧亚大国的地位，同时扩大其在欧洲的政治影响力。

---

① А. Спартак, "Современный Регионализа," *Мировая Экономика и Международные Отношения*, 1, 2011, с. 15.

选　择　篇

中国的区域合作战略选择

从历史演进角度来看，东亚地区合作进程起步较晚，但在冷战后东亚逐步走向了区域一体化的道路。东亚合作的最初动力来自区域生产网络的发展[①]，随着地区经济一体化对于地区合作机制的要求的增加，地区各国对合作进程的关注程度日益提升[②]。1997 年亚洲金融危机之后，东亚合作驶向机制化发展的快车道，以东盟为中心的 "10 +" 机制的形成带动了东亚合作的发展，东盟、中国、日本、韩国等开始积极活跃在东亚合作的舞台上。与此同时，活跃的东亚也日益成为世界经济增长的重心。这一伴随着东亚地区经济一体化的变化趋势因为中国在其中的快速崛起而备受世界瞩目。在 "战略篇"，我们分别对亚太地区主要国家的区域合作战略进行了分析，在这个过程中，各国的利益互动日益加强和深化。

中国自 20 世纪 90 年代初加入 APEC 起，开始逐步融入地区合作机制。1997 年亚洲金融危机之后，中国在东亚合作中开始发挥积极的建设性的作用，并且开始从中国自身的利益诉求角度认识和推动东亚合作。总体来讲，中国认为加强区域合作符合中国的基本利益，而一个以东亚为主的区域合作框架的形成则被认为最符合中国从稳定周边开始发展的总体战略。因此，中国从一开始就对 "10 +3" 所代表的东亚合作框架表达了积极的支持态度。此后，以中国—东盟自贸区的成功经验为起点，中国逐步形成了建立在双边自贸区基础上自贸区战略。

[①] 第二次世界大战后形成 "东亚奇迹" 的 "雁行模式"，所描述的其实就是东亚以产业分工为基础的区域经济一体化进程。

[②] 张蕴岭：《亚太区域合作的发展》，世界知识出版社，2003，第 1 页。

但随着世界经济重心由于西方世界普遍表现欠佳而逐步向东亚转移，特别是中国经济的快速崛起，主要大国对于东亚合作的热情迅速提升。竞争性合作倡议的不断出台导致东亚合作形成路径竞争，这在很大程度上成为东亚合作继续深化的阻力①。2009 年美国宣布加入跨太平洋战略经济伙伴关系（TPP）并开始把部分东亚国家纳入其谈判进程中，东亚合作开始遭遇美国主导的跨太平洋合作框架的挑战。2010 年，作为中日韩三国长期推进的合作项目，中日韩自贸区（CJKFTA）取得了突破性进展。以中日韩官产学联合研究结束为标志，中日韩自贸区进入了谈判启动的准备阶段。但随着 TPP 和中日韩自贸区的进展，东盟一边全力推进东盟共同体建设②，一边开始酝酿新的区域合作框架。2011 年东盟提出了《东盟地区全面经济伙伴关系（RCEP）框架》，并于2012 年宣布在"10 + 6"框架下率先于 2013 年开始 RCEP 协议谈判。面对东亚合作形势的快速变化，制定新的区域合作战略，全面把握各方在东亚合作中的利益诉求和采取的合作战略，成为维护中国区域合作利益的迫切要求。

本文将从东亚合作形势的发展趋势入手，结合前面对各主要大国东亚合作战略的分析，对东亚合作当前形成的三个主要合作框架进行剖析，并在此基础上对下一步中国区域合作战略的制定提出建议。

一 大国互动下的东亚合作形势

身处变化的世界，人们对于时时刻刻发生着的变化有些习以为常了。但2011 年以来，"国际关系和国际秩序调整步伐明显加快，一些格局性、趋势性变化更加明朗"③，南海问题的升温、中日摩擦的加剧让即使是最普通的中国老百姓也感受到了国际环境恶化的压力。从变化的原因上看，中国地位的快速崛起被认为是一个重要因素。因为地区影响力的相对上升引起了全球主要大国以及中国周边国家的关注，反映在区域合作上就是竞争性合作局面的形成。

---

① 王玉主：《亚洲区域合作的路径竞争及中国的战略选择》，《当代亚太》2010 年第 4 期。
② 2011 年东盟发表了《巴厘第三协调一致宣言》，声称为了在全球事务中形成更加团结一致的立场而加强共同体建设。
③ 杨洁篪：《2011 年的中国外交》，《国际问题研究》2012 年第 1 期，第 1 页。

1. 中国崛起与现实主义思维的回归

中国经济自改革开放以来保持了持续稳定的增长，年均超过9%的GDP增长率支撑着中国经济的强劲崛起。1991年，中国GDP总量4091亿美元，位居世界第10位；20年后的2011年，中国GDP总量达到73011亿美元，跃居世界第2位（详见表1）。当然，这个渐渐被看作奇迹的崛起过程并不容易。因为在这30多年的时间里，世界经济经历了1997年亚洲金融危机、2008年美国次贷危机引发的经济衰退以及此后的欧洲主权债务危机的反复打击，而中国自身则经受了洪水、地震等多次重大自然灾害的袭击。正是因为成就来之不易，反而增强了中国人的自信。但这又反过来增加了其他国家对于中国崛起的忧虑，特别是在中国超过日本成为世界第二大经济体之后[①]。

表1　1991~2011年世界主要国家的GDP变动情况

	2011 GDP（十亿美元）	2011 排名	2001 GDP（十亿美元）	2001 排名	1991 GDP（十亿美元）	1991 排名
美　国	15094.4	1	10171.4	1	5992.1	1
中　国	7301.1	2	1159.0	6	409.1	10
日　本	5868.5	3	4245.1	2	3484.7	2
德　国	3578.6	4	1873.8	3	1848.6	3
法　国	2778.1	5	1302.7	5	1244.6	4
巴　西	2476.6	6	502.5	11	465.0	9
英　国	2421.2	7	1406.3	4	1055.8	6
意大利	2199.6	8	1140.9	7	1195.2	5
俄罗斯	1849.6	9	309.9	16	560.1	9
印　度	1839.3	10	477.5	12	289.6	16

资料来源：作者根据各国的统计整理。

经济实力对比的相对变化，造成亚太地区国际关系中现实主义思维的回归，而这又使地区各国开始以现实主义理论重新认识领土争端、地区合作等议

[①] 黄忠、唐小松的研究认为，亚太主要国家或组织对中国崛起没有选择制衡，但也认为这受到美国对华政策的很大影响（黄忠、唐小松：《试论亚太地区对中国崛起的认知和反应》，《教学与研究》2011年第2期，第69~76页），但这意味着这种反应具有非常大的不确定性。

题，整个地区的局势变得复杂起来。说复杂，其实也简单。因为对目前的亚太各国来说，他们所做的无非是在中国崛起造成的力量重构中保持原有的有利地位，或者改变原来的不利地位。

美国是推动亚太格局复杂化的第一个国家。作为当前国际格局下的霸主，美国在东亚有着复杂的利益。但中国经济的快速崛起却直接威胁着美国的霸主地位，因为根据现实主义的理论，经济力量对比的变化必然导致权利的转移。因此，美国明确把中国作为潜在的挑战者。美国应对中国的重点因此从原来的制度、人权等转向了经济增长本身，指责中国人民币汇率低估、提倡绿色增长等实际上都是针对中国经济增长中的弱点。

而对于可能被中国主导的东亚合作，美国则采取敌视的态度①。实践中，美国采取的是加入并高调推动 TPP 这个跨太平洋的亚太框架与东亚合作框架竞争。虽然名义上美国把建设亚太自贸区作为 TPP 的发展方向，但实际上如果号称白金标准的 TPP 建成，那么它将包括中国几乎所有的主要贸易伙伴，这意味着中国将被迫接受自己还不能适应的贸易标准。正因如此，美国才强调与亚太国家的战略关系，因为 TPP 已经不再是一种经济安排，而是应对中国崛起的具有战略性的合作框架。这使后冷战时期一直在中美之间脚踏两只船的国家开始被迫选边，原本建立在战略性模糊上的和谐局面慢慢被打破，加剧了亚太地区局势的复杂性。

除了美国，日本是亚太国际关系中的另一个重要国家。战后很长一个时期里，日本依靠建立在雁行模式基础上的地区生产网络，发挥着经济主导作用。在安全上，则依靠《日美安保条约》，和美国的其他东亚盟国一起维护着美国在东亚的利益。对于中国经济的快速崛起，日本显然无法适应也无法接受，因此在区域合作中，日本对于主导权问题耿耿于怀②。现实主义的相对收益思维使日本抛弃了按照"10 + 3"框架建设东亚自贸区的路径，转而推动包括澳新和印度在内的东亚自贸区。但最近美国回归亚洲并明确提出要防止中国在东亚

① 根据张小明的分析，这符合美国的利益逻辑。张小明：《美国是东亚区域合作的推动者还是阻碍者？》，载《世界经济与政治》2010 年第 7 期。
② 关于日本在地区合作主导权问题上的复杂心态，参阅〔澳〕加文·麦考马克著《附庸国——美国怀抱中的日本》，于占杰、许春山译，社会科学文献出版社，2008，第二章。

做大后，中日之间的竞争很显然已被中美竞争所取代。日本则选择更坚定地与美国站在一起，平衡中国崛起。

韩国以及东盟国家对中国的经济依赖更强一些，但长期以来在安全上是依赖美国的，因此他们的处境更尴尬一些。东盟国家在过去很长一个时期里，为了应对这种被动局面采取了优化避险战略，即一方面维持与美国的关系，另一方面在不影响对美关系的情况下，加强同中国合作，获取经济利益。但美国把中国作为潜在竞争对手，使这些国家两头获利的操作空间受到挤压。即便如此，东盟国家也不是明确制衡中国的，也就是说，对于目前讨论比较多的权力转移，他们持比较中立的态度。当然，个别东盟成员的观点可能不同。例如越南和菲律宾，很显然他们认为中国崛起对于他们解决与中国的领土争端不利，因此他们并不希望看到一个日益强大的中国，希望美国能遏制中国。当然他们最希望的是在中国崛起之前把同中国的领土争端解决掉，而不是搁置争议去共同开发。

上面是从中国角度来看，如果跳出亚太，我们会发现中国是亚太局势复杂化的重要原因。首先，中国经济的崛起使亚太地区原有力量结构被破坏，产生前面分析的一系列应对性活动。其次，中国经济崛起既伴随着国内民族主义的加强，也刺激了地区国家的民族主义情绪。总体来看，亚太地区目前处在经济不平衡发展引起权力转移的过程中，对于这种发展趋势各方的态度大相径庭。既有希望维持原来力量格局的国家，也有对结构变化持观望态度的国家。但因为美国在认识中国崛起问题上向现实主义的回归，使亚太未来一个时期的国际关系将主要由现实主义思维方式主导。这种变化对东亚合作最直接的影响就是前面已经提到的竞争性合作框架的出现。

2. 东亚地区三大自贸区谈判：进展与前景

由于东亚合作缺少实际上具有推动能力的主导者，东亚合作实际上一直表现出一种危机驱动的特点。这种应对性合作的缺点是不够持久，也没有相对系统的合作目标和稳定动力。正因如此，同1997年亚洲金融危机一样，2008年美国次贷危机及其引发的全球性经济衰退成为东亚地区当前这一轮经济合作的重要外部推动力。夹杂着应对危机、应对中国崛起以及区内主要力量争夺主导权等不同考虑，美国提出了以跨太平洋战略经济伙伴关系重塑东亚合作的倡议，中日韩三国则实质性地开启了中日韩自贸区建设，东盟又提出区域全面经济伙伴关系计划。TPP 宣布将在 2013 年 10 月结束谈判，而中日韩自贸区和区域全面经济伙伴关系协议都将在 2013 年年初启动谈判。因为三个谈判的参与方涉及东亚地区最具活力的经济体，因此三个谈判的进展将对东亚合作产生重要影响，备受各方瞩目。

（1）CJKFTA：中日韩自贸区由来已久，是 1997 年亚洲金融危机之后东亚合作初步展开时三国加强合作的倡议。进入 21 世纪后三国连续多年就三方自贸区进行联合研究，但一直没能取得突破性进展。2008 年危机后中日韩三国领导人独立峰会的召开把中日韩自贸区建设带上了快车道。三方领导人启动的中日韩自贸区官产学联合研究为自贸区的启动奠定了基础。2011 年，三国领导人已经就 2012 年启动三方自贸区谈判基本达成了共识，但各方原本寄予厚望的 2012 年 5 月中日韩领导人会议没能如期宣布自贸区谈判的启动。随后爆发的中日钓鱼岛之争更给三方自贸区启动蒙上了厚厚的阴影。尽管如此，三方的高官磋商还是就启动自贸区谈判达成了共识。但中日韩谈判还是因此后中日关系变恶而陷入停滞。当然，国内产业的保守力量也使三方做出妥协的诚本很高。此后，中韩双边 FTA 谈判取得了实质性进展，一些乐观的观察者因此认为中韩 FTA 可能对中日韩自贸区谈判产生某种积极推动作用。但就作者与日本方面有关专家的沟通看，这种促进作用十分有限。目前，中国虽然也在重推中日本谈判，但因为更多精力放在了"一带一路"建设上，短期内中日韩自贸区可能不会有大的进展，至少中方不会太急于推进。

（2）TPP：美国在加入了文莱、新加坡、智利和新西兰四个 APEC 小国合作安排之后，将其名称改为目前的 TPP（中方译为跨太平洋战略经济伙伴关系），并迅速把澳大利亚、秘鲁、越南和马来西亚两个东盟成员纳入谈判进程。随后进行的被称为 P9 的谈判进程也遇到了很大的困难。因为这个号称按照"白金标准"建设的自贸区对参与方的开放要求很高，而且还包含劳工条款、环保条款等一般自贸区不涉及的领域。尽管如此，自 2010 年 3 月举行首次谈判以来，TPP 已经举行十几轮谈判。在这个过程中，加拿大和墨西哥两国正式加入了 TPP 谈判。在 2012 年 12 月刚刚结束的第 15 轮谈判后，TPP 11 国宣布将在 2013 年结束谈判，这与此前对 TPP 谈判进程的很多悲观看法形成了对照。

对于 TPP 的发展前景有两个不同的角度：其一是经济影响角度。一般的观点认为目前 TPP 的成员除美国外经济规模都不大，因此即使建成影响也不会太大。确实，由于日本国内遭遇强烈反对，虽然日本政府在 2011 年 APEC 领导人会议期间就表达了要加入 TPP 的愿望，但日本政府无法满足美国提出的参加 TPP 谈判的进入前开放条件，只能做观察员。日本方面认为，日本不加入 TPP，那 TPP 就不会形成真正的影响力。其二是战略意图角度。在这方面美国已经表述得比较清楚，即 TPP 就是要应对中国在东亚日益增长的地区影响力。其手段则是为东亚制定游戏规则，因为美国人认为如果美国不制定，中国就会制定。从这个意义上讲，TPP 的成员数目就比成员的经济规模更有意义。因为只要接受 TPP 规则的成员足够多，美国就可以宣称 TPP 规则是 APEC 范围的规则，使中国面临困难的选择局面。因此，TPP 在不同的战略意图下发展前景有一定的差异性。

（3）RCEP：区域全面经济伙伴关系是目前最新的区域合作倡议。虽然目前对 RCEP 的研究还不多，但从东盟于 2011 年通过的《东盟区域全面经济伙伴关系框架》中提到的"将在《东盟宪章》原则指导下建设区域全面经济伙伴关系，以维持东盟在与地区合作框架中的核心地位和作为主要推动力的积极角色"这样的表述看，东盟 RCEP 倡议至少部分是应对 CJKFTA 和 TPP 的。

根据上述框架文件，区域全面经济伙伴关系建设的目标是达成一个全面、互利的经济伙伴协议，具体将从目前东盟及已经与其达成自贸区协议的 6 个对话伙伴入手，最终将扩展到外部的经济伙伴。为了协议谈判尽早举行，2012 年 8 月东盟经济部长于柬埔寨西恩里达成了《区域全面经济伙伴关系谈判目标与指导原则》。在 2012 年 11 月举行的东亚峰会期间，东盟的这一倡议得到了 6 个对话伙伴的支持，16 个国家就从 2013 年开始启动区域全面经济伙伴关系谈判达成一致，各国领导人会后发表了《关于启动区域全面经济伙伴关系谈判的联合声明》，表示要以《区域全面经济伙伴关系谈判目标与指导原则》为基础，谈判"达成一个现代、全面、高质量的互利性经济伙伴协议，为区域建立开放的贸易投资环境，便于区域贸易投资的扩张，为全球经济增长和发展做出贡献"。

从发展前景看，虽然各方已经明确提出 RCEP 协议谈判将从 2013 年开始，到 2015 年结束，而且很多人认为由于东盟目前已经与初期参与 RCEP 谈判的对话伙伴建有双边 FTA/EPA，RCEP 进程将会比较乐观；但考虑到 RCEP 谈判将包括长期未能取得有效进展的中日合作，以及开放水平较低的印度，RCEP 谈判可能也不会像有些人预想的那么顺利。

3. CJKFTA、TPP 与 RCEP 互动下的东亚合作

未来一个时期内，由于 CJKFTA、TPP 及 RCEP 包含了亚太地区的主要大国，因此这三者之间的互动必将成为塑造未来东亚合作格局的重要力量。

CJKFTA 始于中日韩三国应对世界经济发展的不确定性努力，但在东盟看来三国合作将会威胁到其在东亚合作中的主导地位。TPP 是美国在经济力量相对衰落的背景下，巩固和维护其在亚太地区的利益、应对中国在东亚地区影响力的平台。但由于 TPP 对东亚合作框架的覆盖性，在东盟看来同样是威胁其在东亚的核心地位的力量。因此，虽然东盟宣称 RCEP 目的是为地区提供更好的合作发展平台，但其应对 CJKFTA 和 TPP 的考虑非常明显。

对于东亚合作的这种发展态势，中国认为 TPP 是遏制中国的战略，因此必须采取应对措施，而 CJKFTA 可以作为有效的应对手段。而 RCEP 出台后，中国也表示了积极的支持态度，或许也是因为看到了东盟以 RCEP 制衡 TPP 的企图。日本认为 TPP 和 CJKFTA 可以成为日本两头下注的机会，而对于 RCEP，因为基本是一个 "10 + 6" 框架，符合此前日本平衡中国影响力的要求，因此也积极支持。美国看起来并不喜欢 CJKFTA，但对包含应对 TPP 因素的 RCEP 却表现出宽容精神，认为它与 TPP 可以是互补的，而不一定是竞争的。的确，东盟方面也表达了 RCEP 与 TPP 的互补关系，例如，新加坡巡回大使许通美就认为，RCEP 并不是要与 TPP 竞争，推动 RCEP 协议主要是因为它比 TPP 更容易实现[①]。

不管怎么说，TPP 和 RCEP 的推动必然将会为东亚国家提供东亚和亚太两

---

① 许通美大使在 2012 年 11 月于新加坡举行的首届"中国—东盟论坛"上即席发言。

个合作框架。在它们之间的互动中，CJKFTA 是个重要变量，因为 CJKFTA 如能顺利推进，RCEP 则会得到很好的支持。这意味着中日关系的处理对未来东亚合作具有重要意义。接下来，本文将从中国的利益角度分析 CJKFTA、TPP 以及 RCEP 三大谈判，并提出相应对策。

二　相互依赖与中日韩自贸区

2008 年美国次贷危机的影响之一就是使中日韩看到了加强市场合作的内部需要，同时三国也感受到了加强协调确保东亚经济稳定的重要性。三国领导人从此开始的年度会议转向以东北亚合作为主导，三国自贸区倡议也开始得到实质性推进。基于共同利益的合作机制的确立对中日韩三国来说意味着合作开始摆脱危机驱动。但 2010 年中国国内生产总值超过日本跃居世界第二位，这一力量变化对地区国家产生的心理影响，特别是对日本国民心理的冲击[①]，在一定程度上对中日韩合作造成了混合型冲击。一方面，日本感到必须加强与中国的经济合作，但另一方面有关国际合作相对收益的思维又开始抬头[②]。2011 年日本发生地震海啸灾害后，日本虽然向中国等亚洲国家转移产业的压力增大[③]，但在中日韩自贸区问题上却采取了向后退的战略。只是在美国就加入 TPP 问题对日本施压后，日本对推动中日韩自贸区的态度才又转向积极。这说明尽管中日韩合作已经开始摆脱危机驱动，市场驱动在贸易一体化领域已经开始显现[④]，但合作进程仍受到多方因素的影响，存在很大不确定性。它既无法脱离国内政治的影响，也不可能独立于亚太的国际政治环境之外。其中，历史问题、领土和海洋权益争端造成的政治互信问题以及日韩与美国同盟关系近期

---

① 《中国可能超越日本成最大经济国，日本心态复杂》，搜狐网，2009 年 6 月 29 日，http：//news. sohu. com/20090629/n264843928. shtml。
② 姜运仓：《东亚区域合作中的绝对获益和相对获益》，《商丘师范学院学报》2010 年第 2 期，第 68 ~ 72 页。
③ 这在日本经济面临困难的时候表现尤其明显，例如地震后很短时间内，就有日本上百家企业到中国考察投资环境。赛迪研究院：《我国承接强震后日本电子信息产业转移的机遇、挑战和对策》，载《赛迪专报》2011 年第 12 期。
④ 徐林清、陈碧莲：《市场驱动的中日韩贸易一体化趋势研究》，《亚太经济》2011 年第 5 期，第 41 ~ 46 页。

的加强等都在阻碍这三国合作的深化①。

但对中国来说，必须从一个可观的角度认识中日韩经济上的相互依赖性，特别是在中国民族主义伴随着中国崛起抬头的今天，认清三国关系的特点对于中国区域合作战略的形成有重要意义。

1. 中日韩三国经济的相互依赖性

中日韩合作最初起始于对外部威胁的回应，它是在东盟"10+3"这个应对金融危机挑战的大框架下发展起来的，这种合作的被动性到2008年三国单独召开领导人会议时也没有完全摆脱。尽管如此，中日韩三国在合作过程中也开始形成面向东北亚一体化的议程，例如市场的深度整合、产业合作等，这说明内源性的合作在长期的互动进程中开始出现。试图从合作中获益的理念的形成使得从合作收益角度分析中日韩合作的基础变得更具实际意义。在这方面，三国的经济相互依赖是很明显的。

首先，从表2我们可以看出，对中日韩三国来说，其他两国在其出口市场中都占有重要地位。2011年，中国超过12%的出口流入日韩市场，日本出口到中韩的产品占其总出口的27.7%，而韩国对中日的出口已经接近1/3。从趋势来看，三国之间的出口增长速度都很快，尽管中国由于总体对外贸易的迅速扩张，对日韩出口在总出口中的份额有所下降。从2005年到2011年，韩日两国对华出口额增长都超过一倍，中国对这两个国家的出口增长也非常快。相比之下，日韩之间的贸易增速略有逊色。但总体来讲，在东亚的传统市场美国和欧洲因为内部问题面临困境的情况下，中日韩三国之间在出口市场上的相互倚重显然对任何一方都是必要的。

贸易的增长是与三国间的相互投资密切联系的，尤其是日韩对中国的直接投资，通过企业内贸易带动了两国的对华贸易。根据中国政府发布的《中日韩合作》白皮书，日韩两国对华直接投资到2011年年底分别为800亿美元和500亿美元。在中日韩三国签署的《关于促进、便利和保护投资的协定》逐步落实后，相信三国之间的投资还会增加。

---

① 对于美国因素，2012年5月30日，北京大学王缉思教授在中国社会科学院演讲时认为，中国可以脱开中美关系看待TPP，但这种具有战略性的意见在实践中似乎较难操作。

其次，中国在推动中日韩合作尤其是贸易投资领域的合作方面具有一定的优势。一个最直接的原因是中国庞大的正在快速增长的国内市场对日韩来说具有非常大的吸引力。而从表2我们也可以看出，中国对日韩市场的依赖度在相对意义上是下降的，相反日韩对中国市场的相对依赖程度在上升。这种市场结构不仅证明中日韩推动经济合作存在比较扎实的利益基础，而且也给中国推动合作迈向深入提供了空间。因为中国的任何新倡议至少不会因为合作利益明显在中方而受到猜疑。

表 2 中日韩贸易在三国国际贸易中的地位

中国	总出口	出口日本	出口韩国	日 + 韩/总出口（%）
2005	7620	840	351	15.6
2010	15778	1210	688	12.0
2011	18984	1483	829	12.2
日本	总出口	出口中国	出口韩国	中 + 韩/总出口（%）
2005	5949	801	466	21.3
2010	7698	1495	624	27.5
2011	8233	1621	662	27.7
韩国	总出口	出口中国	出口日本	中 + 日/总出口（%）
2005	2844	619	240	30.2
2010	4664	1168	282	31.1
2011	5552	1342	397	31.3

资料来源：根据联合国贸易统计数据整理。

2. 中日韩自贸区面临的约束条件

虽然中日韩三国之间的相互依赖是客观事实，但中日韩的合作仍面临包括三国之间的政治互信、历史记忆以及三国各自的战略考虑、内部政治、利益集团等制约因素。

（1）历史问题与政治互信问题。中日韩三国历史上具有很密切的联系和文化渊源，虽然讨论得比较多的华夷秩序问题将焦点放在了朝贡体系上[①]，但第二次世界大战结束以来，中日韩三国的历史问题的核心转向了日本对中韩两

---

① 何芳川：《"华夷秩序"论》，《北京大学学报》1998年第6期。

国的侵略和殖民。尽管也有人认为至少对中日来说历史问题的影响小于两国身份的变化①，但历史问题仍然是三国之间脆弱的神经，经不起任何意外事件的刺激。而历史问题与三国政治互信之间的联系使历史问题对中日韩合作的影响尤其明显。以中日关系为例，双方之间不信任并互不承认对方的核心国家安全利益，历史问题就常常成为这种不信任的表象，这在日韩之间也是存在的。根据韩国专家的说法，韩国原本打算先启动日韩自贸区谈判，但因为前总统李明博访日期间就慰安妇问题与时任日本首相野田沟通失败，随后选择率先启动中韩自贸区②。

民族主义的兴起则加重了历史、互信问题的负面影响，因为中日韩三国的民族主义与区域合作理念存在冲突③。因此，深入推动中日韩合作必须正视历史问题。在历史问题无法得到快速解决的情况下，必须以合作大局为重，避免合作进程过分受到历史、互信等因素的影响。

（2）中日韩区域合作战略的差异。在中日韩三国之间，日本是战后最早推动东亚合作的国家，但效果一直不太好。一位日本学者的研究认为，日本在20世纪60~70年代加强与东南亚国家合作的努力是因为美国战略的失误。进入后冷战时期以来，面对中国经济的崛起，日本一方面保持着其"正常国家"的梦想，另一方面又担心中国主导东亚合作而使其被"边缘化"。但国内老龄少子化问题使日本经济暮气沉沉④，大批利益集团的存在又使其政治日益僵化，民族主义与亲美力量的竞争则在撕裂着社会认同。这使日本的区域合作战略表现出很多不确定性，有时候会高举东亚合作大旗，例如2009年鸠山由纪夫就高调倡导东亚共同体；有时又倒向太平洋合作，比如2011年亚太经合组织峰会期间，野田首相不顾国内巨大压力宣布日本参与TPP谈判。总体来看，尽管有一定波动，日本还是把积极推动与亚洲国家合作，试图建立对等的日美

---

① 胡亚达、迈克尔：《中日关系：合作伙伴和竞争对手?》，韩国《国防分析杂志》第23卷第3期，见谢文婷编《中日关系：合作伙伴与竞争对手?》，《国外理论动态》2010年第6期。

② 韩国学者黄载浩与作者的交流。

③ 赵立新：《东北亚区域合作的深层障碍——中日韩民族主义诉求及其影响》，《东北亚论坛》2011年第3期。

④ 冯昭奎：《日本的人口问题》，《当代亚太》2009年第2期。

关系，并应对中国崛起作为合作的指导思想①。当然，美国回归东亚的态度日益明确后，日本似乎不再把与中国争夺主导权问题放在首位，因为美国显然也对中国力量的崛起耿耿于怀②。

韩国对东亚合作的态度也比较积极，以在中日之间发挥桥梁作用为自己定位，但又对积极提出合作倡议很有兴趣。冷战刚结束的时候，韩国与澳大利亚倡议提出了亚太经合组织合作。2001年韩国总统金大中提议成立的东亚展望小组曾经通过向领导人提交的《东亚展望报告》对东亚合作的发展发挥了重要作用。2011年韩国又倡议成立东亚第二展望小组，对未来一个时期的东亚合作进行战略规划。对韩国来说，夹在中日两个大国之间的状态一直使其很尴尬。如何摆脱"三明治"国家地位并发挥东北亚平衡者的作用是其最为关心的。因此，其"新亚洲外交"战略改变了以中美日俄为中心的策略，而把整个亚洲都作为倚重的基础③。当然，其加强与美欧以及中国等重要贸易伙伴经济关系的做法又给人留下清晰的双边主义感觉。

日韩的东亚合作战略很显然既包含经济考虑，又受到安全利益的左右，这与中国试图以东亚为重构筑区域合作网络的战略有很大相似之处。中国的区域合作战略是利益导向的，但其长远目标是服务于中国的和平崛起。因此，尽管三个国家都看重东亚合作和中日韩合作，但战略逻辑上的冲突却无法轻易越过。

3. 中日韩合作的战略意义

上面的分析说明，中日韩经济上存在相互依赖，但深化合作却面临一系列制约因素。尽管如此，我们也必须看到超越相对收益认识、克服不利因素是建立中日韩互信的渠道之一。很多评论认为，战略互信水平是制约中日韩合作的因素④，但实际上互信与合作必定是个互动的过程。欧盟的经验说明了这种关系的存在；而在东亚，中国—东盟1991年以来的合作基本上证明了这种作用

---

① 张慧智：《中日韩东亚共同体构想指导思想比较》，《东北亚论坛》2011年第2期。

② 在最近向国会作证的演讲中，Joshua Meltzer就提到了东亚合作对美国影响力的危害。Meltzer, Joshua, "The Significance of the Trans – Pacific Partnership for the United States," Testimony to the House Small Business Committee, May 16, 2012.

③ 张慧智：《中日韩东亚共同体构想指导思想比较》，《东北亚论坛》2011年第2期。

④ 例如，于海洋：《自贸区与政治一体化——中日韩自贸区的战略设计及实施》，《东北亚论坛》2011年第6期。

的存在，虽然很难把这种定性描述做出很具体的量化分析。因为总结双边合作20年的经验，我们基本上可以说冷战后中国与东盟之间的互利合作已经成功地把双边关系从对抗带入了战略合作伙伴关系层面①。尽管对中日韩三边关系、中国东盟双边关系性质的可比性可以再做讨论，但推动经济合作带动互信建设要比从直接动手建设互信来得容易。换句话说，推动经济合作这种低端政治合作要比建设互信这种高端政治合作来得容易，尽管这两者之间的联系并不确定②。

因此，从三国关系层面讲，推动中日韩合作仍是构筑东北亚互信的可操作方案。首先我们来看中日韩三国关系的现实：日韩两国是第二次世界大战后美国在东亚的重要同盟和战略伙伴，崛起的中国则被美国看作对其全球霸权地位的潜在挑战者。日本作为第二次世界大战后东亚经济长期的领头羊，也因中国的快速崛起并取代其在东亚乃至全球的经济地位而难以释怀。同时，中日、韩日之间还背负着沉重的历史包袱。这样，一方面三国因为历史、海洋权益和岛屿争端以及政治制度和价值观等分歧，战略互信严重不足③；另一方面，三国之间前述的战略态势又使得直接构筑互信几乎无从下手。有学者呼吁中日韩应该建立一种以相互承认为基础的地区发展战略，但没为建设这种合作战略提供可行的路径④。事实上，这种以相互承认去解决战略互信的努力必定是徒劳的，因为这两个概念是一个硬币的两面。因此，在中日韩互信事关东北亚地区安全的情况下，除了要加强交流沟通，还必须进一步推动经济合作，来构筑共同利益基础，而共同利益无疑是互信建设的重要平台。

从中国的战略需求层面出发，也应进一步推动中日韩合作，这不但包括在

---

① 例如张云（《国际政治中"弱者"的逻辑》，社会科学文献出版社，2010）的研究就从小国战略的角度探讨了中国—东盟关系的这一发展过程；王玉主（《"要约—回应"机制与中国东盟经济合作》，《世界经济与政治》2011年第10期）则从双边利益博弈的角度对中国—东盟从对抗到互信的合作进程做了分析。

② 最近，有一项研究认为经济版图邻近的国家之间具有加强政治合作的动力（庞晓波、黄卫挺：《国际体系结构与国家行为：一个博弈理论模型》，《东北亚论坛》2010年第3期），但这种说法到目前为止还不符合中日之间的"政冷经热"现实。

③ 魏志江：《中日韩三国的战略信赖度分析》，《东疆学刊》2011年1月。

④ 于海洋：《自贸区与政治一体化——中日韩自贸区的战略设计及实施》，《东北亚论坛》2011年第6期。

合作中展示积极姿态，更表现在主动提出新的合作倡议。从合作的博弈性质和信号学的角度来说，在合作中对他方的要求愿意做出妥协以及主动提出合作倡议代表着一种积极的态度，尤其是新倡议的提出，不仅表现其对于合作收益的积极预期，也在一定程度上暗示愿意与被倡议方达成妥协以推动合作的姿态，这些在合作博弈中都是有利于合作成功的积极信号。如果我们接受秦亚青、魏玲提出的进程主导型一体化理论①，则推动中日韩合作的战略意义更加明显。因为这种把进程既看成手段又看作目的的理论认为进程推动权利社会化，并进而催生集体认同感，也就是说，任何有助于维持进程本身的行为都是有意义的。对于急需信任突破的中日关系来说，维持进程的建构效应或许会产生意想不到的效果。

三　TPP 与中国

美国是亚太地区的重要力量，其在东亚的利益决定了其时刻注视着东亚合作的一举一动②。美国的原则是"涉及安全、经济和商业的重要机制都不应该将美国抛在门外"③，因此，面对东亚合作的顺利进展，美国开始参与并推动跨太平洋战略经济伙伴关系协定，重推以 APEC 为框架的亚太合作。其意图，或许可以从希拉里的表述中窥见一斑："在接下来的 10 年中，美国治国方略的最重要任务之一将与在亚太地区持续稳定增长的投资——外交、经济、战略及其他方面——紧密相连。"

1. 美国倡导的 TPP：进展和内容

（1）TPP 的起源。TPP 起始于文莱、智利、新加坡和新西兰之间被称为 P4 的协定。而 P4（太平洋四国）又起源于更早的 P3。1997 年亚洲金融危机之后，新加坡与新西兰建成了"更紧密经济关系协定"。此后，在 2001 年

---

①　秦亚青、魏玲：《结构、进程与权力社会化——中国与东亚合作》，《世界经济与政治》2007 年第 3 期。

②　信强：《东亚一体化与美国的战略应对》，《世界经济与政治》2009 年第 6 期。

③　美国助理国务卿坎贝尔的说法，转引自任晓《东亚合作的区域内外互动新态势》，载《国际问题研究》2010 年第 2 期。

APEC 上海峰会期间，智利和新西兰提出与新加坡建立三方合作的想法。2002 年这 3 个国家启动了"太平洋三国更紧密经济伙伴"（Trans-Pacific Strategic Economic Partnership）谈判，2004 年文莱以观察员身份加入第二轮谈判，并在 2005 年成为正式谈判方。同年 7 月，四国签署了"跨太平洋战略经济伙伴"协定，2006 年 5 月协定在新加坡和新西兰之间正式生效，P4 正式形成。这 4 个 APEC 中经济规模较小、开放程度较高的国家通过 P4 协定承诺，将在货物贸易、服务贸易、知识产权以及投资等领域相互给予优惠并加强合作。这是一个具有约束性的协定，其目标是在 2017 年之前削减全部进口关税。

P4 协议共包括二十章和两个补充协定，分别是最初条款、定义、货物贸易、原产地规则、海关程序、贸易救济措施、动植物卫生检疫、贸易技术壁垒、竞争政策、知识产权、政府采购、服务贸易、短期人员流动、透明性、争端解决、战略合作、管理与制度条款、一般条款、例外条款、最终条款以及《环境合作协议》和《劳工合作备忘录》这两个补充协定。两个补充协定是必须执行的；如不执行，则等于自动退出协定。此外，涉及服务贸易自由化的安排采取的是反向列表。

P4 是 APEC 框架内的自由贸易协定，虽然是一个综合性高水平的自贸安排，但由于其成员经济规模很小，因此并不受重视；美国的加入和推动才使其备受关注。

2008 年 2 月，布什总统宣布美国将参与 P4 的金融服务和投资谈判，并在此后的 3 月、6 月和 9 月同 P4 举行了三轮关于金融服务和投资的谈判。同月，布什总统宣布美国加入 P4 以形成 TPP（Trans-Pacific Partnership），同时邀请澳大利亚、秘鲁和越南参加 TPP 谈判。2008 年 11 月，秘鲁和澳大利亚宣布加入 TPP 谈判，越南则以观察员身份加入谈判，至此形成了目前我们讨论的 TPP 合作安排。

（2）TPP 的进展和内容。2008 年 11 月奥巴马赢得大选后，原本安排在 2009 年 3 月举行 TPP 首轮谈判。但在奥巴马 2009 年 1 月宣布就职后，2 月美国国会有 54 人写信给奥巴马反对 TPP，奥巴马只好宣布推迟 TPP 谈判。3 月美国贸易代表就 TPP 举行了听证后，45 位国会议员写信支持 TPP，但原定 3

月开始的首轮谈判还是推迟了。2010年3月15～19日，TPP首轮谈判在澳大利亚墨尔本举行，标志着TPP在新框架下开始启动谈判进程。P8首轮谈判主要涉及原产地规则、农业、技术壁垒和知识产权等问题。在随后举行的谈判中，马来西亚参加了会议。在美国旧金山和文莱举行的第二、第三次会议（P9）的主要议题为工业品、农业和纺织品标准，服务投资，金融服务，知识产权，政府采购，竞争以及劳工和环境等问题。会议还讨论了如何促进地区统一性管理、促进中小企业发展等问题。

2010年11月，越南正式成为TPP成员，马来西亚尚未成为正式成员，日本则以观察员身份出席了这次TPP领导人会议。2011年APEC夏威夷峰会期间，日本首相野田宣布日本将参与TPP协议谈判，通过国内的激烈争论后，日本在美国做出适当妥协的情况下加入了TPP谈判，但日本证明是TPP谈判的一个负担。由于国内对粮食、汽车等产业的保护，日本的TPP谈判妥协能力很弱，表现出极强的政策刚性，这在一定程度上影响了TPP谈判进程。

从内容上看，尽管我们前面曾列出P4的协议内容，但TPP的内容已经发生很大变化，已经无法从P4协议来分析。由于这是一个尚在进行中的谈判，所以有关谈判细节并未公布。但根据美国人自己的观点，美韩自贸区协定是其基准线，但也会建立一些新的标准。具体来说，TPP除了包括货物、服务、非关税壁垒、投资、知识产权外，美国还寻求包括监管一致性的规则，以减少因成员之间监管多样性造成的不必要的贸易障碍。对于国有企业，也将设立规则以规范其不按照竞争性市场规则运行造成的市场扭曲。另外，TPP还将考虑美国企业供应链地处亚太不同国家的现实，希望能够形成一致性的原产地规则，同时追求贸易便利化以降低货物流动成本。促进数据跨境自由流动是TPP关心的另一个问题[①]。这样，结合P4原有的关于环境合作和劳工合作的两个附件，我们大体可以看出美国希望构建的TPP框架。

2. TPP对东亚合作的影响

自从美国宣布参与推动TPP以来，各方对TPP的关注度大为提升，其中

---

① Joshua Meltzer, "The significance of the Trans-Pacific Partnership for the United States," testimony to the House Small Business Committee, May 16, 2012.

主要的一点在于其对东亚合作的影响。对中国来说，还包括下一步应对 TPP 的对策问题①。

本文也将分析 TPP 对中日韩合作可能带来的影响，但本文认为应从意图和能力两个角度做客观分析。有学者认为 TPP 将重塑亚太自贸格局、重组亚太大国关系、提升亚太自由化水平并干扰东亚一体化进程②，但这样的分析显然是把一些可能的趋势列举了出来，且不说这些是否为美国的意图，仅仅到底这些能否成为现实就值得进一步分析。

（1）TPP 主要成员的意图。

美国：美国推动 TPP 的意图既包括经济利益考虑，也存在战略利益诉求。首先，亚太地区是全球经济增长最快的地区，2011 年 TPP 各国的总 GDP 已经达到 17.8 万亿美元。根据一项研究，到 2015 年 TPP 将为美国带来 50 亿美元的收益，而到 2025 年这个收益将增长到 140 亿美元③。美国更看重的是 TPP 的潜在收益，因为 TPP 被美国看作通往亚太自由贸易区（FTAAP）的重要途径。尽管美国人自己对于能否建成 FTAAP 也没有把握，但随着已经表现兴趣的加拿大、墨西哥、日本等国的加入，TPP 的 GDP 总量将增长到 26.6 万亿美元，而这些国家在美国对外贸易中所占的份额将从目前的约 5% 激增到约 40%。此外，服务贸易方面的潜在收益也是巨大的。包括加拿大、墨西哥和日本的 TPP 将是美国 1483 亿美元的服务贸易出口市场和 764 亿美元服务贸易的进口市场。美国认为 TPP 将对中小企业产生积极的影响④。其次，正如前面已经介绍的，美国的介入还在于为亚太地区设定贸易和投资规则。在 WTO 多哈回合陷入停滞的情况下，在亚太地区率先实现高水平的自由化安排

---

① 对于 TPP 分析，学术性、政策性研究很多，我国商务部也专门委托有关单位对 TPP 的可能影响做过分析。从公开发表出来的研究成果看，持谨慎态度的建议居多，例如张琳的《区域合作的回顾与前景展望：泛太平洋战略经济伙伴关系协定（TPP）》，中国社会科学院世界经济与政治研究所国际贸易与投资工作论文（第 201202 号）等。

② 竺彩华：《TPP 对亚太经济格局的影响与对策》，载外交学院东亚研究中心《东亚要报》2012 年第 4 期。

③ Peter Petri, Michael Plummer and Fan Zhai, "The Trans-Pacific Partnership and Asia-pacific integration: A Quantitative Assessment," *Working Paper*, No. 119, October 24, 2011.

④ Meltzer, Joshua, "The significance of the Trans-Pacific Partnership for the United States," testimony to the House Small Business Committee, May 16, 2012.

当然符合美国的利益。最后，加强与东亚的经济一体化则是具有战略高度的考虑。美国认为目前东亚地区的一体化步伐加快，但这些安排无论是"10 + 3"还是中日韩自贸区，都把美国排除在外，这不仅会造成不利于美国的贸易转移，当然也会侵蚀美国在东亚地区的影响力。因此，美国把从 TPP 向 FTAAP 过渡作为具有战略意义的步骤。这说明，美国试图以亚太合作来覆盖东亚合作，既保护其在东亚的经济利益，又实现其主导东亚的战略意图。

日本：日本对于 TPP 来说至关重要，因为如果没有日本的加入，TPP 在经济上就只能靠美国，意义不大起初，关于日本加入 TPP 问题，美国总统奥巴马在与日本首相野田会见时提出，日本应开放其汽车、保险和牛肉三个部门以显示其认真对待 TPP 的态度①。澳大利亚和新西兰也对日本参加 TPP 决心存在怀疑，因此支持美国的做法。后来，美国的态度发生变化，允许日本以更宽松的条件加入 TPP。

但在日本国内，农业部门的反对力量非常大。生活在农产品高关税保护之下的农民根本无法接受美国提出的开放要求。日本农林水产省的报告认为，加入 TPP 将给日本农业带来毁灭性打击，8.5 万亿日元的农业产值将减少一半多，粮食自给率大幅降低（从 40% 降到 14%），农业就业人口会减少 340 万人。因此，尽管一些具有战略眼光的日本政治家和学者也希望通过 TPP 来给国内的僵化结构改革注入动力，但农业部门在国会的强大势力使这种想法几乎无法实现。从日本加入 TPP 后的表现看，克服国内产业保护压力确实困难，美国因此与日本展开了多轮双边磋商，希望迫使日本做出更多让步，但日本希望把大米、牛肉等五个部分做例外处理，即所谓的"五大圣域"，但美国似乎并不想妥协。最近，有日本议员表示，如果政府在大米问题上让步，就会协腹抗议，所以说，即使安信政府认为加入 TPP 在战略上具有极端重要性，尤其是在对抗中国方面要求日本通过推动 TPP 走向成功，但日本国内的政治博弈也可能其难有作为。

韩国：韩国到目前为止还没有明确提出要参与 TPP，但作为美国的盟国，

---

① "U. S. has Auto, Insurance, Beef Concerns over Japan Joining Trade Talks," *The Mainichi Japan*, 2012 年 5 月 1 日。

我们可以判断如果美国要求其加入，那么，尽管国内压力很大，韩国也会宣布跟进。只是在这个问题上韩国的影响不那么大，美国可能不会给韩国施加太大压力。目前，韩国的态度相对轻松，因为韩国已经与目前所有 TPP 成员签订了自贸区协定，并不担心 TPP 协定对韩国的经济影响。

其他国家：参与 TPP 谈判的各国特别是后加入的国家，其落实 TPP 高标准要求的能力也不一致。从最近谈判的过程表述来看，各方的关切还不集中，看起来好像并没有轻易取得一致的迹象。因为美国贸易谈判代表柯克说下一次谈判时允许各国代表先把自己的关切说出来，因为代表们希望有这样的机会。

（2）TPP 的影响。

从前面分析的动机来看，作为 TPP 主导者的美国确实存在把 TPP 推向亚太自贸区，并试图以这个高标准的一体化安排来覆盖东亚一体化合作安排的意图。也就是说，在以 APEC 整合亚太经济的努力证明不成功的情况下，美国携 TPP 高调归来仍要继续经济上主导东亚的战略意图。这就使 TPP 必然成为威胁中日韩合作的力量，尤其是美国拉日本参与 TPP，尽管日本面临很大困难，但仍会使日本不能专心推动中日韩。

但从另一个角度看，TPP 在目前高标准的情况下取得成功也很难。尤其是日本，其国内面临的巨大政治压力可能会使急推 TPP 的任何领导人失去支持。而如果日本不能满足美国提出的前提条件加入 TPP，则它对中日韩合作的威胁可能就要小很多。对于日本来讲，还存在另外一种可能，为了在与美国就 TPP 问题上讨价还价多一个砝码，日本将积极推动中日韩合作，以此来平衡 TPP 的威胁。日本在推动中日韩合作上态度突然变得十分积极，或许就包含这方面得因素。

当然，TPP 作为一项战略安排，美国图的绝不仅仅是经济利益，尤其从中国的角度来看。作为美国心目中的潜在挑战者[①]，美国真正关心的是如何控制中国在东亚的影响力的增加，从这个角度看，TPP 对东亚合作就具有针对性，而日本尽管面临很大压力，但在政治上，日本很显然还是站到了美国主导的 TPP 一边。从这个意义上讲，日本推出与中国争夺区域主导权并不全是好事，

---

① 海因里希·克雷夫特：《美国——亚洲稳定的关键？》，《世界经济与政治》2004 年第 12 期，第 50~53 页。

因为日本后退，形式变成中国与美国争夺东亚的主导权了。

TPP 对东亚合作的中日韩合作的真正挑战在于，它提出了一个高标准的合作平台，而且是美国这个地区霸权在全力推动。对中日韩合作来说，我们目前仍为建设自贸区而陷于困境。为了使能够中日韩合作能够又更大吸引力，我们面临这提升和深化中日韩合作的压力，但现实是我们之间的互信看起来又不足以支持更高水平的合作。

3. 中国的应对

中国对 TPP 的担忧，很大程度上源于其自身经济对外部市场的过度依赖。以全球金融危机发生前的 2007 年为例，当年中国货物和服务净出口占 GDP 比重为 18%，正如危机表现的那样，作为中国第一位出口市场的美国，其市场需求疲软导致中国经济受到了剧烈的冲击。不难设想，如果 TPP 将中国长期排除在外，而与此同时越来越多的亚洲国家纷纷加入 TPP，那么不仅从事对美出口的中国企业将不得不面临不公平的竞争环境，而且中国的经济发展也有可能会受到影响。

因此，从中国国内政策的角度，长期来看，扩大内需是克服 TPP 负面影响的根本办法。唯有不断提高中国国内最终需求水平，改变长期以来经济增长对净出口的过度依赖，将净出口占 GDP 比重降至 5% 左右的国际水平，中国才能够摆脱对美国市场的依赖，那么即使不加入 TPP 也能保证经济实现可持续发展。中短期内，中国能够有效应对 TPP 的手段有限。一方面，中国可以通过与参加 TPP 的国家签署双边 FTA 以部分消除贸易转移效应，但是鉴于美国几乎不可能与中国达成双边 FTA，因此该做法不可能在本质上解决 TPP 可能对中国造成的贸易冲击，故作用相当有限；另一方面，中国企业可以考虑向 TPP 国家进行投资，通过将部分劳动密集型产业转移至越南等国，进而利用 TPP 的优惠关税继续对美出口。遗憾的是，由于美国可能采取"纺纱前沿"等严格的原产地规则，在越南等 TPP 国家投资的中国企业为了利用 TPP 优惠关税，不得不放弃从中国等非 TPP 国家进口相关半成品，只能在 TPP 国家内购买相对更加昂贵的半成品，最终导致利润受损。当然，企业是否需要转移产业以及转移规模，将取决于中国劳动力成本上升速度与 TPP 相关谈判结果，对这种动态情景目前还很难做出准确预测和判断。

从区域政策层面，在 2020 年以前，东亚合作如果能够推进至 RCEP，那么东亚合作能为中国提供足够的福利收益，完全能够抵消中国不参加 TPP 引起的福利损失。因此，能否成功推动东亚合作是中期内中国应对 TPP 的关键。

事实上，对中国的利益而言，日本是整个 TPP 与东亚合作博弈中起到重要影响的因素之一。一方面，鉴于日本的经济实力，该国的加入对于 TPP 的经济影响力起到了至关重要的作用。图 1 表明，一旦日本加入 TPP，美国通过 TPP 获得的出口市场准入将会较 TPP 11 时发生质变，即美国将获得占其全部出口额 5% 的新市场准入，从经济角度看，日本对于 TPP 的意义和价值不言而喻。另一方面，日本是东亚合作的关键一环。东亚合作的实践表明，虽然理论上三个东盟 "10 + 1" FTA 能够合成为东盟 "10 + 3"，但是一旦涉及原产地规则等实质性问题时，其难度不亚于重新谈判签署一个全新的 FTA，因此这一思路几不可行。所以说，东亚合作的未来，核心问题仍在于中日韩 FTA 能否实现，而中日韩 FTA 的实现最终又取决于中日能否达成一致。

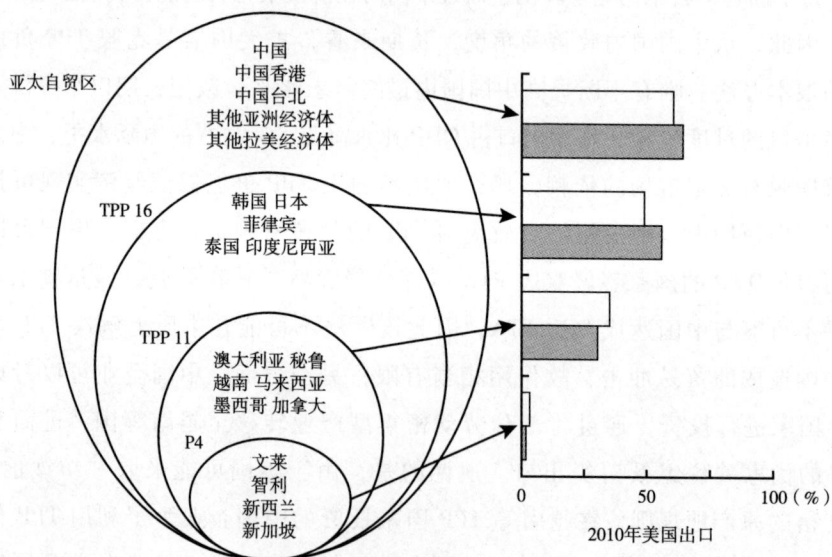

图 1　TPP 占美国进出口市场比重

从中国应对 TPP 的角度出发，如果 TPP 谈判失败的同时东亚合作成功实现，那么中国实现了利益最大化，但这一最优结果高度不确定。而中期内无论

TPP 谈判是否成功，如果中国能与日本共同推动实现东亚合作，那么中国在整个 TPP 博弈中起码确保获得次优结果[1]。因此，中期内与日本共同推动东亚合作将是中国应对 TPP 的最佳选择。当然，从谈判策略角度，虽然中日韩 FTA 三位一体，但鉴于韩国已经与美国、EU 等主要经济体签署了双边 FTA，与中国签署双边 FTA 是其实现"轮轴"地位的重要一步，因此对中国而言，不必急于与韩国进行 FTA 谈判，中—日 FTA 应优先于中—韩 FTA。

TPP 是美国为取得国际经济规则制定权，应对东亚合作进程，特别是应对中国崛起而做出的正常反应。多年来，中国倡导"多极化的世界"，而美国现在开始通过 TPP 推行"多极化的亚洲"，TPP 的战略意义已经远远超过其自身的传统经济含义，对 TPP 应该从全局上加以重视。

四 RCEP 与中国的合作战略

RCEP 是东盟提出并得到主要对话伙伴支持的合作框架。从意图上讲，正如本书前面已经分析过的，其部分体现了东盟加强自身在东亚合作中的核心地位的努力。而在客观上 RCEP 的提出无疑增加了东亚合作目前多框架竞争的复杂性。目前，RCEP 已经确立了在"10 + 6"范围内建立较高水平自贸区这一相对明确的目标。对中国来说，RCEP 包含这两个层面的含义：首先 RCEP 是一个扩展了的东亚框架。尽管东盟声称未来将向其他经济伙伴开放，但至少在 2015 年年底之前，RCEP 将是一个没有美国的东亚合作平台。其次，RCEP 包含着中国与东盟关系。目前，中国—东盟合作进入了后自贸区时代，如何深化中国—东盟双方的合作关系已经成为双方共同面临的任务[2]。RCEP 提出要超越目前的"10 + 1"自贸区水平[3]，实际上为中国—东盟关系的深化指出了一个方向。因此，对中国来说，支持推动 RCEP 可以维护目前东盟处于核心地

---

① 这样做还能避免出现 TPP 谈判成功而东亚合作失败这一最差结果——此结果将会对中国的外部发展环境造成负面影响。

② 曹云华、姚家庆：《后自由贸易区时代的中国—东盟合作》，《东南亚纵横》2011 年第 11 期，第 23 ~ 25 页。

③ 请参考东盟第 19 次领导人会议发表的文件："ASEAN Framework for the Regional Comprehensive Economic Partnership", http：//www. asean. org。

位的东亚合作框架。这在目前"10 + 3"和"10 + 6"由于中日关系困难而陷入停滞、东亚合作面临来自 TPP 这一亚太框架的严峻挑战的背景下,具有重要意义。同时,中国应采取包括加强次区域层面合作的全方位措施深化中国—东盟合作,这既可以支持 RCEP 进程的顺利推动,又能够强化中国在 RCEP 进程中的作用。

1. RCEP 与东亚合作

东亚合作是在东盟自身的合作基础上发展起来的,这一进程在 1997 年金融危机后 APEC 作为亚太地区合作框架的作用下降后逐渐受到重视。进入 21 世纪后,东亚合作慢慢形成了东盟为中心的合作格局,而中日韩三国的参与和推动则是东亚合作发展的重要动力。

此后,东亚合作以 2005 年东亚峰会的召开为标志进入了一个新阶段,以东盟加中日韩的东亚自贸区框架开始受到一个更大的"10 + 6"框架的挑战。此后,东亚合作没再能取得实质性进展。在东亚合作陷入僵局的情况下,2008 年美国开始重推跨太平洋合作合作,全力推动 TPP,并将部分东盟成员纳入 TPP 谈判进程。在这样的背景下东盟提出了 RCEP,并决定迅速启动协议谈判。

RCEP 在很大程度上是东盟为维护其在东亚合作中的核心地位而提出的倡议。因为东盟在东亚合作中核心的保持至少有两个必要条件:一是东亚合作进程的维持;二是这一进程要围绕东盟而展开。过去一个时期,以东盟为中心的"10 +"框架陷入僵局,这意味着东盟核心地位名存实亡。而 TPP 是美国主导的,更重要的是东盟没有被 TPP 作为组织接纳,当然谈不上发挥核心作用。从这个意义上讲,RCEP 能够满足上面的两个条件,它既是以东盟为中心的框架,又跳出了东亚合作中由于"10 + 3"和"10 + 6"竞争造成的僵持局面。

RCEP 能够成为受关注的东亚合作新框架不仅仅是因为东盟的战略考虑,还因为它得到了东盟主要对话伙伴的支持。从目前决定参与 RCEP 谈判东盟 6 个对话伙伴来说,除了澳大利亚和新西兰,中国、日本、韩国和印度都还没有加入 TPP。而且由于 TPP 门槛极高,在可预见的将来这些国家都将面临很大的进入困难。因此推动以东盟为中心的 RCEP 就成为对冲 TPP 的负面影响的手段。

从目前发展看，RCEP 的推动将会在亚太地区形成 TPP 与 RCEP 并存的局面。尽管 RCEP 将来会扩展到更大的范围，并且最终目标与 TPP 并不矛盾，但两个框架并存的局面相信会持续一段时间。对中国来说，因为 TPP 清晰包含着制约中国在东亚地区影响力的考虑，维持一个东亚框架的地区合作进程就格外具有战略意义。

2. RCEP 与中国—东盟合作

中国—东盟合作目前被认为是中国最成功的双边合作，但目前这种合作水平却是双方基于自身利益采取的合作战略的结果[①]。自 2010 年中国—东盟自贸区宣布建成以来，中国—东盟双边关系实际上面临着一个很严重的挑战，即随着中国经济的快速崛起，东盟国家为了维持其与主要大国关系的平衡，对中国开始采取战略性疏远策略[②]，中国与东盟少数成员之间的领土争端问题则使问题更加复杂。作为中国重要的近邻，东盟与中国的关系对于中国来说具有很重要的战略意义。从深化双方合作的角度看，RCEP 是一个积极的倡议。

（1）中国—东盟合作的战略意义。从性质上讲，中国—东盟合作是亚太国际关系的一部分，中国—东盟合作关系的发展自然会反馈到亚太国际关系中来。互信、互利、繁荣的中国—东盟合作本身对中国来说就意味着一个更加有利的发展环境。当前，亚太地区大国因为中国力量的上升对中国的看法都在发生着变化。虽然亚太各国应对中国的策略还主要是经济领域的，但实际上现实主义思维的影响正不断加重，这实际上增加了中国与亚太地区大国关系的不确定性。东盟成员多数为中小型发展中国家，主要关心的还是经济增长。因此更容易接受中国以经济发展为主的区域合作战略，并保持稳定的合作关系。

事实上，中国—东盟在过去 20 多年的合作中已经建立起一定程度的相互依赖关系。以双边贸易为例，自确立对华关系以来，双边贸易从 1991 年的大约 84 亿美元增长到 2011 年的 3628 亿美元。2011 年东盟已经是中国的第三大

---

① 王玉主：《"要约—回应"机制与中国东盟经济合作》，《世界经济与政治》2011 年第 10 期。

② 王玉主：《自贸区建设与中国东盟关系——一项战略评估》，《南洋问题研究》2012 年第 1 期。

贸易伙伴、第三大出口市场。即使以中国—东盟自贸区建设为起点，双边贸易总额到 2011 年年底也增长了 8.7 倍多（见图 2）。

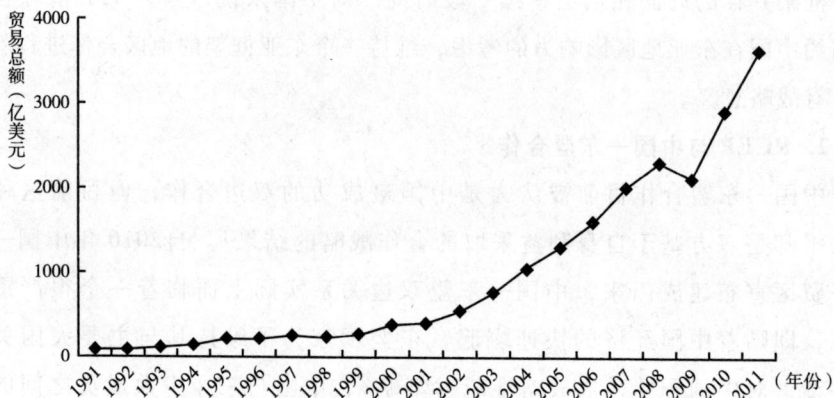

图 2 对话伙伴关系确立以来的中国—东盟贸易

资料来源：中国海关统计。

更为重要的是，在未来中国经济增长面临日益严重的能源、资源约束的情况下，资源丰富、市场正在发育中的东盟各国是中国经济实现向内需拉动转变过程中很重要的合作伙伴，这个过程也将随着中国对外投资的增长对东盟产生积极的福利外溢。因此，加强中国—东盟合作不仅对中国有利，而且也符合东盟的需求。不仅能为中国崛起服务，还有助于为中国创造更加和谐的周边环境。

（2）RCEP 与中国—东盟合作。中国—东盟合作在中国构筑和谐稳定周边环境中的重要意义是清楚的。前面的分析显示，东盟不愿意单独深化与中国的合作关系，这在一定程度上成为后自贸区时代中国—东盟关系发展的障碍。东盟的 RCEP 倡议就是要全面推进与目前已签署自贸区协定的对话伙伴的关系，维护东盟在东亚合作中的核心地位。这为中国深化与东盟的合作关系提供了契机，因为东盟需要中国积极参与以保证 RCEP 的顺利推进，同时也需要中国的全面支持来维护其在东亚合作中的核心地位。这样在 RCEP 框架内东盟就可能走出被中国主导的担心而积极推动中国—东盟关系向更高水平发展。

五　中国的区域合作战略选择

当前和未来一个时期，中国的经济社会发展正处在实现小康并向中等发达国家迈进的关键阶段。随着中国国力的提升和经济全球化的深入，参与并推动全球化、区域化是中国经济无法避免的选择。过去 20 多年时间里，中国通过参与区域合作进程已经逐步形成了以自贸区为主的区域合作战略。进入 21 世纪后，世界形势的变化、特别是中国自身经济的快速崛起，很大程度上改变了中国过去赖以实现高增长的发展环境。从区域合作角度来看，正如本书所分析的，世界经济向亚太地区的转移使亚太地区成为全球关注的热点地区，亚太区域合作也首次进入多框架竞争性推动的全新局面，身处其中的中国也因此面临着适应新环境、制定新战略以维护自身利益来保持经济社会长期稳定的压力。

结合前面对亚太地区合作形式的分析，本文认为中国的区域合作应坚持从自身利益需求出发、谋求利益最大化的原则，正确对待亚太地区利益博弈日趋激烈和利益主体多元化的现实，形成利益导向明确、战略层级清晰、攻守平衡的合作战略。具体来说，中国的区域合作战略要以中国经济的长期稳定增长为第一服务对象，同时，通过利益交换、利益让渡等手段增进互信，创造和谐稳定的周边及国际环境。为此，应进一步加强和完善自贸区战略，作为区域合作战略的保障层级。在这一层级上，要通过下大力气开发市场开拓型、资源供给型、利益交换型等双边自贸区，为中国经济的中长期发展提供稳定支持。同时积极参与地区合作安排，作为区域合作战略进攻性层级。在这一层级上，要通过积极支持东亚合作框架的活力来保证中国发挥作用的平台，同时应对区域合作框架之争背后以规则约束中国崛起的企图。

因此，在当前东亚合作面临三大谈判竞争的情况下，中国的区域合作战略应包括如下几个部分。

第一，继续坚持双边自贸区战略。通过共同推动互联互通合作、共同参与次区域合作等手段，在 RCEP 框架下深化中国—东盟合作。同时，加快中韩、中澳、中印以及未来中日之间的自贸区建设步伐。通过双边协议夯实中国的国际经济合作基础。

第二，全面参与并积极推动 RCEP 谈判，尽早促成 RCEP 作为以东亚为主的地区合作框架的形成，从而在美国全面推动 TPP 的情况下，形成 TPP 与 RCEP 并存的东亚合作局面，避免东亚合作形成 TPP 框架"一边倒"的不利形势。

第三，从地区形式发展和中国战略需求角度出发，积极推动中日韩自贸区建设，尤其需要从大局出发，改善中日关系。并以中日韩合作支持 RCEP。

后　记

　　本书是中国社会科学院 2009 年重大课题"亚太区域经济合作发展方向与中国的选择"的研究成果。2009 年，中国社会科学院亚太与全球战略研究院申请设立此项课题，意在对亚太地区的合作形势发展进行研究。2009 年下半年，由于课题主持人工作调整，该项目改由李向阳研究员主持，并对课题组成员进行了适当调整。

　　也正是从 2009 年下半年开始，美国宣布加入并推动跨太平洋战略经济伙伴关系（TPP），中日韩自贸区也进入新的发展阶段。东亚合作在进入 21 世纪后由于"10 + 3"和"10 + 6"的框架之争而陷于停滞的局面开始被亚太框架与东业框架竞争的局势所代替。面对东亚合作形式的变化，项目主持人认为深入探讨东亚合作有关各方的区域合作战略，并全面分析东亚合作的未来发展趋势，对于中国未来区域合作战略的形成具有重要意义。因此，在报经中国社会科学院科研局批准的情况下将课题更改为"亚太主要大国的区域合作战略研究"，决定选取亚太地区主要大国/组织作为研究对象，深入分析其区域合作战略，作为研究中国区域合作战略的基础。这一研究的指导思想反映在本书之中。

　　《亚洲区域经济合作的演变与发展方向》（李向阳研究员承担）一文概括了亚太地区区域合作的总体演进趋势和发展特点，特别指出了当前东亚合作发展方向上面临的不确定性及其对中国未来区域合作战略制定形成的挑战。《美国的亚太区域合作战略》（沈铭辉副研究员承担）一文分析了美国对东亚合作的认知和战略，重点分析了美国高调推动的 TPP 进展及其前景，并深入探讨了 TPP 对东亚合作的影响。《日本的自由贸易区战略》（王金波博士承担）一文从日本区域合作战略演进的角度入手，分析了日本的区域合作战略意图，重点分析了日本在中日韩自贸区、TPP 之间"两头下注"的行为特点及其对东亚合作的影响。《东盟的区域合作战略》（王玉主研究员承担）一文首先回顾了东盟区域合作的演进路径，并以此为基础分析了东盟区域合作战略的特点，尤其是东盟近期提出的区域全面经济伙伴关系（RCEP）倡议的意图及其对东亚合作架构的影响。《印度的亚太区域合作战略》（葛成博士承担）一文分析了南亚大国印度对东亚合作的战略意图。印度自 20 世纪 90 年代开始实行"东向政策"，并在此后积极参与东亚合作进程。该文在回顾印度区域合作意图演进的基础上，分析了印度参与东亚合作的战略及其对东亚合作的影响。《澳大利亚的亚太经济合作战略》（郭宏教授承担）一文的研究对象是东亚合作另一个积极参与者澳大利亚。该文从澳大利亚的区域合作战略演进入手，分析了澳大利亚对东亚合作的战略及其对东亚合作的影响。《俄罗斯的亚太区域合作战略》（富景筠副研究员承担）一文关注的是近年来对东亚合作兴趣不断提升的俄罗斯。《中国的区域合作战略选择》（王玉主研究员承担）一文重点探讨了在地区大国合作战略调整这一总体环境背景下，中国参与和推动亚太合作的战略选择。

由于亚太区域合作局势发展迅速，因此我们的研究成果无法完全与其保持同步。此外，尽管我们尽力减少文中错漏，但鉴于学识所限，片面或误谬之处在所难免，敬请同行给予批评指正。

图书在版编目（CIP）数据

亚太区域经济合作发展方向与中国的选择/李向阳等著．—北京：
社会科学文献出版社，2015.12

（中国社会科学院文库．国际问题研究系列）

ISBN 978 - 7 - 5097 - 6893 - 8

Ⅰ.①亚…　Ⅱ.①李…　Ⅲ.①区域经济合作 - 经济发展 - 研究 -
亚太地区②区域经济合作 - 经济发展 - 研究 - 中国、亚太地区
KG1〗Ⅳ.①F114.46②F125.53

中国版本图书馆 CIP 数据核字（2014）第 289724 号

中国社会科学院文库·国际问题研究系列

亚太区域经济合作发展方向与中国的选择

著　　者／李向阳 等

出 版 人／谢寿光
项目统筹／王玉敏
责任编辑／王玉敏　沈　艺　武昕璠

出　　版／社会科学文献出版社·国际出版分社（010）59367197
　　　　　地址：北京市北三环中路甲 29 号院华龙大厦　邮编：100029
　　　　　网址：www.ssap.com.cn
发　　行／市场营销中心（010）59367081　59367090
　　　　　读者服务中心（010）59367028
印　　装／北京季蜂印刷有限公司

规　　格／开　本：787mm × 1092mm　1/16
　　　　　印　张：15.5　字　数：243 千字
版　　次／2015 年 12 月第 1 版　2015 年 12 月第 1 次印刷
书　　号／ISBN 978 - 7 - 5097 - 6893 - 8
定　　价／59.00 元